秦漢英雄氣運

目錄

CONTENTS

CONTENTS

CONTENTS

CONTENTS

CONTENTS

引言

《晉書》卷八四〈劉牢之傳〉記載，桓玄派遣何穆說劉牢之，有一段論功臣命運的名言，其中說到「亂世英雄」：「自古亂世君臣相信者有燕昭樂毅、玄德孔明，然皆勳業未卒而二主早世，設使功成事遂，未保二臣之禍也。鄙語有之：『高鳥盡，良弓藏。狡兔殫，獵犬烹。』故文種誅於句踐，韓白戮於秦漢。彼皆英雄霸王之主，猶不敢信其功臣，況凶愚凡庸之流乎。自開闢以來，戴震主之威，挾不賞之功，以見容於暗世者而誰？至如管仲相齊，雍齒侯漢，則往往有之，況君見與無射鉤屢逼之仇邪。今君戰敗則傾宗，戰勝亦覆族，欲以安歸乎？孰若翻然改圖，保其富貴，則身與金石等固，名與天壤無窮，孰與頭足異處，身名俱滅，為天下笑哉。惟君圖之。」

發表這篇論說的人，當然是從傳統史觀出發，首先以軍事政治業績論「英雄」，而我們知道，創造歷史的「英雄」事業，本來自有普通百姓如農人、兵士、商賈，甚至婦女、兒童們的貢獻在內。何穆所謂「亂世君臣」，從「燕昭樂毅」到「玄德孔明」，前者處於秦人奠基帝業的時代，後者處於漢末王朝衰微的時代。可以說，他總結的「英雄霸王」時代的歷史體會，是關心秦漢史的朋友們所熟悉的。

秦漢是中國古史的英雄時代。自秦始皇實現統一至曹丕代漢，這四百四十一年的歷史階段成就了政治建設、經濟開發與文化繁榮。這一時期的思想家、發明家、雋才學者、逸人高士、農夫工匠、僮僕販客，以及有作為的政治家、軍事家、外交家，均各有貢獻。可以說全社會共同創造了輝煌的秦漢文化。他們推進歷史進步之事業，成功的基礎在於富有英雄主義特色的時代精神。實際上，戰國時期秦崛起與擴張的歷程中，已經表現出在秦漢時期得以發揚光大的進取精神、務實態度和開放胸懷。

本書集合了作者有關秦漢文化風格的若干文章，從不同角度試圖說明這個英雄時代的精神風貌。起初以《秦漢英雄器宇運》為題，是借用與秦漢前後相距不遠的史家對秦漢人物的評價。《三國志》卷五三〈吳書．薛綜傳〉：「（薛綜）著書八篇，明曰《新議》。」裴松之注引王隱《晉書》：「（薛）瑩子兼，字令長，清素有器宇，資望故如上國，不似吳人。」「器宇」言肚量、胸懷、儀表、氣概。《晉書》讚美人物，有「器宇宏曠」(《晉書》卷三五〈裴憲傳〉)，「器宇高雅」(《晉書》卷三七〈宗室傳．任城景王陵傳附弟斌傳〉)，「器宇弘劭」(《晉書》卷八五〈魏詠之傳〉)，「神明器宇」(《晉書》卷一一六〈姚襄載記〉)等說法。後來人們慣用的「器宇軒昂」，最早見於《三國演義》第四三回〈諸葛亮舌戰群儒，魯子敬力排眾議〉，是用來形容漢末英雄人物諸葛亮的：「張昭等見孔明豐神飄灑，器宇軒昂，料道此人必來遊說。」「器宇」也寫作「氣宇」。後來的文獻中，我們可以看到「氣宇調暢」(〔南朝梁〕陶弘景〈尋山志〉)、「氣宇清明」(〔宋〕儲泳《祛疑說．邪正》)、「氣宇清深」(〔元〕辛文房《唐才子傳．包佶》)等。唐人呂岩《七言》詩之十四有「虎將龍軍氣宇雄」句。所謂「氣宇雄」，正與本書初擬題名「英雄器宇」意思相近。

後來再三思索，覺得「器宇」或「氣宇」作為對「秦漢英雄」基本正面的判斷，仍未能全面涵蓋討論主題的內容。要全面考察和說明「秦漢英雄」的得失、成敗、盛衰、興起與凋落、得意與困頓、光榮與詬辱，想到了可能較為適宜的「氣運」一語。《六韜．盈虛》：「文王問太公曰：天下熙熙，一盈一虛，一治一亂，所以然者何也？」關於「一盈一虛，一治一亂」，注：「指氣運言。」(清《平津館叢書》本)《潛夫論．德化》關於「人君之治」的討論，也說「氣運感動，亦誠大矣」。「氣運」似乎又超越人為所能的神祕力量，影響著社會歷史進程。《藝文類聚》卷二八引曹植〈節遊賦〉：「感氣運之和潤，樂時澤之有成。」此「氣運」則展現自然偉力，似乎又有天地規律的意義。治道與「氣運」相關，生命亦與「氣運」相關。「英雄」事業之「盈」、「虛」，有時也以「氣運」解說。元人邵亨貞〈悼趙士弘先生宋宗室良字行〉詩：「英雄隨氣運，浩蕩濟艱危。」(《蛾術詩選》卷二〈五言長律〉，《四部叢刊》三編景明本)清人羅天尺〈洛陽〉詩：「園囿盛衰關氣運，圖書零落嘆英雄。」(《癭暈山房詩删》卷八〈七律〉，清乾隆二十五年刻三十一年羅天俊增修本)張塤〈秋試〉詩：「文章關氣運，科目重英雄。」(《竹葉庵文集》卷八〈鳳皇池上集四〉，清乾隆五十一年刻本)吳錫麒《韓蘄王將臺三首》其二：「盜賊有時關氣運，英雄無策救危

亡。」(《有正味齋集》詩集卷二〈嚴江集〉,清嘉慶十三年刻《有正味齋全集》增修本)感嘆歷史世事,都言「英雄氣運」、「氣運英雄」,對秦漢史考察均有啟示。於是這本小書最終取「英雄」、「氣運」語,以此為命題。

歷代文獻多見史論家讚譽戰國、秦、漢「英雄」時代的文例。如:

> 迄乎周秦,兵革迭興,英雄互起。(〔唐〕謝偃〈雜文九.玉諜真記〉,《文苑英華》卷三五九)
>
> 漢興,高祖躬神武之材,行寬仁之厚,總攬英雄,以誅秦、項。(《漢書》卷二三〈刑法志〉)
>
> 漢高祖起於布衣,提三尺之刃而取天下,用六國之資,無唐虞之禪,豈徒賴良平之奇謀,盡英雄之智力而已乎,亦由項氏為驅人也。(《晉書》卷四八〈段灼傳〉)
>
> 高祖入關,既因秦制,世宗挺英雄之略,總文景之資⋯⋯。(《晉書》卷二五〈輿服志〉)
>
> 漢武英雄思拓邊,昆明習戰遺風傳。(〔宋〕王十朋〈觀習水勝〉,《梅溪先生後集》卷三)
>
> 漢武帝英雄蓋世。(〔明〕李樂《見聞雜記》卷五之三十八)
>
> 光武以仁厚之德,濟英雄之志。(〔元〕胡一桂《雙湖先生文集》卷八〈東漢紀.光武〉)
>
> 沖、質不永,桓、靈墜敗,英雄雲布,豪傑蓋世,家挾殊議,人懷異計。故從橫者欻披其胸,狙詐者暫吐其舌也。(《三國志》卷四二〈蜀書.郤正傳〉)
>
> 漢室陵遲,為日久矣,今欲興之,不亦難乎?且英雄並起,各據州郡,連徒聚眾,動有萬計,所謂秦失其鹿,先得者王。(《後漢書》卷七四上〈袁紹傳〉)
>
> 董卓作逆,英雄並起,阻兵擅命,人自封殖。(《三國志》卷一四〈魏書.劉放傳〉)
>
> 董卓煽禍,英雄群起而攻之。(〔元〕胡一桂《雙湖先生文集》卷八〈三國.漢昭烈〉)
>
> 明公定冀州之日,下車即繕其甲卒,收其豪傑而用之,以橫行天下。及平江、漢,引其賢俊而置之列位,使海內回心,望風而願治,文武並用,英雄

> 畢力，此三王之舉也。（《三國志》卷二一〈魏書·王粲傳〉）
>
> 自操破於漢中，海內英雄望風蟻附。（《三國志》卷三二〈蜀書·先主傳〉）
>
> 益州險塞，沃野千里，天府之土，高祖因之以成帝業。劉璋暗弱，張魯在北，民殷國富而不知存恤，智能之士思得明君。將軍既帝室之胄，信義著於四海，總攬英雄，思賢如渴，若跨有荊、益，保其岩阻，西和諸戎，南撫夷越，外結好孫權，內修政理。天下有變，則命一上將將荊州之軍以向宛、洛，將軍身率益州之眾出於秦川，百姓孰敢不簞食壺漿以迎將軍者乎？誠如是，則霸業可成，漢室可興矣。（《三國志》卷三五〈蜀書·諸葛亮傳〉）
>
> ……其惟玄德、孔明，可謂英雄耳。（〔宋〕胡寅《致堂讀史管見》卷五）
>
> 信古之英雄，惟諸葛孔明為不可及矣。（〔明〕胡應麟《少室山房集》卷九七〈論八首·爾朱榮〉）
>
> 蜀漢人材，孔明而下，定推趙雲。孔明以聖賢而英雄，子龍以英雄而聖賢也。（〔清〕鄭光祖《一斑錄》雜述八〈陳壽三國志〉）
>
> 將軍以神武雄才，兼仗父兄之烈，割據江東，地方數千里，兵精足用，英雄樂業，尚當橫行天下，為漢家除殘去穢。（《三國志》卷五四〈吳書·周瑜傳〉）

回顧古代「英雄」史觀，應當注意到「英雄」之高大身形的背後，與光輝對應，往往有陰暗的影子。觀察對於秦漢史影響深刻的人物，如商鞅、秦始皇、漢武帝等，都應當注意到他們在當時推進歷史的另一面，也為後世若干嚴重的政治罪惡提供了先決條件。

當然，以上這些有關「英雄」的歷史感慨，依然多是從戰爭史和行政史視角讚嘆當時「事態百變，人才輩出」。而歷史之豐富多彩，往往也表現於作為政治家、軍事家之「英雄互起」、「英雄並起」、「英雄群起」時段之間的「承平時代」，文化之進步，亦多實現於並非「兵革迭興」的「安逸寧靜之境」。

回顧秦漢時期的歷史，是可以看到這個情形的。

本書選取作者近年關於秦漢史的研究，以隨筆、短論，及並非十分專深的論文形式發表的若干成果，從英雄主義、進取精神、開放胸懷等方

面，介紹秦漢時期民族精神具有歷史積極意義的時代特色。希望透過通俗解讀歷史學知識的方式，與讀者一起深化對中華民族優秀文化傳統的認知、理解和反思，以利於繼承其中適應現代社會文化生活的內容。成敗得失，不敢妄做樂觀預想，願意虛心接受讀者的評判。

第一章
秦史考察的意義

西元前二二一年，秦王嬴政完成了統一大業，建立中國歷史上第一個高度集權的「大一統」專制主義帝國。秦王朝執政時間短暫，西元前二〇七年被民眾武裝暴動推翻。秦短促而亡，其失敗，在後世長久的歷史記憶中，更被賦予政治教訓的意義。然而人們回顧秦史，往往都會追溯到秦人從立國走向強盛的歷程，也會對秦文化的精神和特色有所思考。多代學者就此進行長期的認真研究，獲得考古發掘收獲等多重證據，相關認知得以深入。

「雖在僻陋之國，威動天下」

秦人有早期以畜牧業作為主體經濟形式的歷史。《史記》卷五〈秦本紀〉說秦人先祖柏翳（伯益）「調馴鳥獸，鳥獸多馴服」，《漢書》則作「育草木鳥獸」（卷一九上〈百官公卿表上〉），「養育草木鳥獸」（卷二八下〈地理志下〉），對象包括「草木」，暗示農業和林業在秦早期經濟形式中也曾經具有相當重要的地位。秦作為政治實體，在兩周之際得到正式承認。秦人起先在汧渭之間建設畜牧業基地，又聯合草原部族，團結西戎力量，國力逐漸強大，後來向東發展，在雍（今陝西鳳翔）定都，成為西方諸侯國家，與東方列國發生外交和戰爭關係。秦國的經濟進步，有利用「周餘民」較成熟農耕經驗的因素。秦穆公時代「益國十二，開地千里，遂霸西戎」，「廣地益國，東服強晉，西霸戎夷」（《史記》卷五〈秦本紀〉），是以關中西部地區作為根據地實現的政治成功。

史書明確記載，商鞅推行變法，將秦都由雍遷到了咸陽。《史記》卷六八〈商君列傳〉記載，商鞅任大良造，「居三年，作為築冀闕宮庭於咸陽，秦自雍徙都之」。定都咸陽，是秦史具有重大意義的事件，是秦國興起過程中的重要轉折。遷都咸陽，有將都城從農耕區邊緣轉移到農耕區中心的用意。定都咸陽，是秦政治史上的輝煌里程碑。商鞅頒布的新法，有擴大農耕的規畫，獎勵農耕的法令，保護農耕的措施。於是使得秦國在秦孝公執政、商鞅變法時代，實現新的農業躍進。而指導這歷史變化的策劃中心和指揮中心，就在咸陽。咸陽附近也自此成為關中經濟的重心地域。《史記》卷二八〈封禪書〉說：「霸、產、長水、灃、澇、涇、渭皆非大川，以近咸陽，盡得比山川祠……」，說明「近咸陽」而地方水資源得到合理利用。關中於是「號稱陸海，為九州膏腴」（《漢書》卷二八下〈地理志下〉），被視為「天府之國」（《史記》卷五五〈留侯世家〉），因其豐饒，千百年居於經濟優勝地位。

回顧春秋戰國時期列強競勝的歷史，對後世影響比較顯著的國家，多位於文明程度處於後起地位的中原周邊地區。其迅速崛起，對於具有悠久文明傳統的黃河中游地區，造成強烈衝擊。這個歷史文化現象，就是《荀子・王霸》中所說的：「雖在僻陋之國，威動天下，五伯是也」、「是皆僻陋之國也，威動天下，強殆中國」。「五霸」雖然都崛起在文明進程原本相對落後的「僻陋」地方，卻能夠以新興的文化強勢影響天下，震動中原。「五霸」所指，說法不一，如果按照《白虎通・號》有關「五伯」的說法，是包括秦穆公，即所謂「秦穆之霸」的。

在戰國晚期，七雄之中，以齊、楚、趙、秦為最強。到了西元前三世紀的後期，則秦國的軍威，已經勢不可當。在秦孝公與商鞅變法之後，秦惠文王兼併巴蜀，宣太后與秦昭襄王戰勝義渠，實現對上郡、北地的控制，使秦的疆域大大擴張，時人除「唯秦雄天下」（《史記・魯仲連鄒陽列傳》）之說外，又稱「秦地半天下」（《史記》卷七〇〈張儀列傳〉）。秦國上層執政集團可以跨多緯度空間控制，實現對游牧區、農牧並作區、粟作區、麥作區以及稻作區兼行管理的條件。這是後來對統一王朝不同生態區和經濟區實施全面行政管理的前期演習。當時的東方六國，沒有一個國家具備從事這種政治實踐的條件。

秦兼併天下，「如暴風雷雨，閃擊中原」

秦統一的形勢，翦伯贊說：「如暴風雷雨，閃擊中原」，證明「任何主觀的企圖，都不足以倒轉歷史的車輪」（翦伯贊《秦漢史》，北京大學出版社，一九八三年，第八頁）。秦的「統一」，有的學者更願意用「兼併」的說法。注意「歷史的車輪」之說，應當理解當時社會意識嚮往「天下定於一」（《孟子・梁惠王上》）的共同傾向。《公羊傳・隱西元年》首見「大一統」說。而儒學之外的其他學派，也有相近的文化表現。如《莊子・天道》：「帝道運而無所積，故天下歸。」「帝王天子之德也……功大名顯而天下一也。」又說「一心定而王天下」。《墨子・尚同中》：「選擇天下賢良聖知辯慧之人，立以為天子，使從事乎一同天下之義。」《荀子・不苟》也說「總天下之要，治海內之眾」。身為法家思想的集大成者，《韓非子》

一書中「天下」這一詞彙出現的頻率最高，達二百六十七次。如〈解老〉「進兼天下」，〈飾邪〉「強匡天下」，〈制分〉「令行禁止於天下」等。成書於秦地的《呂氏春秋》，可見「天下」凡二百八十一次。

秦統一的實現，後人稱之為「六王畢，四海一」（〔唐〕杜牧〈阿房宮賦〉）。其實，秦始皇完成統一的空間範圍，並不限於黃河流域和長江流域等原戰國七雄統治的地域，亦包括對嶺南珠江流域的征服，及「西北斥逐匈奴」（《史記》卷六〈秦始皇本紀〉）。據《史記》卷七三〈白起王翦列傳〉，「（王翦）虜荊王負芻，竟平荊地為郡縣，因南征百越之君」。從記述次序看，事在王賁、李信「破定燕、齊地」及「秦始皇二十六年，盡并天下」之前。遠征南越，是秦統一的戰略主題之一。而蒙恬經營北邊，又「卻匈奴七百餘里」（《史記》卷六〈秦始皇本紀〉）。南海和北河兩個方向的進取，使得秦帝國的版圖遠遠超越了秦本土與「六王」故地的總和。

秦實現統一的原因

在對於秦文化的討論中，不可避免地會導入這個問題：為什麼戰國七雄的歷史競爭中，最終秦國獲勝？為什麼是秦國，而不是其他國家完成統一這個歷史進程？

應當怎麼理解秦人實現統一的原因？按照秦始皇自己的宣揚，稱「德并諸侯」、「烹滅強暴」，又說：「寡人以眇眇之身，興兵誅暴亂，賴宗廟之靈，六王咸伏其辜，天下大定。」（《史記》卷六〈秦始皇本紀〉）自詡立足正義「以誅暴亂」，同時感謝「宗廟之靈」。而賈誼〈過秦論〉「奮六世之餘烈」的說法，也肯定秦王嬴政前代君主的歷史作用。李斯的總結，突出強調其政策和策略的合理：「謹奉法令，陰行謀臣，資之金玉，使遊說諸侯，陰修甲兵，飾政教，官鬥士，尊功臣，盛其爵祿。」（《史記》卷八七〈李斯列傳〉）

司馬遷《史記》有歸結為「天命」，又言「若天所助」的說法：「是善用兵，又有天命。」（卷四〈周本紀〉）「論秦之德義不如魯衛之暴戾者，量

秦之兵不如三晉之強也，然卒并天下，非必險固便形勢利也，蓋若天所助焉。」（卷一五〈六國年表〉）

對於秦之所以能夠實現統一的原因，近世多有學者討論。有學者認為，秦改革徹底，社會制度先進，是主要原因。曾經負責《睡虎地秦墓竹簡》定稿、主持張家山漢簡整理，並進行秦律和漢律對比研究的李學勤曾經指出：「睡虎地竹簡秦律的發現和研究，展示了相當典型的奴隸制關係景象。」「有的著作認為秦的社會制度比六國先進，筆者不能同意這一看法，從秦人相當普遍地保留野蠻的奴隸制關係來看，事實毋寧說是相反。」（《東周與秦代文明》，上海人民出版社，二〇〇七年，第二九〇至二九一頁）

對於秦富國強兵，終於一統的具體條件，可以進行技術層面的分析。研究者注意到秦國在水利經營、交通建設、機械發明、動力革命等方面展現的優勢，實現了國家綜合實力的提升，成為在軍事競爭中勢不可當的重要因素（王子今〈秦統一原因的技術層面考察〉，《社會科學戰線》二〇〇九年九期）。而管理方式的進步與鐵質工具的普及，也表現出對東方六國某種意義上的超越。秦的學術文化傾向特別注重實用之學的特點（王子今〈秦文化的實用之風〉，《光明日報》二〇一三年七月十五日），與這一歷史現象有關。秦在技術層次的優勝，使得秦人在兼併戰爭中能夠「追亡逐北，伏屍百萬」，「宰割天下，分裂河山」，最終「振長策而御宇內」，「履至尊而制六合」（賈誼〈過秦論〉）。當然，正如有些學者所指出，「秦國專制君權較早就發展出相當高的政治控制和社會動員能力」（閻步克《士大夫政治演生史稿》，北京大學出版社，一九九六年，第二二六頁），能夠「有效地規範行政秩序和官員行為」，「保證行政機制的精密運轉」（閻步克《波峰與波谷 —— 秦漢魏晉南北朝的政治文明》，北京大學出版社，二〇〇九年，第五十六頁），也是重要的原因。從秦執政者自我宣揚的言辭來看，若干措施「使秦國成為戰國七雄中政治最為清明的國家」（陳蘇鎮《《春秋》與漢道：兩漢政治與政治文化研究》，中華書局，二〇一一年，第十頁），而這正是能夠「武威旁暢，振動四極，禽滅六王」

（《史記．秦始皇本紀》）的重要條件。

「二千年來之政，秦政也」

秦的統一，是中國史的大事件，也是東方史乃至世界史的大事件。對中華民族的形成，對後來以漢文化為主體的中華文化的發展，對統一政治格局的定型，秦的創制有非常重要的意義。秦王朝推行郡縣制，實現中央對地方的直接控制。皇帝制度和官僚制度的出現，也是推進政治史進程的重要發明。秦始皇時代實現高度的集權。皇室、將相、後宮、富族，都無從侵犯或動搖皇帝的權威。執掌管理天下最高權力的，唯有皇帝。「夫其卓絕在上，不與士民等夷者，獨天子一人耳。」（章太炎〈秦政記〉）與秦始皇「二世三世至於萬世，傳之無窮」（《史記》卷六〈秦始皇本紀〉）的樂觀設想不同，秦的統治未能長久，但是，秦王朝的若干重要制度，特別是皇帝獨尊的制度，卻成為此後兩千多年的政治史典範。後來歷代王朝的行政體制形式有所不同，但是皇權至上的專制主義性質並沒有改變。秦政風格延續長久，對後世中國有長久的規範作用，也對東方世界的政治格局形成影響。而譚嗣同對自秦以來君權「橫暴」激烈批判的言辭，則稱「（李斯）其為禍亦暴著於世矣」，「以尊君卑臣愚黔首，自放縱橫暴而塗錮天下之心」，而歷代承襲，甚者推崇君權，「顯背民貴君輕之理，而諂一人，以犬馬土芥乎天下，至於『臣罪當誅，天王聖明』」，「悲夫悲夫！民生之厄，寧有已時耶！故當以為二千年來之政，秦政也，皆大盜也。」（譚嗣同《仁學》）

秦王朝在全新的歷史條件下，帶有試驗性質的經濟管理形式，是值得重視的。貨幣的統一，度量衡的統一，創造了經濟進步的條件。其他經濟措施，在施行時有得有失。秦時由中央政府主持的長城工程、馳道與直道工程、阿房宮工程、麗山工程等規模宏大的土木工程之規劃和組織，表現出經濟管理水準的空前提升，也展示出相當高的行政效率。秦王朝經濟管理的軍事化體制，以苛急的政策傾向為特徵。而以關中奴役關東的區域經濟方針顯現的弊病，也為後世提供了深刻的歷史教訓。秦多以軍人為吏，必然使各級行政機構都易形成集權專制的特點，行政和經濟管理於是有軍事化的風格，統一後不久即應結束的軍事管制階段，在實際上無限期延長，終於釀成暴政。

秦王朝的專制統治表現出高度集權的特色，其思想文化方面的政策也具有與此相應的風格。秦王朝雖然統治時間不長，但是所推行的文化政策卻在若干方面對後世有規定性的意義。「書同文」原本是孔子提出的文化理想。子思作《中庸》，引述孔子的話：「今天下車同軌，書同文，行同倫。」「書同文」，成為文化統一的一種象徵。但是在孔子的時代，按照儒家的說法，有其位者無其德，有其德者無其位，「書同文」實際上只是一種空想。戰國時期，「書」不「同文」的情形更為嚴重。正如東漢許慎《說文解字敘》所說，「諸侯力政，不統於王」，於是禮樂典籍受到破壞，天下分為七國，「言語異聲，文字異形」。於是，秦滅六國，實現統一之後，丞相李斯就上奏建議以「秦文」為基礎，欲令天下文字「同之」，凡是與「秦文」不一致的，統統予以廢除，以完成文字的統一。歷史上的這個重要文化過程，司馬遷在《史記》卷六〈秦始皇本紀〉的記載中寫為「書同文字」與「同書文字」，在《史記》卷一五〈六國年表〉與《史記》卷八七〈李斯列傳〉中分別寫為「同天下書」與「同文書」。秦王朝的「書同文」雖然沒有獲得全面的成功，但是當時能夠提出這種文化進步的規劃，且開始這種文化進步的實踐，應當說，已經是一個值得肯定的偉大的創舉。

秦王朝在思想文化方面謀求統一，是透過強硬的專制手段推行有關政策的。秦始皇焚書坑儒，是商鞅「《詩》、《書》而明法令」（《韓非子．和氏》）行為的繼續，即企圖全面擯斥東方文化，以秦文化為主體實行強制性的文化統一。對於所謂「難施用」（《史記》卷二八〈封禪書〉）、「不中用」（《史記》卷六〈秦始皇本紀〉）的學說，不惜採用極端殘酷的手段。對於這種文化政策，東方知識人或以「吾為無用之學」、「秦非吾友」的態度予以抵制（《資治通鑑》卷七〈秦紀二〉始皇帝三十四年）。

錢穆曾經發表的意見，我們未必完全贊同，但也許依然可以提供開

拓思路的啟示：「中國版圖之恢廓，蓋自秦時已奠其規模。近世言秦政，率斥其專制。然按實而論，秦人初創中國統一之新局，其所努力，亦均為當時事勢所需，實未可一一深非也。」（錢穆《秦漢史》，三聯書店，二〇〇四年，第二十頁）

秦史的世界影響

李學勤《東周與秦代文明》將東周時代的中國劃分為中原、北方、齊魯、楚、吳越、巴蜀滇、秦七個文化圈。關於其中的「秦文化圈」，論者寫道：「關中的秦國雄長於廣大的西北地方，稱之為秦文化圈可能是適宜的。秦人在西周建都的故地興起，形成有獨特風格的文化。雖與中原有所交往，而本身的特點仍甚明顯。」關於戰國晚期至秦漢時期的文化趨勢，論者指出「秦文化的傳布」這一時代特點，「秦兼併列國，建立統一的新王朝，使秦文化成為後來輝煌漢代文化的基礎」。秦的統一「是中國文化史上的重要轉捩點」，繼此之後，漢代創造了輝煌的文明，其影響「範圍絕不限於亞洲東部，我們只有從世界史的高度才能估價它的意義和價值」（《東周與秦代文明》，第十至十一頁，第二九四頁）。理解秦文化影響宏遠的意義，應當重視「從世界史的高度」進行考察。

秦人接受來自西北的文化影響，應當沒有疑義。周穆王西行，據說到達西王母之國，為他駕馭乘車的，就是以「善御」得「幸」的秦人先祖造父（《史記》卷五〈秦本紀〉）。秦早期養馬業的成功，應當借鑑了草原游牧族的技術。青銅器中被確定為秦器者，有的器形「和常見的中國青銅器有別，有學者以之與中亞的一些器物相比」。學界其實較早已經注意到這種器物，認為可能「模仿中亞的風格」。有學者正確地指出，應當重視秦與西北方向的文化連結，重視秦文化與中亞文化的關聯。但是認為郡縣制的實行可能來自西方影響的看法，可能還有待認真的論證。戰國時期，不僅秦國，不少國家都實行了郡縣制。李學勤指出：「郡縣制在春秋時已有萌芽，特別是『縣』，其原始形態可以追溯到西周。到戰國時期，郡縣

制在各國都在推行。」(《東周與秦代文明》,第一四六頁,第二八九至二九〇頁)

蒙恬抗擊匈奴,「斥逐北胡」(《史記》卷一一〇〈匈奴列傳〉張守節《正義》引服虔雲),有人認為最終使得匈奴無法南下,只得西遷,影響了後來的世界民族分布格局。陳序經在考察西元前三世紀中原民族與匈奴的關係時寫道:「歐洲有些學者曾經指出,中國修築長城是羅馬帝國衰亡的一個主要原因。他們以為中國修築長城,使匈奴不能向南方發展,後來乃向西方發展。在西元四至五世紀的時候,匈奴有一部分人到了歐洲,攻擊哥特人,攻擊羅馬帝國,使羅馬帝國趨於衰亡。」陳序經認為:「長城的作用,主要用於防禦匈奴入侵。匈奴之西徙歐洲是匈奴經不起漢武帝和漢和帝的猛烈攻擊,但是中國勞動人民所修築的長城,象徵了秦王朝的強盛和阻止匈奴南下掠奪的決心。長城的主要作用是防守,當然,做好防守的同時也為進攻做好準備。長城不一定是羅馬帝國衰亡的一個主因,然長城之於羅馬帝國的衰亡,也不能說是完全沒有關係的。」(陳序經《匈奴史稿》,中國人民大學出版社,二〇〇七年,第一八四至一八五頁)匈奴向西遷徙至於歐洲的歷史趨向,有的學者認為起始於秦始皇令蒙恬經營「北邊」(比新〈長城、匈奴與羅馬帝國之覆滅〉,《歷史大觀園》一九八五年第三期)。有的學者更強調蒙恬主持修築秦直道的軍事史作用(徐君峰《秦直道道路走向與文化影響》,陝西師範大學出版總社,二〇一八年,第一五八至二二六頁)。相關討論,可能還需要更細緻的學術考察。

秦實現統一,「地東至海暨朝鮮」(《史記》卷六〈秦始皇本紀〉)。而據漢文帝時人追述,「朝鮮自全秦時內屬為臣子」(《史記》卷二五〈律書〉)。朝鮮王滿,即曾「居秦故空地上下障,稍役屬真番、朝鮮蠻夷及故燕、齊亡在者王之」(《漢書》卷九五〈朝鮮傳〉)。《三國志》卷三〇〈魏書·東夷傳〉記載:「辰韓在馬韓之東,其耆老傳世,自言古之亡人避秦役來適韓國。」「其言語有似秦人」。其部族代號使用「秦」字:「今有名之為秦韓者。」

秦代徐市東渡,「得平原廣澤,止王不來」(《史記》卷一一八〈淮南

衡山列傳〉）。所擇定新的適宜生存空間，《後漢書．東夷傳．倭》推定為與「倭」相關的「海外」之「洲」。這或許可以視為東洋航線初步開通的歷史跡象。斯里蘭卡發現半兩錢（〔斯里蘭卡〕查迪瑪．博嘎哈瓦塔，柯莎莉．卡庫蘭達拉〈斯里蘭卡藏中國古代錢幣概況〉，《百色學院學報》二〇一六年第六期），或許可以作為南洋航線早期開通的文物證明。理解並說明秦文化的世界影響，也是絲綢之路史研究應當關注的主題。

西漢時期匈奴人和西域人仍然稱中原人為「秦人」，《史記》卷一二三〈大宛列傳〉、《漢書》卷九四上〈匈奴傳上〉及《漢書》卷九六下〈西域傳下〉均有記載。東漢西域人使用「秦人」稱謂，見於《龜茲左將軍劉平國作關城誦》。肩水金關漢簡稱謂史料也可見「所將胡騎秦騎名籍」簡文（73EJT1:158），「秦騎」身分也值得關注。這些文化跡象，都說明秦文化對中土以外廣大區域的影響，形成深刻的歷史記憶。遠方「秦人」稱謂，是秦歷史光榮的文化紀念。

第二章
秦文化的實用風格

秦風俗與全面繼承周禮樂傳統之東方諸國有明顯差異。中原人曾經對秦人「夷翟遇之」（《史記》卷五〈秦本紀〉）視之為「夷狄也」（《史記》卷一七〈天官書〉），史稱「諸夏賓之，比於戎翟」（《史記》卷一五〈六國年表〉）。東方人又有「秦戎翟之教」（《史記》卷六八〈商君列傳〉）、「秦與戎翟同俗」（《史記》卷四四〈魏世家〉）的說法。東方諸國與秦人長期軍事對抗，對於秦文化自然不免懷有敵意。不過，所謂「夷狄」、「戎翟」之類汙蔑性言辭，卻也曲折反映了秦文化在西北少數民族影響下，不受禮教拘束、比較急進暴烈的特徵。秦文化的另一特點，是實用主義的傾向。《史記》卷七四〈孟子荀卿列傳〉言東方文化「迂大而閎辯」，秦文化則風格大異，展現出對「功用」直接簡單的急切追求。

文化取向：從商鞅焚書到秦始皇焚書

秦始皇焚書，醫學、數術之學以及農學等有實用價值的著作不在禁毀之列。據《史記》卷六〈秦始皇本紀〉記載：「史官非《秦記》皆燒之。非博士官所職，天下敢有藏《詩》、《書》、百家語者，悉詣守、尉雜燒之。有敢偶語《詩》、《書》者棄市。以古非今者族。吏見知不舉者與同罪。令下三十日不燒，黥為城旦。所不去者，醫藥卜筮種樹之書。」《史記》卷八七〈李斯列傳〉也寫道：「諸有文學、《詩》、《書》、百家語者，蠲除去之」，「所不去者，醫藥卜筮種樹之書」。從項羽、張良、韓信等均研習兵書的事蹟來看，當時民間兵學書籍的流傳，也沒有被禁止。兵學也是實用之學。

《韓非子．和氏》說，早在秦始皇焚書之前，商鞅已經有「燔《詩》、《書》而明法令」的政治舉措。也就是說，秦始皇極其嚴酷地遭到千百年嚴厲批評的文化專制主義政策，其實可以在商鞅時代發現先行者。《朱子語類》卷五六記錄了朱熹對商鞅的批評：「他欲致富強而已，無教化仁愛之本，所以為可罪也。」他認為商鞅輕視文化建設和道德維護，推行的法令政策，目的是單一、短視的，只是「欲致富強而已」，從長時段的文化史視角考察，應當承擔罪責。看來，從商鞅到嬴政，文化取向是一致的。所謂「燔《詩》、《書》」，不言其他著作，可以推想，實用之學的學術積累得以留存。《韓非子．五蠹》說秦地「境內皆言兵，藏孫、吳之書者家有之」，顯然兵學得以普及。而《呂氏春秋》中〈上農〉等四篇保留了重要的古農學經驗，也說明「種樹之書」並不「燔」毀。

秦昭襄王言「無益」之學

秦始皇事後對焚書事件有這樣的言辭：「吾前收天下書不中用者盡去之。」（《史記》卷六〈秦始皇本紀〉）所謂六國史書以及「《詩》、《書》、百家語」，或說「文學、《詩》、《書》、百家語」。所謂「不中用」，後來成為民間俗語。《說郛》卷六下蕭參《希通錄》：「俚談以不可用為不中用，自晉時已有此語。《左傳．成二年》郤子曰：『克於先大夫，無能為役。』杜預注：『不中為之役使。』」所言「晉時」，失之過晚。《困學紀聞》卷一九「俗語皆有所本」條則指出，「『不中用』出《史記．外戚世家》、《王尊傳》。按〈秦始皇本紀〉：『吾前收天下書不中用者。』」《鹽鐵論．散不足》也使用了這一「俗語」：「古者，衣服不中制，器械不中用，不粥於市。今民間雕琢不中之物，刻劃玩好無用之器。玄黃雜青，五色繡衣，戲弄蒲人雜婦，百獸馬戲鬥虎，唐銻追人，奇蟲胡妲。」可以看到，「不中用」，也就是「無用」。

《荀子．儒效》：「秦昭王問孫卿子曰：『儒無益於人之國。』」秦昭襄王對在東方已經形成強勢學術地位的儒學提出現實意義的質疑，立足點在於「儒」對國家「無益」。也就是說，儒學對於執政者「欲致富強」的目的是「無益」的，是「不中用」的。

看來，秦執政者對於「無益」之學、「不中用」之學的抵抗和否定由來已久。這種帶有主導性意義的傾向，對於秦文化的風格形成了顯著的影響。

透過對《韓非子》這一對秦政多有指導作用的法家名著中的相關論述，可以看到秦文化的這種實用特徵，也有法家學說的依據。

《韓非子》「去無用」、「禁無用」主張

《韓非子．難言》指責了「華而不實」等十二種言談表現形式，表示「非之所以難言而重患也」。其中兩種斥其「無用」：「多言繁稱，連模擬物，則見以為虛而無用」；「閎大廣博，妙遠不測，則見以為誇而無用」。《韓非子．八經》「參言」一節進一步強調君主必須以「用」為原則審察各種「言」、「說」、「辯」，判定其是否「邪」、「奸」、「誣」。「言不督乎用則邪說當上。」，「有道之主，聽言，督其用，課其功，功課而賞罰生焉，故無用之辯不留朝。任事者知不足以治職，則放官收。說大而誇則窮端，故奸得而怒。無故而不當為誣，誣而罪臣，言必有報，說必責用也，故朋

黨之言不上聞。」

對於「無用」的否定，不僅限於「言」，而且包括「行」。《韓非子．問辯》說：「夫言行者，以功用為之的彀者也。夫砥礪殺矢而以妄發，其端未嘗不中秋毫也，然而不可謂善射者，無常儀的也。設五寸之的，引十步之遠，非羿、逄蒙不能必中者，有常也。故有常則羿、逄蒙以五寸的為巧，無常則以妄發之中秋毫為拙。今聽言觀行，不以功用為之的彀，言雖至察，行雖至堅，則妄發之說也。」「功用」是「言行」的唯一目標。辨別是非，決定取捨的基本標準，也是「功」和「用」。《韓非子．六反》認為執政者應當遵循這一原則，否定「虛舊之學」和「矜誣之行」：「明主聽其言必責其用，觀其行必求其功，然則虛舊之學不談，矜誣之行不飾矣。」

「功」、「用」和「法」有內在關聯。《韓非子．五蠹》：「行仁義者非所譽，譽之則害功；文學者非所用，用之則亂法。」排斥「文學」的主張，《韓非子．忠孝》表述為：「恬淡，無用之教也；恍惚，無法之言也」，「恍惚之言，恬淡之學，天下之惑術也」。所以應當取締禁絕，在於其「無用」、「無法」。

韓非鄙棄的「虛舊之學」、「矜誣之行」，應當是指形成傳統、有充分自信的文化理念。他所責難的具體指向究竟是什麼呢？《韓非子．八說》有這段表現出激烈批判精神的話：「今世主察無用之辯，尊遠功之行，索國之富強，不可得也。博習辯智如孔、墨，孔、墨不耕耨，則國何得焉？修孝寡欲如曾、史，曾、史不戰攻，則國何利焉？」攻擊的鋒芒直指「孔、墨、曾、史」，即非法家學說和東方傳統道德。「孔、墨不耕耨」，不能有益於「國」之「得」；「曾、史不戰攻」，不能有益於「國」之「利」。這樣的意見，正符合秦國執政集團「好利」的行政傾向。對「無用之辯」和「遠功之行」予以容忍和肯定，則無從追求「國之富強」。這種主張，正是朱熹嚴厲批評的「欲致富強而已，無教化仁愛之本」。理解所謂「好利」，可以讀《史記》卷四四〈魏世家〉所見信陵君對秦的批評。他同時有「不識禮義德行」，「非有所施厚積德也」等言辭，指出了秦文化和東方崇尚「禮義德行」傳統的差異。

《韓非子．五蠹》說，「明主」用臣下之力行政，應當遵循「賞其功，必禁無用」的原則。《韓非子．顯學》又主張：「明主舉實事，去無用；不道仁義者故，不聽學者之言。」所謂「舉實事，去無用」，展現出後世稱之為「實用」的文化特色。

孔鮒的感嘆：「吾為無用之學」，「秦非吾友」

《史記》卷二八〈封禪書〉記載，秦始皇東巡至泰山下，就「封禪」一事諮詢齊魯儒生博士，因所議「難施用」，於是「由此絀儒生」。看來，可否「施用」，是秦始皇文化判斷和政策選擇的重要衡量。

曾經以博士身分服務於陳涉的孔子八世孫孔鮒說：「吾為無用之學」，「秦非吾友。」（《資治通鑑》卷七〈秦紀二〉「始皇帝三十四年」）也強調文化態度的這種區別。《孔叢子》卷中有這樣的記載：「秦始皇東並。子魚謂其徒叔孫通曰：『子之學可矣，盍仕乎？』對曰：『臣所學於先生者不用於今，不可仕也。』子魚曰：『子之材能見時變今。為不用之學，殆非子情也。』叔孫通遂辭去，以法仕秦。」對於秦政鄙薄和敵視儒家「文學」的政策，有的儒生依然堅守「為不用之學」的文化立場，有的儒生則「能見時變今」。承北京大學歷史系孫聞博博士提示，據傅亞庶《孔叢子校釋》，《孔叢子》有的版本記錄孔鮒說到「有用之學」。葉氏藏本、蔡宗堯本、漢承弼校跋本、章鈺校跋本並有「吾不為有用之學，知吾者唯友。秦非吾友，吾何危哉？」語（中華書局，二〇一一年，第四一〇頁，第四一四頁）。明人董斯張《廣博物志》卷二八〈藝苑三．圖籍〉引《孔叢子》所載子魚語則作「吾為無用之學，知吾者唯友。秦非吾友，吾何危哉？」《資治通鑑》所取用的，應當就是這一紀錄。孔鮒言辭所透露的資訊，似乎可以反映秦對所謂「無用之學」兼而有之的輕蔑與無知。

秦文化高度務實的傾向，在特定歷史條件下的正面作用得以突出顯現。但另一方面，推崇「實用」之學至於極端，自然不利於理論思考、文化建設和教育進步。《史記》卷八〈高祖本紀〉說，「周秦之間，可謂文敝

矣」，繼戰亂導致的文化破壞後，而「秦政不改」，司馬遷以「豈不繆乎」予以批評。他說：「漢興，承敝易變」，方使得文化的進程轉而健康正常。這樣的歷史觀察，是符合秦漢轉折的真實境況的。

第三章
秦「力士」與
秦文化的「尚力」傾向

上古「力士」事蹟，展現出文明進步歷程中一種值得重視的表現。「力士」的出現，反映當時社會在生產和生活中，因抗爭自然和群體競進需要，比較普遍的追求個人的體能強健。「力士」受到尊崇，以必要的顯示方式為條件，有人視為體育史、競技史和雜技表演史的早期表現。「力士」故事在秦史中的密集出現以及「力士」曾經在秦國居於高位的情形，可以從一個特殊的側面反映秦文化的「尚力」傳統。後世對這種文化傾向的評斷，以批判為主流。然而如果以儒學正統「小人尚力」、「小人絕力」的態度作為考察秦史的認知基礎，也許難免有簡單化、片面化之失，不利於全面公正的歷史判斷。

早期「力士」故事與「秦之力人」

《左傳．宣公二年》記載了晉靈公謀害趙盾的事件：「秋，九月，晉侯飲趙盾酒，伏甲，將攻之。其右提彌明知之，趨登，曰：『臣侍君宴，過三爵，非禮也。』遂扶以下。公嗾夫獒焉，明搏而殺之。盾曰：『棄人用犬，雖猛何為！』鬥且出。提彌明死之。初，宣子田於首山，舍於翳桑，見靈輒餓，問其病。曰：『不食三日矣。』食之，舍其半。問之。曰：『宦三年矣，未知母之存否，今近焉，請以遺之。』使盡之，而為之簞食與肉，置諸橐以與之。既而與為公介，倒戟以御公徒而免之。問何故。對曰：『翳桑之餓人也。』問其名居，不告而退，遂自亡也。」在趙盾陷入險境時以生命相護衛的「提彌明」，《公羊傳．宣公二年》寫作「祁彌明」，稱之為「力士」：晉靈公懷恨趙盾，「伏甲於宮中，召趙盾而食之。趙盾之車右祁彌明者，國之力士也，仡然從乎趙盾而入，放乎堂下而立。趙盾已食，靈公謂盾曰：『吾聞子之劍，蓋利劍也。子以示我，吾將觀焉。』趙盾起將進劍，祁彌明自下呼之，曰：『盾食飽則出，何故拔劍於君所？』趙盾如之，躇階而走。靈公有周狗，謂之獒。呼獒而屬之，獒亦躇階而從之。祁彌明逆而踆之，絕其頷。趙盾顧曰：『君之獒，不若臣之獒也。』然而宮中甲鼓而起。有起於甲中者，抱趙盾而乘之。趙盾顧曰：『吾何以得此於子？』曰：『子某時所食活我於暴桑下者也。』趙盾曰：『子名為誰？』曰：『吾君孰為介，子之乘矣，何問吾名？』趙盾驅而出，眾無留之者。趙穿緣民眾不說，起弒靈公，然後迎趙盾而入，與之立於朝，而立成公黑臀。」「提彌明」、「祁彌明」，又寫作「祇彌明」。《史記》卷三九〈晉世家〉言「示眯明」，將進言趙盾罷酒脫身，「為盾搏殺狗」並「反擊靈公之伏士」事，均繫於此人。司馬貞《索隱》已有批評：「合二人為一人，非也。」清人邵泰衢《史記疑問》卷中亦指出「二人而合於一」。梁玉繩《史記志疑》卷二一指出「誤從《呂覽．報更》篇來」。這種「誤」，可以理解為對這位「國之力士」能力和功績的增衍。

提彌明或謂祁彌明的故事，是「力士」稱謂較早出現的實例。《左傳．

宣公十五年》秦晉輔氏之戰的紀錄，也值得注意：「秋，七月，秦桓公伐晉，次於輔氏。壬午，晉侯治兵於稷，以略狄土，立黎侯而還。及洛，魏顆敗秦師於輔氏，獲杜回，秦之力人也。」所謂「秦之力人」、「杜回」在結草報恩的故事中「躓而顛」，被敵方擒獲。《左傳》特別記述此「秦之力人」在戰役中的命運，反映他可能在秦國擔任軍界高職，對於「秦師」之「敗」負有責任。

《公羊傳．哀公六年》又記述了齊國政爭中「力士」的出現：「景公死而舍立。陳乞使人迎陽生於諸其家。除景公之喪，諸大夫皆在朝，陳乞曰：『常之母，有魚菽之祭，願諸大夫之化我也。』諸大夫皆曰：『諾。』於是皆之陳乞之家坐。陳乞曰：『吾有所為甲，請以示焉。』諸大夫皆曰：『諾。』於是使力士舉巨囊而至於中溜。諸大夫見之，皆色然而駭。開之，則闖然，公子陽生也。陳乞曰：『此君也已。』諸大夫不得已皆逡巡北面，再拜稽首而君之爾。自是往弒舍。」《史記》卷三二〈齊太公世家〉：「會飲，田乞盛陽生橐中，置坐中央，發橐出陽生。」記載同一故事，沒有說到「力士」。然而言齊襄公致魯桓公醉死事，使用了「力士」稱謂：「齊襄公與魯君飲，醉之，使力士彭生抱上魯君車，因拉殺魯桓公，桓公下車則死矣。魯人以為讓，而齊襄公殺彭生以謝魯。」又《史記》卷七七〈信陵君列傳〉說到「力士」朱亥：「公子行，侯生曰：『……臣客屠者朱亥可與俱，此人力士。晉鄙聽，大善；不聽，可使擊之。』」

《韓非子．外儲說左下》又說到「趙襄子力士」少室周與其他兩位「力士」「中牟徐子」和「晉陽」、「牛子耕」的故事。

比較各國早期「力士」故事，我們看到，在秦史的紀錄中，「力士」的事蹟最為密集。

秦史「三力」及相關現象

《韓非子．外儲說左下》說「趙襄子力士」少室周事蹟：「少室周者，古之貞廉潔慤者也，為趙襄主力士，與中牟徐子角力，不若也，入言之

襄主以自代也，襄主曰：『子之處，人之所欲也，何為言徐子以自代？』曰：『臣以力事君者也，今徐子力多臣，臣不以自代，恐他人言之而為罪也。』」「一曰。少室周為襄主驂乘，至晉陽，有力士牛子耕與角力而不勝，周言於主曰：『主之所以使臣騎乘者，以臣多力也，今有多力於臣者，願進之。』」指出少室周以「力士」身分得到相當高的禮遇。趙襄子所謂「子之處，人之所欲也」，少室周所謂「主之所以使臣騎乘者，以臣多力也」，都說明了「力士」「以力事君」，在君主身邊服務，受到信用和享受優遇的情形。少室周推薦「力多」或說「多力」於己者「自代」，是特別的表現，可以說明其「貞廉潔慤」。這裡雖然說的是趙國故事，然而載於《韓非子》，不能排除對秦國政治文化有一定影響的可能。《太平御覽》卷四〇二引《王孫子》曰：「趙簡子獵於晉山之陽，撫轡而嘆。董安于曰：『敢問何嘆？』子曰：『吾食谷之馬數千，多力之士數百，以獵獸也。恐鄰國養賢以獵吾也。』」所謂「多力之士數百」，說趙國養「力士」人數亦多。但是，史上存留姓名的「力士」，仍以秦國最為密集。

除了秦「力士」數量之集中引人注目以外，與少室周同樣，秦國的「力士」也多有因「多力」而身居高位的情形。

《史記》卷五〈秦本紀〉說：「武王有力好戲，力士任鄙、烏獲、孟說皆至大官。」這裡三位「力士」並說。應當看到，秦武王本人「有力」，可以參加「力士」間的競技，其實也具有「力士」的基本資質。

「力士任鄙、烏獲、孟說皆至大官」，可知同時從政，負有高層管理責任，可能與趙國「力士」少室周只是得到「騎乘」待遇不同。秦武王時代出現的這種情形，在列國史有關「力士」的紀錄中，是唯一的一例。馬非百《秦集史》中〈人物傳十九〉可以讀作杜回、孟說、烏獲、任鄙列傳（馬非百《秦集史》，中華書局，一九八二年，第三六七至三七〇頁）。杜回事已見前說。由於後三位「力士」生存與活動的年代大致同時，《秦集史》所論「孟說、烏獲、任鄙」事與〈秦本紀〉次序有異，並不存在什麼問題。

王遽常《秦史》有〈三力傳〉，與〈二老傳〉、〈三帥傳〉、〈三良傳〉並列，總結了「力士任鄙、烏獲、孟說」事蹟。成書在《秦集史》後，史料收錄似更為完整準確。關於「孟說」，王遽常《秦史》作「孟賁」:「案孟賁原作孟說，各書都作賁，今從之。」其實，不只是《史記》卷五〈秦本紀〉作「孟說」，卷四三〈趙世家〉同。《太平御覽》卷七五六引《史記》及《資治通鑑》卷三「周慎靚王八年」也都作「孟說」。王遽常〈三力傳〉就「孟賁」記述的文字又超過「任鄙」和「烏獲」(王遽常《秦史》，上海古籍出版社，二〇〇〇年，第一八〇至一八一頁)。《論衡・儒增》:「多力之人，莫若孟賁。」也是值得注意的說法。

《史記》卷六八〈商君列傳〉載錄趙良對商鞅行政的批評，有這句話:「多力而駢脅者為驂乘。」指出秦國當時像商鞅這樣的主政高官，身邊也有「多力」者侍從。

《藝文類聚》卷七引〈蜀王本紀〉曰:「天為蜀王生五丁力士，能移山。秦王獻美女與蜀王。蜀王遣五丁迎女。見一大蛇入山穴中，五丁並引蛇，山崩，秦五女皆上山化為石。」《藝文類聚》卷九四引〈蜀王本紀〉文字略有不同:「秦惠王欲伐蜀，乃刻五石牛，置金其後。蜀人見之，以為牛能大便金。牛下有養卒，以為此天牛也，能便金。蜀王以為然。即發卒千人，使五丁力士拖牛成道，致三枚於成都。秦得道通，石牛力也。後遣丞相張儀等隨石牛道伐蜀。」秦較早兼併蜀，蜀地對秦文化的認同，對秦的擴張和統一，意義重大。所謂「巴蜀亦關中地也」的說法(《史記》卷七〈項羽本紀〉)，展現戰國秦漢社會區域文化觀念中，秦地包括巴蜀。從這一認知基礎出發，則傳說中的蜀「五丁力士」，在某種意義上也可以視為秦「力士」。

這樣說來，秦「力人」、「力士」人數在當時這一人群中的比例，占有絕對的優勢。

秦統一後，反秦勢力中民間「力士」的參與，有張良博浪沙故事為例。《史記》卷五五〈留侯世家〉:「(張良)得力士，為鐵椎重百二十斤。秦皇帝東游，良與客狙擊秦皇帝博浪沙中，誤中副車。秦皇帝大怒，大索天下，求賊甚急，為張良故也。良乃更名姓，亡匿下邳。」被稱為「客」的張良刺秦戰友，就是一位「力士」。不過這位「力士」與前說「力士」身

分不同，他不是朝廷體制中的高官，也不是在尊貴者身邊服務的侍衛人員，而是民間的「賊」。

秦始皇時代對秦武王所信用著名「力士」能力的尊信，依然有所表現。《水經注．渭水下》記載：「秦始皇造橋，鐵鐓重不勝。故刻石作力士孟賁等像以祭之，鐓乃可移動也。」

「力士」地位與秦文化「尚力」風格

馬非百分析秦「力士」的歷史作用時這樣寫道：「元材案：呂不韋書言：『以眾勇，無畏乎孟賁矣。以眾力，無畏乎烏獲矣。』故項羽謂『劍一人敵不足學，學萬人敵』。夫以賁、獲之勇力，使其能學萬人敵，其所威，豈在白起、王翦下哉！」（馬非百《秦集史》，第三六八頁）我們可以體會到，「白起、王翦」等名將在軍事競爭中顯示的強勢，是以普通軍人「眾勇」、「眾力」的艱苦奮戰為基礎的。馬非百引「呂不韋書言」見《呂氏春秋．用眾》：「天下無粹白之狐，而有粹白之裘，取之眾白也。夫取於眾，此三皇、五帝之所以大立功名也。凡君之所以立，出乎眾也。立已定而舍其眾，是得其末而失其本。得其末而失其本，不聞安居。故以眾勇，無畏乎孟賁矣。以眾力，無畏乎烏獲矣，以眾視無畏乎離婁矣，以眾知無畏乎堯、舜矣。夫以眾者，此君人之大寶也。田駢謂齊王曰：『孟賁庶乎患術，而邊境弗患；楚、魏之王，辭言不說，而境內已修備矣，兵士已修用矣；得之眾也』。」可知秦國開明的政治領袖明白「用眾」的道理。而提高孟賁、烏獲等「力士」的地位以實現其引領社會風習的作用，也是聰明的策略。

關於所著《秦史．三力傳》名義，王遽常寫道：「秦起西垂，多戎患，故其民樸實堅悍，尚氣概，先勇力。讀《小戎》、《駟驖》、《無衣》諸詩，其風聲氣俗蓋由來久矣。商君資之更法，以強兵力農，卒立秦大一統之基。悼武王有力，以身率，尚武之風益盛。上有好者，下必有甚焉者矣。」（王遽常《秦史》，第一八〇頁）所謂「尚氣概，先勇力」，是秦民俗傳統風格。而執政者出於政治軍事追求的導向性政策，更促成了這種文化特質顯性的歷史作用。「彊兵力農」的法令制度，使得「卒立秦大一統之基」。在這樣的歷史進程中，「悼武王有力，以身率」的作用是重要的，「三力」榜樣性的「勇力」模範作用，也是重要的。多種因素導致「尚武之風益盛」的情形，是秦軍力強勁，一往無前，終於實現統一的決定性條件。

在指導秦國政治方向的法家論著理論表述中，對「力」的推崇可以說旗幟鮮明。《商君書．農戰》強調「教民」的重要，行政者引導民風，期望「民樸」、「作壹」，「民樸則不淫……作壹則民不偷。民不偷淫則多力，多力則國彊。」又說：「民不偷淫，則國力摶。國力摶者彊。」而民「力」，也就是國「力」：「勞民者，其國必無力。無力者，其國必削。」，「摶民力以待外事，然後患可以去，而王可致也。」《商君書．去彊》說：「國無力而行知巧者，必亡。」而法家追求重視調整階級關係，「治國能令貧者富，富者貧，則國多力，多力者王。」「多力者王」的說法，又見於《商君書．慎法》：「國之所以重，主之所以尊者，力也。」法制建立健全的目的，是「國多力」。也就是說：「刑生力，力生強，強生威，威生惠，惠生於力。舉力以成勇戰，戰以成知謀。」《商君書．說民》也說：「刑生力，力生強，強生威，威生德，德生於刑。」，「作一則力摶，力摶則強；強而用，重強。故能生力，能殺力，曰：『攻敵之國』，必強。塞私道以窮其志，啟一門以致其欲，使民必先行其所惡，然後致其所欲，故力多。」其中有關「生力」、「殺力」的說法，展現了富有戰略意義的執政理念，值得我們注意。「殺力」，是要將民「力」、國「力」投入到兼併戰爭中。《商君書．壹言》強調：「力多而不攻則有蝨。故摶力以壹務也，殺力以攻敵也。」《商君書．錯法》：「為國而能使其民盡力以競於功，則兵必強矣。」秦國正是因此擊破東方六國，實現統一的。《商君書．靳令》又寫道：「聖君之治人也，必得其心，故能用力。力生強，強生威，威生德，德生於力。聖君獨有之，故能述仁義於天下。」所謂「德生於力」，是說所有的政治成功，都必然依恃實力。「威」與「力」的關係，成書於秦地的《呂氏春秋》之〈蕩兵〉篇是這樣表述的：「凡兵也者，威也，威也者，力也。」

《史記》卷六八〈商君列傳〉記載趙良批評商鞅行政時，引用了《尚書》中的話：「《書》曰：『恃德者昌，恃力者亡。』」司馬貞《索隱》：「此是《周書》之言，孔子所刪之餘。」秦執政集團「恃力」的風格，是與儒學理念完全不同的。分析秦政的成與敗和得與失，都分別可以看到「恃力」傳統的作用。

「扛鼎」、「舉鼎」競技表演

在前引「能生拔牛角」等形式外，「扛鼎」即「舉鼎」，是戰國秦漢時期日常生活中最常見展示「氣」、「力」的方式。有學者說，「扛鼎」等，「在後代均成為雜技節目，而在當時卻是選拔勇猛之士的重要標準」（傅起鳳、傅騰龍《中國雜技史》，上海人民出版社，一九八九年，第三三頁）。這行為成為受到普遍歡迎的競技表演形式，雖然未必是秦人創始，如《吳子．料敵》有「一軍之中，必有虎賁之士，力輕扛鼎……」語。但是這種表演形式曾經風行一時，卻見於秦史中有關「力士」的記載。

《史記》卷五〈秦本紀〉寫道：「（武）王與孟說舉鼎，絕臏。八月，武王死。族孟說。」似乎是說秦武王舉鼎，當時可能是與孟說共同進行競技式的表演。孟說因此嚴厲受到處置。楊寬論秦武王事，說：「武王原是大力士，〈秦本紀〉稱『武王有力，好戲』，『戲』是指角力，就是摔交。」原注：「《國語．晉語九》記趙簡子的戎右少室周要和大力士牛談『戲』，韋注：『戲，角力也。』」（楊寬《戰國史》（增訂本），上海人民出版社，一九九八年，第三六四頁）其實，「戲」、「角力」未必適宜直接解作「摔交」。《史記》卷一一八〈淮南衡山列傳〉：「元朔五年，太子學用劍，自以為人莫及，聞郎中雷被巧，乃召與戲。被一再辭讓，誤中太子。太子怒，被恐。」這裡所說的「戲」，既言「劍」，既言「中」，應是擊劍競技，當然不是「摔交」。《後漢書》卷一三〈隗囂傳〉載劉秀報隗囂書：「今關東寇賊，往往屯聚，志務廣遠，多所不暇，未能觀兵成都，與子陽角力。」李賢注：「角力猶爭力也。」「舉鼎」，也是「角力」的形式。

《史記》卷四三〈趙世家〉:「秦武王與孟說舉龍文赤鼎，絕臏而死。」《太平御覽》卷七五六引《史記》:「秦武王與孟說舉龍文之鼎，絕臏而死。」則強調所舉鼎的形制紋飾。《資治通鑑》卷三「周慎靚王八年」記載:「王與孟說舉鼎，絕脈而薨。」胡三省注:「脈者，系絡臟腑，其血理分行干肢體之間。人舉重而力不能勝，故脈絕而死。按《史記·甘茂傳》雲武王至周而卒於周。蓋舉鼎者，舉九鼎也。《世家》以為龍文赤鼎。《史記》『脈』作『臏』。」楊寬認同胡三省注「蓋舉鼎者，舉九鼎也」之說，又據「《帝王世紀》謂『秦王於洛陽舉周鼎』(《孟子·告子下篇》正義所引)」，說:「武王這樣親自到洛陽來舉起周鼎，用意是明顯的，就是要『窺周室』、『挾天子以令天下』。」(楊寬《戰國史》(增訂本)，第三六四頁)其實，秦武王「舉周鼎」、「舉九鼎」說未可確信。當時周王朝名義尚是天下共主，體制依然健全，象徵最高權力的「九鼎」恐不能輕易作為「力士」的遊戲道具。

「舉鼎」是一種顯示「力」的方式。《韓非子·六反》說:「夫欲得力士而聽其自言，雖庸人與烏獲不可別也。授之以鼎俎，則罷健效矣。故官職者，能士之鼎俎也。任之以事，而愚智分矣。」行政實踐，是檢測一個人是否「能士」的方式。而是否「力士」不能「聽其自言」，「授之以鼎俎，則罷健效矣。」《晉書》卷七〈成帝紀〉:「(咸和)八年春正月辛亥朔詔曰:『……令諸郡舉力人能舉千五百斤以上者。』」考試是否「力人」的方式，是令其舉重。明人徐應秋《玉芝堂談薈》卷九列舉諸多「古今有力者」故事，包括「蜀五丁力能移山」、「衛石蕃能負沙一千二百鬥」、「孟賁生拔牛角」、「桀之力能伸鐵鉤索」、「紂能倒曳九牛、撫梁易柱」、「生捕虎豹」、「費仲、惡來足走千里，手制兕虎」、「魏任城王章曳虎尾、頓象鼻」等，標題則作「手舉萬鈞」。可知舉重長期被視為「有力」的測定方式。顧炎武《日知錄》卷一一〈權量〉就此有所考論:「今考之傳記，如孟子以舉百鈞為有力人。三十斤為鈞，百鈞則三千斤。《晉書·成帝紀》『令諸郡舉力人能舉千五百斤以上者』」。

在秦武王傷殘身死之後，「舉鼎」依然作為一種習見展示「力」的競技表演形式。

《史記》卷七〈項羽本紀〉說：「（項）籍長八尺餘，力能扛鼎，才氣過人。」裴駰《集解》：「韋昭曰：『扛，舉也。』」司馬貞《索隱》：「《說文》云：『橫關對舉也。』」《史記》卷一一八〈淮南衡山列傳〉也有「厲王有材力，力能扛鼎」的說法。《漢書》卷六三〈武五子傳．廣陵厲王劉胥〉：「胥壯大，好倡樂逸遊，力扛鼎。」又將「扛鼎」與「倡樂逸遊」連結起來，與秦武王「有力好戲」、「舉鼎絕臏」說同。《後漢書》卷三三〈虞延傳〉也說虞延「長八尺六寸，要帶十圍，力能扛鼎」。《藝文類聚》卷六一引後漢張衡〈西京賦〉說漢代長安的公共遊樂活動中，也有「烏獲扛鼎」節目。《藝文類聚》卷六三引後漢李尤〈平樂觀賦〉也說到「烏獲扛鼎，千鈞若羽」。

《隋書》卷一五〈音樂志下〉說到隋代繼承了北朝「百戲」、「散樂」表演，認為「蓋秦角抵之流者也」。還記載：「又為夏育扛鼎，取車輪、石臼、大甕器等各於掌上而跳弄之。」《通典》卷一四六〈樂六．散樂〉記載大致同樣史事，也說到「為夏育扛鼎，取車輪、石臼、大盆器等各於掌上而跳弄之」，然而強調「如漢故事」。或許漢代「扛鼎」表演相當普及。舞弄石臼、大甕器等，應與「扛鼎」有類似處。可能社會下層一般人家不能輕易得到「鼎」這樣的表演道具。《後漢書》卷八三〈逸民列傳．梁鴻〉記載：「同縣孟氏有女，狀肥醜而黑，力舉石臼，擇對不嫁，至年三十。父母問其故。女曰：『欲得賢如梁伯鸞者。』鴻聞而娉之。」又有「女求作布衣、麻屨，織作筐緝績之具」，「為椎髻，著布衣，操作而前」，「共入霸陵山中，以耕織為業」等故事。所謂「力舉石臼」當然與《隋書》卷一五〈音樂志下〉所謂取「石臼」、「於掌上而跳弄之」有所不同，作為從事「耕織」的體力勞動者顯示力量的動作，亦隱約顯現出以「石臼」為道具的這種「散樂」形式的原始由來。所謂取「石臼、大甕器」或「大盆器等」、「各於掌上而跳弄之」的「散樂」、「百戲」表演形式，在漢代畫像中可以看到具體的反映。

《隸釋》卷一九〈魏大饗碑〉寫道：「惟延康元年八月旬有八日辛未，魏王龍興踐祚，規恢鴻業，構亮皇基，萬邦統世。」有登壇高會大饗之禮，組織了百戲表演：「……六變既畢，乃陳祕戲。巴俞丸劍，奇舞麗倒，沖夾逾鋒，上索翁高，舩鼎緣橦，舞輪擿鏡，騁狗逐兔，戲馬立騎之妙技。……」其中「舩鼎」節目，有可能與「扛鼎」有關。《說文·角部》：「舩，舉角也。」《文選》卷二張衡〈西京賦〉「烏獲扛鼎」，李善注：「《史記》曰：秦武王有力士烏獲、孟說，皆大官。王與孟說舉鼎。《說文》曰：扛，橫開對舉也。扛與舩同。」由「舩，舉角也」之說，也可證前引楊寬「角力，就是摔交」說不確。《魏大饗碑》說到的「陳祕戲」事，時在漢王朝政治生命終結的當年。據洪適說：「漢獻帝建安二十五年正月，魏王曹操死，其子丕嗣位，改元『延康』。〈魏志〉云：丕以七月甲午軍次於譙，大饗六軍。是時漢鼎猶未移也。丕為人臣，而自用正朔刻之金石，可謂無君之罪人也。」

《史記》卷七九〈范雎蔡澤列傳〉說：「夏育之勇焉而死。」裴駰《集解》：「駰案：《漢書音義》曰：或云夏育衛人，力舉千鈞。」《漢書》卷六五〈東方朔傳〉：「夏育為鼎官。」顏師古注：「或曰夏育衛人，力舉千鈞。鼎官，今殿前舉鼎者也。」可推知大致在顏師古生活的時代，「殿前舉鼎者」似乎已經有確定的專職人員。

秦「尚力」傳統在漢代社會的遺存

可能受秦文化影響的因素，漢代仍有「舉鼎」競技表演。如前引《史記》卷七〈項羽本紀〉說項羽「才力過人」，表現在「力能扛鼎」。《史記》卷一一八〈淮南衡山列傳〉也可見「厲王有材力，力能扛鼎」之說。〈西京賦〉及〈平樂觀賦〉「烏獲扛鼎」是在表演技藝，而項羽、劉長以「扛鼎」形式顯示的「力」，史籍「才力」、「材力」並說，當時或被視為「才」或「材」的展現。

呂后有殘害戚夫人和劉如意的惡行。《史記》卷九〈呂太后本紀〉寫道：「呂后最怨戚夫人及其子趙王，乃令永巷囚戚夫人」，又策劃謀害趙王。「孝惠帝慈仁……自挾與趙王起居飲食。太后欲殺之，不得間。孝惠元年十二月，帝晨出射。趙王少，不能蚤起。太后聞其獨居，使人持鴆飲之。犁明，孝惠還，趙王已死。」據《太平御覽》卷七〇四引《西京雜記》，呂后謀害劉如意的方式，與〈呂太后本紀〉的紀錄不同：「惠帝與趙王同寢處，後殺之不得。後帝早獵，後命力士於被中縊殺之，乃死。呂后不信，以綠囊盛之，載以小軿車入見，厚賜之。力士東都門外宮奴，帝后知，腰斬之。」所說呂后令「力士」殺害劉如意，此「力士」有確定身分及被漢惠帝處置等情節，值得注意。

劉邦在漢初剪除功臣的行動中，陳平為他謀劃擒拿韓信的方式。《史記》卷五六〈陳丞相世家〉記載陳平建議：「古者天子巡狩，會諸侯。南方有雲夢，陛下弟出僞游雲夢，會諸侯於陳。陳，楚之西界，信聞天子以好出游，其勢必無事而郊迎謁。謁，而陛下因禽之，此特一力士之事耳。」於是，「高帝以為然，乃發使告諸侯會陳，『吾將南游雲夢』。上因隨以行。行未至陳，楚王信果郊迎道中。高帝豫具武士，見信至，即執縛之，載後車。」陳平所謂「力士」和司馬遷記述執行此任務的「武士」，身分是重疊的。陳平言「力士」者，可能展現了當時社會的語言習慣。

《漢書》卷九九下〈王莽傳下〉記載，王莽出行時曾經有「力士」充任儀仗：「或言黃帝時建華蓋以登仙，莽乃造華蓋九重，高八丈一尺，金瑵羽葆，載以祕機四輪車，駕六馬，力士三百人黃衣幘，車上人擊鼓，挽者皆呼『登仙』。莽出，令在前。」

《藝文類聚》卷一引後漢李尤〈九曲歌〉曰：「年歲晚暮時已斜，安得力士翻日車。」也使用了「力士」稱謂。又《水經注》卷一六〈谷水〉引〈竹林七賢論〉，說道：「魏明帝於宣武場上為欄，苞虎牙，使力士袒裼，逆與之搏，縱百姓觀之。」也出現「力士」身分。不過，這裡所說的「力士」，大概只是有力者的通稱，並不具有職務和官階的意義。

前引梁玉繩《史記志疑》所說漢代人姓名有用古「力士」名號者，如「中常侍孟賁」、「護羌校尉夏育」。明人余寅:《同姓名錄》卷一有「孟賁二」條：「古有力士孟賁，能生拔牛角。漢有中常侍孟賁，為湘南侯黃龍等所誣，順帝知其罔，減龍等租四分之一。」又有「夏育二」條：「古有力士夏育，力舉千鈞。蔡澤日：『夏育、太史噭叱呼駭三軍，然而身死於庸夫。』漢靈帝時，烏桓校尉夏育請出塞擊鮮卑，蔡邕難論，有五不可。」今按：《漢書》卷一九下〈百官公卿表下〉有「少府孟賁」，《後漢書》卷三四〈梁商傳〉有「中常侍」、「孟賁」（亦見《後漢書》卷七八〈宦者列傳．孫程〉、《續漢書．天文志中》，《三國志》卷四二〈蜀書．孟光傳〉裴松之注引《續漢書》），《後漢書》卷八〈靈帝紀〉有「北地太守夏育」（亦見《後漢書》卷九〇〈鮮卑傳〉）、「護烏桓校尉夏育」（亦見《續漢書．五行志三》，《三國志》卷三〇〈魏書．鮮卑傳〉作「護烏丸校尉夏育」），《後漢書》卷五八〈蓋勳傳〉有「護羌校尉夏育」，《後漢書》卷六五〈段熲傳〉有「軍吏」、「夏育」、「假司馬夏育」。有學者論說「漢魏人仰慕古人，因而取其名字以為自己名字」的情形，直接展現「慕古」的例證是「景仰先聖，敬慕先賢」，即「以古聖之名命名」和「以先賢之名命名」（張孟倫《漢魏人名考》，蘭州大學出版社，一九八八年，第二十至二十五頁）。這一情形，也展現出當時社會對「力士」的尊重。

秦人對「力士」及「尚力」傾向的思考

秦執政者抬舉提升「力士」的地位以促成其強兵強國的正面影響，另一方面，我們又看到，對於「力士」文化局限乃至「尚力」文化傾向之是非的認知，也較早見於秦人言論文字，或在成書於秦的論著中發表。

《商君書．錯法》說：「烏獲舉千鈞之重，而不能以多力易人。」《商君書．弱民》有同樣的話：「烏獲舉千鈞之重，不能以多力易人。」《戰國策．秦策三》載範雎語：「烏獲之力而死，奔、育之勇焉而死。」《戰國策．燕策二》所見蘇秦語則日：「孟賁之勇而死，烏獲之力而死。」這些說法，都指出「多力」的歷史作用是有限的。

對於秦政治走向影響深刻的《韓非子》書中，也可以看到「力士」的「力」需要多種配合和策應才可以顯示作用的意見。《韓非子．觀行》：「有烏獲之勁，而不得人助，不能自舉。有賁育之強，而無法術，不得長

生。故世有不可得，事有不可成。故烏獲輕千鈞而重其身。非其身重於千鈞也，勢不便也。」這種對「力士」的「力」之外在配合條件，可以理解為「勢」。根據秦執政者對韓非學說的高度推崇，推想這樣的認知，也可能當時即對秦政的設計和推行有一定作用。

在呂不韋執政的年代，他集合諸多賓客，完成《呂氏春秋》一書。這部論著是戰國以來知識人遊學各地、自由爭鳴的時代即將結束時的一個文化標記。《呂氏春秋》面對即將來臨的「大一統」時代，對文化形態提出了涵容百家的要求。高誘的序文是這樣表述的：「此書所尚，以『道德』為標的，以『無為』為綱紀，以『忠義』為品式，以『公方』為檢格，與孟軻、孫卿、淮南、揚雄相表裡。」也就是說，《呂氏春秋》對戰國思想有所繼承，有所總結；對漢代思想有所啟示，有所引導。曾經領略過東方多種文化因素各自丰采的呂不韋及其賓客們，明智地發現了歷史文化進步的方向，意識到秦能夠一時取勝的文化基因，或許不適宜實現統一新帝國的管理。《呂氏春秋》可以視為在大一統的政治體制即將形成的時代，為推進這一歷史進步所進行的一種文化準備。在政治文化的總體構想方面，呂氏為秦的最高統治者進行了設計。理解其中基本的文化理念，我們應當注意到《呂氏春秋》否定了對「力」的絕對尊崇。

《呂氏春秋．重己》寫道：「使烏獲疾引牛尾，尾絕力勯，而牛不可行，逆也。使五尺豎子引其棬，而牛恣所以之，順也。」這裡強調，「勇力」使用的方向是更重要的。這樣的認知，確實可以說是我們在考察「力士」的歷史意義時，必須重視的文化真知。

《呂氏春秋．慎大》說到孔子對於「力」的態度：「孔子之勁，舉國門之關，而不肯以力聞。」《說文．力部》：「勁，強也。」《說文．弓部》：「強，弓有力也。」孔子自身「有力」卻「不肯以力聞」，是因為他自有更高等級的文化自尊和文化自信。正所謂「善持勝者，以術強弱」。論者又借孔子評論趙襄子事說，「有道之主能持勝」，強調「道」的政治文化理念。又指出：「勝非其難者也，持之其難者也。賢主以此持勝，故其福及後世。」發表「持之其難」的見解，舉示「福及後世」的榜樣，或許可以視為對統一的秦帝國有某種預警意義的告誡。《呂氏春秋．不廣》所謂「用武則以力勝，用文則以德勝」，又進行了更明確的提示，強調更高境界的「文」、「德」優勢，應是最可貴的真正優勢。

《呂氏春秋》的作者還進行了秦史的回顧，對秦崛起歷程中的光榮記憶也進行了反思。《呂氏春秋．悔過》寫道：穆公時代，秦軍遠征偷襲鄭國，師行過周，王孫滿批評說：「過天子之城，宜櫜甲束兵，左右皆下，以為天子禮。今袀服回建，左不軾，而右之超乘者五百乘，力則多矣，然而寡禮，安得無疵？」值得注意的是，正是在「力士」得到尊寵的秦武王時代，秦國又一次以兵車佇列來到周天子面前。《史記》卷七一〈樗里子甘茂列傳〉記載：「使樗里子以車百乘入周。周以卒迎之，意甚敬。」有學者認為是「在周王室前耀武揚威」（林劍鳴《秦史稿》，上海人民出版社，一九八一年，第二四八頁）。《呂氏春秋》借王孫滿所謂「力則多矣，然而寡禮」，在這裡提出了「力」和「禮」的對應關係，暗示「禮」遠遠超越「力」的意義。

又有一則可以讀作政治寓言的故事，見於《呂氏春秋．順說》：「惠盎見宋康王。康王蹀足謦欬，疾言曰：『寡人之所說者勇有力，而無為仁義者。客將何以教寡人？』惠盎對曰：『臣有道於此，使人雖勇，刺之不入；雖有力，擊之弗中。大王獨無意邪？』王曰：『善！此寡人所欲聞也。』惠盎曰：『夫刺之不入，擊之不中，此猶辱也。臣有道於此，使人雖有勇弗敢刺，雖有力不敢擊。大王獨無意邪？』王曰：『善！此寡人之所欲知也。』惠盎曰：『夫不敢刺、不敢擊，非無其志也。臣有道於此，使人本無其志也。大王獨無意邪？』王曰：『善！此寡人之所願也。』惠盎曰：『夫無其志也，未有愛利之心也。臣有道於此，使天下丈夫女子莫不歡然皆欲愛利之，此其賢於勇有力也，居四累之上。大王獨無意邪？』王曰：『此寡人之所欲得。』惠盎對曰：『孔、墨是也。孔丘、墨翟，無地為君，無官為長，天下丈夫女子莫不延頸舉踵而願安利之。今大王，萬乘之主也，誠有其志，則四境之內皆得其利矣，其賢於孔、墨也遠矣。』宋王無以應。惠盎趨而出。宋王謂左右曰：『辨矣。客之以說服寡人也。』」《呂氏春秋》

的作者接著說，「宋王，俗主也，而心猶可服，因矣。因則貧賤可以勝富貴矣，小弱可以制強大矣。」上古笑話多有以宋人為譏刺對象者（參看王利器錄《宋愚人事錄》，王利器、王貞珉《歷代笑話集續編》，春風文藝出版社，一九八五年），《呂氏春秋》引宋人故事，亦往往具諷喻性質。此言「孔、墨」「賢於勇有力也」的意見「說服」了宋康王，又說「宋王，俗主也，而心猶可服」。讀者自然可以聯想到，如果自以為「英主」者，也應當有相應的態度。

關於「小人尚力」、「小人絕力」

依照儒學正統政治理念，作為受到尊仰崇尚的「德」之對立概念，「力」是予以鄙薄輕視的。《孟子．公孫丑上》：「孟子曰：『以力假仁者霸，霸必有大國，以德行仁者王，王不待大。湯以七十里，文王以百里。以力服人者，非心服也，力不贍也；以德服人者，中心悅而誠服也，如七十子之服孔子也。《詩》云：『自西自東，自南自北，無思不服。』此之謂也。」「以德服人」和「以力服人」，形成執政理念的高下對比。漢初政論家陸賈回顧歷史，指出「尚威力」以致敗亡的例證。《新語》卷下〈至德〉：「宋襄死於泓水之戰，三君死於臣子之手，皆輕用師而尚威力，以至於斯。故《春秋》重而書之，嗟嘆而傷之。」《新語》卷下〈懷慮〉又說：「魯莊公據中土之地，承聖人之後，不修周公之業，繼先人之體，尚權杖威，有萬人之力，懷兼人之強，不能存立子糾，國侵地奪，以洙、泗為境。」指出「權」、「威」、「萬人之力」、「兼人之強」等，都不能視為絕對的政治優勢。《新語》卷上〈道基〉也寫道：「知伯仗威任力，兼三晉而亡。」對於秦政的失敗，亦直接歸罪於對「力」的推崇：「德盛者威廣，力盛者驕眾。齊桓公尚德以霸，秦二世尚刑而亡。」秦亡，可以視為「愚者以力相亂」的典型。論者提示：「大怒之威，非氣力所能行也。」，「統四海之權，主九州之眾，豈弱於力哉？然功不能自存，威不能自守，非貧弱也，乃道德不存乎身，仁義不加於天下也。」又就秦亡的教訓警告當世執政者：「果於力而寡於義者，兵之所圖也。」（《新語》卷下〈本行〉）論者強調，實現「善」的境界，在於「絕氣力，尚德也」（《新語》卷上〈慎微〉）。

賈誼〈過秦論〉對秦始皇「禁文書而酷刑法，先詐力而後仁義，以暴虐為天下始」的批評，注意到了歷史條件的要求：「夫並兼者高詐力，安定者貴順權，此言取與守不同術也。秦雖離戰國而王天下，其道不易，其政不改，是其所以取之守之者無異也。」（《史記》卷六〈秦始皇本紀〉）認為「並兼」時代有歷史合理性的「詐力」，在新的歷史條件下無限度沿用，是致使秦敗亡的主要原因。在賈誼的認知中，「詐力」和「仁義」，「詐力」和「順權」，顯示政治方向的鮮明對照，但是「並兼者高詐力，安定者貴順權」，應當理解歷史情勢的不同要求。

作為個人取向，看重「德」還是看重「力」，展現「君子」、「小人」的對立。《法言．淵騫》寫道：「君子絕德，小人絕力。或問『絕德』，曰：『舜以孝，禹以功，皋陶以謨，非絕德邪？』『力。』『秦悼武、烏獲、任鄙，扛鼎抃牛，非絕力邪？』」李軌注：「皆以多力，舉重崩中而死，所謂不得其死然。」對於「秦悼武、烏獲、任鄙，扛鼎抃牛」等「力士」的表現，表達了與秦文化背景下明顯不同的評價。

對於「力人」、「力士」所指稱人的才與能之「力」，稍晚又有劉劭《人物志》卷中〈材能〉的說法：「若力能過人，而勇不能行，可以為力人，未可以為先登。力能過人，勇能行之，而智不能斷事，可以為先登，未足以為將帥。必聰能謀始，明能見機，膽能決之，然後可以為英。張良是也。氣力過人，勇能行之，智足斷事，乃可以為雄。韓信是也。體分不同，以多為目，故英雄異名。然皆偏至之材，人臣之任也。故英可以為相，雄可以為將。若一人之身，兼有英雄，則能長世。高祖、項羽是也。」劉劭認為，所謂「力能過人」或「氣力過人」，只是「材能」中較低層次的表現。他對於「力」、「勇」、「智」、「聰」、「明」、「膽」，乃至「兼有英雄」若干層級「材能」的分析，提出了一定深度的人才思想。其中「若力能過人，而勇不能行，可以為力人，未可以為先登」的說法，出現了「力人」稱謂，也是值得我們注意的。而這些議論的發表，距離《左傳》中出現「秦之力人」字樣，已經相隔八百多年了。

後來對「力」以及「尚力」者的鄙視，又見於宋儒程子《伊川易傳》卷三〈周易下經〉:「小人尚力，故用其壯勇。」邵雍《君子吟》寫道：「君子尚德，小人尚力。尚德樹恩，尚力樹敵。」(〔宋〕邵雍《擊壤集》卷一六)《朱子語類》卷七說道:「自小便教之以德，教之以尚德不尚力之事」的道德培養理念，也反映了儒學的德教宗旨。「尚力」是受到鄙棄的。元代學者王申子《大易緝說》卷六〈下經〉說:「小人尚力者，用之則為勇猛，怙強好勝。若固守此道，而行危也。」有的現代史學家在總結秦史時，對秦武王和他識拔的「力士」們有所批評。例如林劍鳴《秦史稿》說：「武王一味嗜武，所以十分喜歡力士，對有些力士如任鄙、烏獲、孟說等皆委以高官。武王自己也有一身蠻力氣，因為嚮往象徵著周天子權位的周鼎，所以常常以舉鼎為戲。西元前三〇七年(秦武王四年)，武王在同力士孟說舉鼎時，脛骨被折斷，至當年八月竟因此死去。這一個雄心勃勃的武王，因好勇逞能，偏要做力不勝任之事，所以當了四年國君就離開了人間。」(林劍鳴《秦史稿》，上海人民出版社，一九八一年，第二四八頁)所謂「好勇逞能」與所謂「怙強好勝」，其實可以做近義語理解。

後世對秦文化「尚力」傾向的評斷，長期以批判為主流。然而如果以儒學正統「小人尚力」、「小人絕力」的態度作為考察秦史的認知基礎，也許難免有簡單化、片面化之失，不利於全面公正的歷史判斷。

《鹽鐵論・力耕》載錄「文學」的議論:「古者尚力務本而種樹繁，躬耕趣時而衣食足，雖累凶年而人不病也。」其中「尚力」和「躬耕」對說，是受到全面肯定的。而秦政的「尚力」風格，在獎勵「力耕」方面也有突出展現，是不宜忽視的歷史事實。

《後漢書》卷三〇下〈襄楷傳〉載襄楷上疏:「周衰，諸侯以力征相尚，於是夏育、申休、宋萬、彭生、任鄙之徒生於其時。」李賢注：「並多力之人也。夏育，衛人，力舉千鈞。宋萬，宋人，殺湣公，遇大夫仇牧於門，批而殺之，齒著門闔。彭生，齊人，拉魯桓公幹而殺之。範雎曰：『以任鄙之力焉而死。』申休未詳何世也。」「力士」之徒地位的上升和影響的擴大，是在「諸侯以力征相尚」的時代背景下發生的歷史現象。戰國武力競爭時代，按照賈誼〈過秦論〉的說法：「諸侯力勁，強淩弱，眾暴寡，兵革不休」，所謂「並兼者高詐力」，是共同的文化取向。就秦「力士」的歷史表現而言，在當時未必沒有一定的正向意義。他們各自的素養，亦不宜簡單一概否定。馬非百《秦集史》對著名秦「力人」、「力士」區別言之，認為：「至輔氏之戰，杜回以誤躓結草而顛，致為晉師所獲。蓋亦孔子所謂『暴虎馮河，死而無悔』者。吾是以知有勇無謀之果不足貴也！」然而對於任鄙，則讚賞有加：「任鄙不與舉鼎之役，賢於賁、獲遠矣。故秦人諺曰：『力則任鄙，智則樗里。』而獨不稱賁、獲。何則？不自恃其勇力者，乃真為有勇力者也。司馬氏於鄙為漢中守，始、卒，皆特筆書之，非以其善用己長故耶？」（馬非百《秦集史》，第三六八頁）所討論的四位秦「力人」、「力士」，被分為三個等級。王遽常《秦史》在〈三力傳〉結尾則寫道：「論曰：鄙為守，能久於其任。獲至老壽，必有以自貴其勇者。賁生於生死貴富，舉無以易其勇，蓋庶幾有勇德焉。雖以非命死而非其罪。則三子者，豈徒力而已哉！」（王遽常《秦史》，第一八一頁）認為「三力」於「勇」、「力」之外，亦各有其可「貴」之「德」。看來，揚雄的評論，「秦悼武、烏獲、任鄙，扛鼎抃牛，非絕力邪？」包括秦武王，均一併指斥為「小人」，也許不免有簡單化、絕對化之嫌。

第四章
秦始皇「天下一統」的歷史新識

司馬遷總結西元前八世紀至西元三世紀的歷史趨勢，言終結於統一：「至秦始皇立，天下一統，十五年，海內咸歸於漢矣。」（《史記》卷四〈周本紀〉）秦實現「天下一統」創建新的政治格局和社會結構，並沒有因短祚而完結，對後世形成二千年的影響。對於秦統一，歷代史論、政論頗多評判。在新的學術條件下，有必要進行新的考察，以求形成新的理解。

秦統一的條件

關於秦統一事業的成功，秦始皇自稱「德并諸侯」，「烹滅強暴」（《史記》卷六〈秦始皇本紀〉）。對於實現「天下一統」的因素，《史記》有「是善用兵，又有天命」（《史記》卷四〈周本紀〉）的說法。秦據西北僻陋之地迅速崛起，能夠「強殆中國」（《荀子．強國》），最終實現一統，自有重要的原因。以往曾有學者將商鞅變法解釋為，由奴隸制走向封建制社會形態進步的象徵，認為秦的統一在於改革徹底，使先進的制度戰勝落後的制度。然而許多跡象告訴我們，歷史事實顯然要複雜得多。正如李學勤所指出：「近年有關秦的考古發現……特別是涉及奴隸制方面的，使我們感到必須重新描繪晚周到秦社會階級結構的圖景。」，「睡虎地竹簡秦律的發現和研究，展示了相當典型的奴隸制關係景象」，「有的著作認為秦的社會制度比六國先進，筆者不能同意這個看法，從秦人相當普遍地保留野蠻的奴隸制關係來看，事實毋寧說是相反。」（《東周與秦代文明》，上海人民出版社，二〇〇七年，第二九〇至二九一頁）就這一歷史文化主題進行深入的研究，對於透過中國歷史走向來說明社會發展的若干規律，是必要的。

對秦富國強兵，終於一統的具體條件，可以進行必要的分析。研究者注意到，秦國在水利經營、交通建設、機械發明、動力革命等方面展現的優勢，實現了國家綜合實力的提升，成為在軍事競爭中勢不可當的重要因素（王子今〈秦統一原因的技術層面考察〉，《社會科學戰線》二〇〇九年第九期）。而管理方式的進步與鐵質工具的普及，也表現出對東方六國某種意義上的超越。秦的學術文化傾向，特別注重實用之學的特點（王子今〈秦文化的實用之風〉，《光明日報》二〇一三年七月十五日），與這一歷史現象有關。秦在技術層次的優勝，使秦人在兼併戰爭中能「追亡逐北」、「宰割天下」，最終「振長策而御宇內」，「履至尊而制六合」（賈誼〈過秦論〉）。

秦統一的規模

秦統一後形成新的局面，後人曾經有「六王畢，四海一」（〔唐〕杜牧〈阿房宮賦〉，《樊川集》卷一），「六王失國四海歸」（〔宋〕莫濟〈次韻梁尉秦碑〉，《宋詩紀事》卷四七）之說。其實，擊滅「六王」，不能完整概括秦統一事業。秦始皇實現的統一，亦包括北河拓進以及南海置郡。而秦帝國版圖的規模，也遠遠超越秦本土與「六王」故地。《史記》卷六〈秦始皇本紀〉記「西北斥逐匈奴」與「略取陸梁地」事，於秦始皇三十三年（前二一四）。然而據《史記》卷八八〈蒙恬列傳〉:「秦已并天下，乃使蒙恬將三十萬眾北逐戎狄，收河南」及〈秦始皇本紀〉在二十六年（前二二一）記述中已言「南至北向戶」，二十八年（前二一九）琅邪刻石有「皇帝之土……南盡北戶」語，可知這兩個方向的拓進在兼併六國後隨即開始。北河與南海經營，也是秦統一戰爭的主題之一。秦始皇的政治志向和秦人的進取精神，因此可以得到更為真切的理解。後人對秦統一後未能及時進行政策轉變導致滅亡的批評，如賈誼〈過秦論〉所謂「取與守不同術也」而「秦離戰國而王天下，其道不易，其政不改，是其所以取之守之者無異也」等，也可以在這一認知的基礎上做新的分析。

秦統一的意義

自戰國至秦漢，歷史形勢發生劇變。清代史學家趙翼有「秦漢間天地一大變局」的判斷（《廿二史劄記》卷二〈漢初布衣將相之局〉）。湯斌曾明確說:「秦之并六國也，此古今一大變局也。」（〈重建信陵君祠記〉，《湯子遺書》卷四〈記〉）秦實現統一，秦王朝覆亡，漢並天下後經歷曲折，仍重新復原統一格局，即所謂「漢承秦制」（《後漢書》卷七〇上〈班彪傳〉），使得中國政治文化進程走入新的境界。高度集權的「大一統」政治體制基本形成，且經歷多次社會動盪的歷史考驗而愈益完備。以丞相為統領的中央王朝百官公卿制度，和以郡縣制為主體的地方行政管理形式逐漸完善。而秦統一的作用，並不限於政治層面。

秦漢時期，以農耕經濟和畜牧經濟為主，包括漁業、林業、礦業及其他多種經營結構的經濟形態走向成熟，借助交通和商業的發展，各基本經濟區互通互補，共同抵禦災變威脅，共同創造社會繁榮，物質文明的進步獲得空前的成就。而經濟史的這一演進，由秦在「治道運行，諸產得宜，皆有法式」原則下，所謂「一法度衡石丈尺，車同軌」（《史記》卷六〈秦始皇本紀〉），以及貨幣的統一起始。

秦文化、楚文化和齊魯文化等區域文化，在秦漢時期經長期融匯，形成具有統一風貌的漢文化。考察這一變化，也應當視秦王朝「書同文字」、「匡飭異俗」，以追求「黔首改化，遠邇同度」，「大治濯俗，天下承風」（《史記》卷六〈秦始皇本紀〉）推行的文化政策為重要起點。

秦統一的影響

秦統一是具有世界意義的事件。李學勤寫道：「秦的兼併列國，建立統一的新王朝，使秦文化成為後來輝煌的漢代文化基礎。」（《東周與秦代文明》）

秦王朝雖然短暫，但與秦人在西北方向長期的活躍表現，以「秦」為代表的民族文化共同體，已經在遼闊的空間形成顯著影響。兩漢時期，西域及北方草原民族仍稱中原人為「秦人」。實例見於《史記》卷一二三〈大宛列傳〉、《漢書》卷九四上〈匈奴傳上〉及新疆拜城〈劉平國刻石〉。關於 China 的語源，有人解釋為「絲」，有人解釋為「茶」，有人解釋為「荊」，即「楚」，有人解釋為「昌南」，即「景德鎮」。也有學者認為與水田稻作有關，是「粳」的譯音。而更多的學者傾向於與「秦」有關。《美國遺產大詞典》的解釋是，「China」一詞與西元前三世紀的秦朝有關。《哥倫比亞百科全書》的編者也主張「China」一稱來自西元前二二一年至西元前二〇六年的秦王朝。以「秦」為代表性符號的歷史階段，對世界文明進步的貢獻，保留民族光榮的久遠記憶。

《三國志》卷三〇〈魏書．東夷傳〉記載：「辰韓在馬韓之東，其耆老傳世自言古之亡人，避秦役來適韓國。……其言語不與馬韓同，名國為邦，弓為弧，賊為寇，行酒為行觴，相呼皆為徒，有似秦人。」，「今有名之為秦韓者。」秦始皇使方士求海中仙山，「遣振男女三千人，資之五穀種種百工而行。徐福得平原廣澤，止王不來」（《史記》卷一一八〈淮南衡山列傳〉）。據說抵達日本列島。這些都是秦王朝對東亞歷史文化施行影響的史例。秦統一於世界史的意義，或許可以透過中原帝國執政者對「北邊」的重視及隨後發生的歷史變局予以理解。草原強勢軍事力量因秦王朝比較積極的戰略布局，南下侵擾的行為受到遏制。數十年之後，漢武帝對匈奴的有力抗擊，改變了漢帝國西北形勢。匈奴向歐洲遷徙的歷史動向，有學者認為自秦始皇令蒙恬經營「北邊」起始，世界民族文化格局因此有所變化。（比新〈長城、匈奴與羅馬帝國之覆滅〉，《歷史大觀園》一九八五年第三期）有的學者更特別強調秦始皇直道對這個歷史變化的作用。（徐君峰《秦直道路走向與文化影響》，陝西師範大學出版社，二〇一八年，第九七頁）這樣的認知是有一定學術依據的。

秦政的設計者和操作者「吞國稱帝，致秦一統」（〔宋〕曹勳〈讀李斯傳〉，《松隱集》卷三七〈雜著〉），同時推行以焚書坑儒為極端代表的文化專制政策。專政對象又擴衍至社會各層面，以致「法令誅罰日益刻深，群臣人人自危，欲畔者眾」（《史記》卷八七〈李斯列傳〉）。秦政猛烈暴虐風格，對中國政治史有長久的影響。譚嗣同《仁學》寫道：「二千年來之政，秦政也，皆大盜也。」即指出秦王朝行政極端專權的特徵，對後世政治生活的危害。這是我們在分析秦統一與秦政的歷史影響時，不能忽略的現象。然而秦統一的意義，後世批判秦政的政論和史論亦未必否定。錢穆指出：「中國版圖之恢廓，蓋自秦時已奠其規模。近世言秦政，率斥其專制。然按實而論，秦人初創中國統一之新局，其所努力，亦均為當時事勢所需，實未可一一深非也。」（《秦漢史》，三聯書店，二〇〇四年，第二十頁）李學勤說：「（秦統一）帶來了國內各民族文化的進一步交流和融合，這是中國文化史上的重要轉捩點。」（《東周與秦代文明》，上海人民出版社，二〇〇七年，第二九四頁）這樣的判斷，是值得我們重視的。

第五章
秦「抑商」辨疑：從商君時代到始皇帝時代

秦「抑商」說曾經成為對秦史經濟政策判斷的學術成見。另一方面，亦有否定秦「抑商」，甚至認為秦「重商」的觀點。亦可見秦「限商」的意見發表。認真考察秦史，可知「抑商」政策在秦行政方針中其實並不占據特別重要的地位。「抑商」曾經是「重農」的輔助策略。秦的「市」曾經相當繁榮，成為秦經濟生活的重要構成。由秦律遺存可知，秦管理「市」的制度已經相當成熟。商路的暢通也促成富國強兵事業的成功。秦始皇時代不僅允許呂不韋這種出身商人者掌握最高執政權，在嬴政親政之後，對烏氏倮和巴寡婦清的非常禮遇，也可以反映當時工商業者的地位。

秦「抑商」說與秦「重商」說

李劍農總結「商君變法之條款，與經濟改革有關係者」，第一項即「獎勵農業生產，抑制商賈」。他指出：有重農抑商主張並實行重農抑商政策者，「實自商鞅始」（李劍農《先秦兩漢經濟史稿》，中華書局，一九六二年，第一二〇頁）。林劍鳴《秦漢史》寫道：「『重農抑商』是自商鞅變法以來秦國一貫實行的國策。」，「為保護地主階級的經濟基礎，秦王朝繼續推行『重農抑商』政策。」（林劍鳴《秦漢史》，上海人民出版社，一九八九年，第一四〇至一四一頁）鄭良樹說，「無可否認，商鞅是一位重農抑商的極力主張者。」，「為了達到重農的目標，商鞅不惜採用各種方法，『無所不用其極』地裁抑商人及商業活動。」（鄭良樹《商鞅及其學派》，上海古籍出版社，一九八九年，第一七一至一七二頁）有的論著寫道：「商鞅採取種種措施嚴格限制商業活動，幾乎走到了取消商業的地步。」（何漢《秦史述評》，黃山書社，一九八六年，第九十八頁）一些以秦經濟史為研究對象的論著，認同秦「抑商」之說，或認為「由於封建國家實行抑商政策」，商人「在政治上和經濟上」，「受到不同程度的歧視」（林甘泉主編《中國經濟通史．秦漢經濟卷》，中國社會科學出版社，二〇〇七年，第五九二頁），或認為商鞅「控制商業」的政策——即「耕戰抑商政策」，導致「秦國的商品經濟落後」（蔡萬進《秦國糧食經濟研究》，內蒙古人民出版社，一九九六年，第一一一頁）。認為秦「抑商」的意見，在戰國秦漢史研究領域形成主導性的影響。一些具有教科書性質的著作採用此說。

但也有一些學者並不認為秦推行「抑商」政策。瞿兌之《秦漢史撰》有關「社會經濟」內容中不僅不言「抑商」，反而發表秦「重商」的評斷：「秦之重商。遠在穆公以前。」，「商業既繁。商人勢力益大。進執國政。」（瞿兌之〈秦漢史撰〉，楊家駱主編《中國學術類編》單行本，鼎文書局，一九七九年，第七四至七五頁）何茲全認為：「秦的統一，是春秋戰國以來，社會經濟，即商品貨幣關係發展的必然結果。」，「商鞅變法以後，秦國的國家權力集中在國君手裡，……在舊的社會秩序下，沒有地位的新的商人貴族可依自己的才能取得政治地位和社會榮譽。當時，東方各國雖然都是秦國敵國，但在這些國家內，代表新的商人貴族階級的進步勢力，卻無不以為秦國政府是代表他們利益的政府，各國有才能的人……無不跑到秦國來找出路，幫助秦國完成統一工作。」秦并天下，「貨幣和度量衡制統一後，又必然反轉來促進商品貨幣關係發展」（何茲全《秦漢史略》，上海人民出版社，一九五五年，第五頁、第十頁）。翦伯贊認為：「新興的商人地主，首先在秦國獲得了政權。商鞅變法，正是秦國歷史之新的轉向的表現。」，「秦自孝公用商鞅變法之後，秦國的政權已經是商人地主的政權，因而秦國的武力，也就是商人地主的武力，從而秦國所收奪的土地，也就是商人地主的土地。」他認為，「城市手工業的發達」是促成秦統一的「一個主要的歷史動力」。「因為作為秦國政權之主要支持者的商人地主，正是城市手工業中成長起來的一種新的歷史因素；秦代的統一，正是這種新的歷史因素之成熟。」秦統一又「創造了商業資本走向全面發展的客觀條件」，所以，「（秦始皇）巡行全國各地的時候，到處都得到商人地主的歡迎」（翦伯贊《秦漢史》，北京大學出版社，一九八三年，第七頁、第二十五頁、第三十二頁、第三十六頁），有的學者說，秦統一後，「（商業）又有了進一步的發展。」，「秦始皇為發展封建經濟的需要，除大力發展官營工商業外，亦曾鼓勵商人經營致富，加以統一貨幣、度量衡、車軌等措施的推行，使秦代的工商業較前有了進一步的發展。」（王雲度、張文立主編《秦帝國史》，陝西人民教育出版社，一九九七年，第一三八頁、第一三二頁、第一四四頁）

秦對商業和商人之政策的確切內容及其歷史文化影響，有必要進行符合歷史真實的說明。商鞅一類人物與商賈對於傳統宗法社會有同樣的不滿情緒和破除意向，也許也是應當注意到的。範文瀾的意見，「法家一般也代表商賈（地主常兼作商賈）的利益，商鞅抑末是在秦國的特殊措施。」（範文瀾《中國通史》第一冊，人民出版社，一九七八年，第一九〇頁）也值得思考。

祝中熹在《秦國商業及貨幣形態析述》中寫道：「戰國時期曾普遍流行抑商思想，秦國由於影響巨大的商鞅變法，含有抑商的內容而特別引人矚目。」，「很顯然，商業的過度興盛與變法的戰略方針背道而馳。」，「不過我們必須看到，商鞅的抑商只是重農的輔策，只著眼於防止農業勞動力的分流，意在減少、降低商業的負面影響，而並未從根本上扼殺商業的生命力。」，「變法中有些內容在客觀上還有利於商業的長遠發展，如『平鬥、桶、權、衡、丈、尺』……是政府嚴格市場管理，建立商品交易秩序，強化國家職能的作為，對正常的商業發展具有促進作用。」（祝中熹《秦史求知錄》，上海古籍出版社，二〇一二年，第三一一頁、第三一五至三一六頁）

對《商君書》農商政策的理解

余英時將《商君書》看作「戰國晚期所集結的」論著。他分析《商君書．算地》中關於「五民」的文字，指出：「最後兩類人即是工與商，法家和儒家一樣把他們看成社會上的寄生蟲。」（余英時〈反智論與中國政治傳統〉，《歷史與思想》，臺北聯經出版事業公司，一九七六年，第二十二頁、第二十四頁）鄭良樹說：「在〈墾令篇〉裡，他曾經不太有系統地開列了許多抑商的辦法：第一，商人不得賣糧」，「第二，提高酒肉價錢」，「第三，廢除旅館的經營」，「第四，加重商品銷售稅」，「第五，商家的奴僕必須服役」。「上述五種辦法，有的是從積極方面著手，如不得賣糧、提高酒肉價錢、加重商品銷售稅；有的是從消極方面著手，如廢除旅館、奴僕服役，都間接、直接地在裁抑商人，減少商人的數量和活動。」（鄭良樹《商鞅及其學派》，第一七二至一七三頁）

祝中熹指出：「細審《商君書》諸篇，有些主張目的在於抑制商賈勢力的膨脹……但均未超越危及商業生存的底線。」他的另一意見也值得注意：「《商君書．去強篇》明言：『農、商、官三者，國之常官也。』顯然對商業並不歧視。」（祝中熹《秦史求知錄》，第三一六頁）

《劍橋中國秦漢史》寫道：「以他命名的一部重要的法家著作《商君書》由幾種材料組成，其中可能沒有一種是商鞅寫的。但是有的部分，特別是較早期的部分，可能反映了他的思想。」在討論商鞅變法時，「要考慮到這些困難。」（卜德《秦國和秦帝國》，〔英〕崔瑞德、〔英〕魯惟一編《劍橋中國秦漢史》，中國社會科學出版社，一九九二年，第四十九頁）

我們在思考商鞅變法是否「抑商」的問題時，應當對其中政策設定的出發點予以更多關注。高亨在《商鞅與商君書略論》中肯定商鞅「實行重農重戰政策」，卻不言是否「抑商」。他對〈商君列傳〉「僇力本業，耕織致粟帛多者復其身；事末利及怠而貧者，舉以為收孥」是這樣解釋的：「奴隸努力務農，則升為庶民，庶民不努力務農，則貶為奴隸。」，「首先是以解放奴隸為賞，以貶為奴隸為罰，來推行重農政策。」（高亨注譯《商君書注譯》，中華書局，一九七四年，第九頁）對於「事末利」，並沒有明確解說。

對於商鞅否定「事末利」的政策，不少學者認為就是「抑商」。傅築夫說：「末，包括商品生產和商業」（傅築夫《中國封建社會經濟史》第一卷，人民出版社，一九八一年，第三五五頁）。範文瀾說：「商鞅抑末政策，意在防止商賈高利貸者兼併土地，使秦民專力從耕織與戰爭中求富貴。」不過，他又認為，「末」的含義比較寬泛，「文學遊說之士，屬於末一類，不許入秦。」（範文瀾《中國通史》第一冊，人民出版社，一九七八年，第一九〇頁）

有學者指出，《商君書》中，「只有〈墾令〉中談到對商人的限制措施」。而這是為了避免「他們的勢力過度擴張」，「以免損害農戰政策」。商鞅的政策傾向是「限商」，而並非「抑商」（湯勤福《商子答客問》，上海人民出版社，一九九九年，第一七七至一八二頁）。

秦「市」及商路的繁榮

從秦的經濟史紀錄看，商業的發展也自有傳統。《史記》卷六〈秦始

皇本紀〉記載：「獻公立七年，初行為市。」，「（惠文王）立二年，初行錢。」安作璋主編《中國史簡編》雖然認為「重農抑商」是商鞅變法的「主要內容」。不過，論者仍承認秦獻公「『初行為市』，允許在國內從事商業性活動」，「為商鞅變法準備了必要的條件」。（安作璋主編《中國史簡編》（古代卷），高等教育出版社，二〇一四年，第八十五頁）

商鞅變法的第一個動作「徙木立信」，即將表演的舞臺設定在都城雍的「市」。《史記》卷六八〈商君列傳〉：「……乃立三丈之木於國都市南門，募民有能徙置北門者予十金。」睡虎地秦簡《金布律》與《關市律》簡文，展現秦對「市」的管理有成熟的制度。

司馬遷在《史記》卷一二九〈貨殖列傳〉中言關中經濟形勢，強調商運的開發促成社會繁榮，其中包括對秦經濟史的追述：「及秦文、德、繆居雍，隙隴蜀之貨物而多賈。獻公徙櫟邑，櫟邑北卻戎翟，東通三晉，亦多大賈。……長安諸陵，四方輻湊並至而會，地小人眾，故其民益玩巧而事末也。」所謂「隙」、「通」，以及「四方輻湊並至而會」，展現了商業交通的發達。〈貨殖列傳〉又寫道：「南則巴蜀。巴蜀亦沃野，地饒巵、姜、丹沙、石、銅、鐵、竹、木之器。南禦滇僰，僰僮。西近邛笮，笮馬、旄牛。然四塞，棧道千里，無所不通，唯褒斜綰轂其口，以所多易所鮮。天水、隴西、北地、上郡與關中同俗，然西有羌中之利，北有戎翟之畜，畜牧為天下饒。然地亦窮險，唯京師要其道。」關中地方天下「什居其六」的「富」、「饒」，按照司馬遷的理解，商運發揮了積極的作用。

咸陽作為秦帝國經濟重心，與巴蜀之間「棧道千里，無所不通，唯褒斜綰轂其口」，與「天水、隴西、北地、上郡」的交通連結，「唯京師要其道」，正是以咸陽為中心「四方輻湊並至而會」的交通形勢，形成了可以被稱為「大關中」的經濟地理格局。其經濟地理優勢之成就，與「以所多易所鮮」的商業活動有密切關係。

呂不韋故事與「烏氏倮」、「巴寡婦清」、「名顯

天下」

範文瀾說：「商鞅重農抑商政策，不僅不能行施於山東六國，即在秦國也不能遏阻重商的趨勢，到戰國末年，大商人呂不韋終於參加了秦國的政權。」（範文瀾《中國通史》第一冊，第二一一頁）所謂「抑商政策」與「重商的趨勢」並說，是很有意思的事。而呂不韋的地位正是在這樣的歷史糾結中上升。據《史記》卷八五〈呂不韋列傳〉記載，呂不韋出身富商，出資支持「秦諸庶孽孫」子楚取得王位繼承權。呂不韋不惜「破家」以「釣奇」的策劃獲得成功。西元前二四九年，子楚即位，是為秦莊襄王，呂不韋任丞相，封為文信侯，食洛陽十萬戶。其政治投資獲得回報。三年後，秦莊襄王去世，太子嬴政立為王。這就是後來的秦始皇。呂不韋為相國，號稱「仲父」。

從秦莊襄王元年（前二四九）起，到秦王政十年（前二三七）免職，呂不韋在秦國專權十二年。而這一歷史階段，正是秦國軍威大振，統一戰爭獲得決定性勝利的時期，秦國的經濟實力已經遠遠優越於東方六國，秦國的軍事實力也已經強銳無敵。秦國用客可以專信，如商鞅、樓緩、張儀、魏冉、蔡澤、呂不韋、李斯等，正如明人張燧《千百年眼》卷四所說「皆委國而聽之不疑」（〔明〕張燧《千百年眼》，河北人民出版社，一九八七年，第五十三頁）。而呂不韋權位之高，一時達到極點。呂不韋是中國歷史上以個人財富影響政治進程的第一人。從這個角度了解秦國政策，或可有所新知。秦政治文化實用主義的特徵，與東方文化「迂大而閎辯」（《史記》卷七四〈孟子荀卿列傳〉）風格大異。而商人務實，即追求實利的精神，正與此相合。司馬遷筆下洛陽巨賈白圭自稱「權變」、「決斷」，類同「商鞅行法」（《史記》卷一二九〈貨殖列傳〉），也是發人深思的。

瞿兌之《秦漢史撰》在關於秦「商業」的內容中，於「商業既繁，商人勢力益大，進執國政」句後，先說呂不韋事蹟，接著引錄《史記》卷一二九〈貨殖列傳〉文字：「烏氏倮牧，及眾……畜至用谷量馬牛。秦始皇帝令倮比封君，以時與列臣朝請。而巴寡婦清，其先得丹穴，而擅其利數

世，家亦不訾。……秦皇帝以為貞婦而客之，為築女懷清臺。夫倮鄙人牧長，清窮鄉寡婦，禮抗萬乘，名顯天下，豈非以富邪？……」（瞿兌之《秦漢史撰》，第七十五頁）

明代學者王立道寫道：因〈貨殖列傳〉史筆，「（巴寡婦清）得託名不朽，貪夫窶人將日皇皇焉。」，「使天下見利而不聞義，則子長之罪也。」（〔明〕王立道〈跋葉母還金傳〉，《具茨文集》卷六〈雜著〉，文淵閣《四庫全書》本）王世貞曾經三次就秦始皇尊禮巴寡婦清事發表議論（〔明〕王世貞〈王節婦項安人祠記〉，《弇州四部稿》卷七五〈文部．記〉）。他說：「夫秦何以客巴婦為也？婦行堅至兼丈夫任，難矣！客之，志風也。」（〔明〕王世貞〈明故鄭母唐孺人墓志銘〉，《弇州四部稿》卷九二〈文部．墓誌銘〉）秦始皇的深層動機，大概還是要表達司馬遷所讚許對「不訾」、「饒財」的尊重。王世貞還感嘆：「余始讀秦皇帝禮巴寡婦清事，而卑秦風之不逮貧也。」（〔明〕王世貞〈嚴節婦諸傳〉，《弇州四部稿》卷八五〈文部．傳〉）他有關「秦皇帝禮巴寡婦清事」與「秦風」之內在關係的發現，是值得重視的。而社會風習的形成和傳遞，當然也有政策影響的因素。

第六章
再議「焚坑」

秦始皇在實現統一後第八年和第九年做的兩件事，也就是通常所說的「焚書」和「坑儒」，象徵著秦帝國的政治方向和文化原則。秦始皇不會想到，這樣的決策後來會成為千古議論的話題。後人有時「焚坑」並說，如宋人朱熹所謂「焚坑之禍」（《朱子語類》卷七八），元人張九垓所謂「焚坑之厄」（〈義寧縣學記〉，《粵西文載》卷二六），明人鄭真所謂「焚坑之慘」（《滎陽外史集》卷五〇）。

「煙燎之毒」：中國文化的浩劫

《史記》卷六〈秦始皇本紀〉有關「焚書」事件的明確記載。秦始皇三十四年（前二一三），李斯建議：「史官非《秦記》皆燒之。非博士官所職，天下敢有藏《詩》、《書》、百家語者，悉詣守、尉雜燒之。有敢偶語《詩》、《書》者棄市。以古非今者族。」又提出違令者和責任官員均應受到嚴厲懲處。「所不去者，醫藥、卜筮、種樹之書。」「制曰：『可。』」《史記》卷八七〈李斯列傳〉記錄李斯上書：「諸有文學《詩》、《書》、百家語者，蠲除去之。」，「所不去者，醫藥、卜筮、種樹之書。」又記載：「始皇可其議，收去《詩》、《書》、百家之語以愚百姓，使天下無以古非今。」

對於秦「焚書」導致先秦文獻的破壞，很早就有人提出異議。如《通志》卷七一〈校讎略〉載錄〈秦不絕儒學論〉以「臣向謂」的口氣言「秦人焚書而書存」，又說「諸儒窮經而經絕」。論者說，先秦就有《詩》、《書》亡逸情形，「皆不因秦火」。又說：「自漢以來，書籍至於今日，百不存一二。非秦人亡之也，學者自亡之耳。」論者原意，在於揭示文化史進程中書籍散亡的複雜因素，但絕不是肯定「秦火」的合理。所謂「秦人焚書而書存」，一者因「博士官所職」的國家典藏，二者因民間在艱險情況下的保護和傳承。前者又經歷「項籍之罪」（劉大櫆〈焚書辯〉），「項羽之火」（劉師培〈六經殘於秦火考〉，《左庵集》卷三）。後者無法避免傳授過程中，由不同立場和不同視角出發，對早期經典的修正和扭曲。

秦始皇事後回顧「焚書」事，言「吾前收天下書不中用者盡去之」（《史記》卷六〈秦始皇本紀〉）。稱「焚書」對象為「天下書不中用者」。醫藥、卜筮、種樹之書等實用之學的積累確實得以保存，又有學者指出兵學知識仍然在民間普及，如袁宏道〈經下邳〉詩所謂「枉把六經灰火底，橋邊猶有未燒書」（《明詩綜》卷六二）。也有人據「夜半橋邊呼孺子，人間猶有未燒書」詠張良事蹟詩，論「兵家言原在『不燔』之列」（陳恭尹《讀〈秦紀〉》）。儘管秦文化重視實用的風格，使許多技術層面的知識得以存留，但是以理論為主題，展現較高思辨等級的文化遺產，遭遇「秦火」而造成的文化劫難，是不可否認的歷史事實。雖然「民間《詩》、《書》，未必能家摧而戶燒之，燔餘燼遺，往往或有」（劉師培〈六經殘於秦火考〉，《左庵集》卷三），我們卻不能在回顧文化史時，輕易寬恕毀滅文明成就的文化專制主義之罪惡。

王充《論衡．書解》說：「秦雖無道，不燔諸子，諸子尺書，文篇具在，可觀讀以正說，可采掇以示後人。」趙岐《孟子章句題辭》也說秦不焚諸子。《文心雕龍．諸子》：「煙燎之毒，不及諸子。」陳恭尹《讀〈秦紀〉》有「百家雜碎，初未從火」的說法。然而《史記．秦始皇本紀》和〈李斯列傳〉都明確說焚書對象是包括「百家語」的。也許「蠲除去之」的嚴厲程度，「百家語」不及《詩》、《書》。但是對這一問題，顯然還有進一步考察的必要。

近來有人說，「焚書坑儒」是一場曠日持久的彌天大謊，「焚書」實為秦始皇「改革學習方式」，秦始皇焚書只是國家進行了一場教學改革，收焚了「天下」所藏之「《詩》、《書》、百家語」這些過時、不適用的教學課本。在這樣的說法引起的熱議中，我們已經看到比較清醒的、立足於科學求實精神的認知。有學者強調，對於歷史的解讀，應當有嚴謹的學術研究基礎。中國古代教育史的常識告訴我們，秦代還沒有全面控制教育的國家制度，也沒有定型統一的「教學課本」。所謂「改革學習方式」，所謂「教學課本改革」，都是沒有根據的，並不符合當時文化教育形式的實際狀況。我們認為，歷史研究最重要的前提，是對歷史客觀存在的尊重。探求歷史真相，應當基於誠懇之心。科學學術工作，必須與譁眾取寵來炒作、獲取虛名的心態劃清界限。一味追求歷史認知的立異翻新，也許是不可取的。

明代思想家李贄在《史綱評要》卷四〈後秦紀〉中曾經這樣評論李斯焚書的上書：「大是英雄之言，然下手太毒矣。當戰國橫議之後，勢必至此。自是儒生千古一劫，埋怨不得李丞相、秦始皇也。」朱彝尊《秦始皇論》也說：「於其際也，當周之衰，聖王不作，處士橫議，孟氏以為邪說誣民，近於禽獸。更數十年歷秦，必有甚於孟氏所見者。……特以為《詩》、《書》

不燔，則百家有所附會，而儒生之紛綸不止，勢使法不能出於一。其忿然焚之不顧者，懼黔首之議其法也。彼始皇之初心，豈若是其忍哉！蓋其所重者法，激而治之，甘為眾惡之所歸而不悔也。」對於秦始皇「焚書」之背景、動機和直接出發點的探索，還可以進行深入的討論。但是基本史實的認定，應當是研究的中心。

「坑儒」辨疑

關於秦始皇「坑儒」的記載，見於《史記》卷六〈秦始皇本紀〉。秦始皇得知侯生、盧生出逃，「乃大怒曰：『吾前收天下書不中用者盡去之。悉召文學方術士甚眾，欲以興太平，方士欲練以求奇藥。今聞韓眾去不報，徐市等費以巨萬計，終不得藥，徒奸利相告日聞。盧生等吾尊賜之甚厚，今乃誹謗我，以重吾不德也。諸生在咸陽者，吾使人廉問，或為妖言以亂黔首。』」於是，「使御史悉案問諸生，諸生傳相告引，乃自除犯禁者四百六十餘人，皆坑之咸陽，使天下知之，以懲後。」近年多有學者著文否認秦始皇「坑儒」事。主要論點，認為所坑殺的對象是「術士」而非「儒生」。

人們可能會先提出這樣的問題：難道「術士」就較「儒生」低賤，就可以隨意屠殺嗎？而且，究竟秦始皇坑殺對象能否排除儒生，依然是需要澄清的問題。

就「坑儒」一事，其實很早就有人提出異議。《通志》載〈秦不絕儒學論〉說：「秦時未嘗廢儒，而始皇所坑者，蓋一時議論不合者耳。」提出此說的依據，是秦末仍可看到儒生和儒學的活躍：「陸賈，秦之巨儒也。酈食其，秦之儒生也。叔孫通，秦時以文學召，待詔博士，數歲，陳勝起，二世召博士諸儒生三十餘而問其故，皆引《春秋》之義以對。是則秦時未嘗不用儒生與經學也。況叔孫通降漢時，自有弟子百餘人，齊魯之風亦未嘗替。故項羽既亡之後，而魯為守節禮義之國。」朱彝尊《秦始皇論》也說：「彼之所坑者，亂道之儒，而非聖人之徒也。」雖然歷史上每一次政治迫害運動之後，都依然會有迫害對象和迫害對象同等級者的存留。然而以儒生在歷史舞臺上繼續表演的歷史記載推定「秦不絕儒學」、「秦時未嘗廢儒」，仍然有一定的說服力。這樣的說法，其實只是限定了「坑儒」的範圍，並沒有完全否定「坑儒」的史實。

言秦始皇「皆坑之咸陽」之「四百六十餘人」使用「術士」稱謂者，較早有《史記》卷一一八〈淮南衡山列傳〉載伍被語所謂「殺術士，燔《詩》、《書》」以及《漢書》卷八八〈儒林傳〉所謂「燔《詩》、《書》，殺術士」。不過，《漢書》中其他相關評論，都明確認定「坑儒」。如《漢書》卷二七下之上〈五行志下之上〉「燔《詩》、《書》，坑儒士」，《漢書》卷二八下〈地理志下〉「燔書坑儒」。此後如《後漢書》卷六六〈陳蕃傳〉「焚書坑儒」，以及《後漢書》卷五三〈申屠蟠傳〉「坑儒燒書」，《後漢書》卷六一〈左雄傳〉「坑儒泯典」，《三國志》卷二五〈高堂隆傳〉「秦世之坑儒」，《宋書》卷一一〈志序〉「秦坑儒」，《陳書》卷三三〈儒林傳〉「焚書坑儒」，《魏書》卷六六〈李崇傳〉與《北齊書》卷三六〈邢邵傳〉「坑儒滅學」，也都是明確的表述。其實，所謂「術士」、「方士」和「儒生」，文化資質有某種相通之處。正如有的學者所說，「謂所坑乃『方技之流』，非『吾儒中人』，蓋未省『術士』指方士亦可指儒生。」（光聰諧《有不為齋隨筆》）「術士」可指「儒生」之例，有《史記》卷一一八〈淮南衡山列傳〉載伍被語：「昔秦絕先王之道，殺術士，燔《詩》、《書》，棄禮義，尚詐力」，《漢書》卷四五〈伍被傳〉作「往者秦為無道，殘賊天下，殺術士，燔《詩》、《書》，滅聖跡，棄禮義」。又《漢書》卷八八〈儒林傳〉：「至秦始皇兼天下，燔《詩》、《書》，殺術士，六學從此缺矣。」分析上下文「先王之道」以及「禮義」、「聖跡」、「六學」諸語，理解當時語境，可以知道這裡說的「術士」其實就是「儒生」。

《史記》卷六〈秦始皇本紀〉所謂「諸生傳相告引，乃自除犯禁者四百六十餘人，皆坑之咸陽」之「諸生」，作為社會稱謂的使用，所指代的社會身分可能原本是比較模糊的。顧頡剛說：「當時儒生和方士本是同等待遇。」，「（秦始皇）把養著的儒生方士都發去審問，結果，把犯禁的四百六十餘人活葬在咸陽：這就是『坑儒』的故事。」（《秦漢的方士和儒生》，上海古籍出版社，一九七八年，第十二頁）認為受害者即「儒生方士」。兩種身分並說。

《論衡．語增》肯定「焚書坑儒」是歷史事實，認為坑殺對象就是「儒生」，然而否定了秦始皇欲全面取締儒學的說法：「傳語曰：秦始皇帝燔燒《詩》、《書》，坑殺儒士，言燔燒《詩》、《書》，滅去五經文書也；坑殺儒士者，言其皆挾經傳文書之人也。燒其書，坑其人，《詩》、《書》絕矣。言燔燒《詩》、《書》，坑殺儒士，實也。言其欲滅《詩》、《書》，故坑殺其人，非其誠，又增之也。」在史事辨析時，又完全剔除了「術士」的表現：「三十五年，諸生在咸陽者多為妖言。始皇使御史案問諸生，諸生傳相告引者、自除犯禁者四百六十七人，皆坑之。」，「坑儒士，起自諸生為妖言。」

我們必須重視的一則重要資訊，是《史記》卷六〈秦始皇本紀〉在「四百六十餘人皆坑之咸陽」之後記錄的扶蘇表態：「始皇長子扶蘇諫曰：『天下初定，遠方黔首未集，諸生皆誦法孔子，今上皆重法繩之，臣恐天下不安。唯上察之。』始皇怒，使扶蘇北監蒙恬於上郡。」扶蘇所謂「諸生皆誦法孔子」，明確解說了「諸生」的文化資質和文化立場。又《史記》卷六〈秦始皇本紀〉載李斯駁淳于越語，前說「今陛下創大業，建萬世之功，固非愚儒所知」，後說「今諸生不師今而學古，以非當世，惑亂黔首」，此處「諸生」就是「儒」。《史記》中使用「諸生」稱謂凡三十三例，沒有一例可以明確包含「方士」身分。除前引多例外，卷二八〈封禪書〉「使博士諸生刺《六經》中作《王制》，謀議巡狩封禪事」，「自得寶鼎，上與公卿諸生議封禪。封禪用希曠絕，莫知其儀禮，而群儒采封禪《尚書》、《周官》、《王制》之望祀射牛事。」又如：「儒既已不能辨明封禪事，又牽拘於《詩》、《書》古文而不能騁。上為封禪祠器示群儒，群儒或曰『不與古同』，徐偃又曰『太常諸生行禮不如魯善』，周霸屬圖封禪事，於是上絀偃、霸，而盡罷諸儒不用。」又卷四七〈孔子世家〉太史公曰：「余讀孔氏書，想見其為人。適魯，觀仲尼廟堂車服禮器，諸生以時習禮其家，餘低回留之不能去云。」在司馬遷筆下，「諸生」稱謂都明確直指「儒」、「群儒」。

古代政論家很早就注意到，秦始皇坑殺的「諸生」確實是「儒」的最明朗史料依據，是扶蘇「諸生皆誦法孔子」之說。不過，宋元之際有學者發表意見否定扶蘇之說。蕭參《希通錄》:「古今相承，皆曰『坑儒』，蓋惑於扶蘇之諫。」，「自扶蘇一言之誤，使儒者蒙不韙之名。」陶宗儀《輟耕錄》卷二五「論秦蜀」條有同樣的說法，只是「自扶蘇一言之誤」作「自扶蘇言之誤」。「扶蘇之諫」，是直接針對坑殺「諸生」的批評意見，是與歷史真實時間距離和空間距離最近的判斷。發表者與帝國最高決策人秦始皇有最親近的感情，與執政中樞機關有最密切的關係。輕易指斥「扶蘇一言之誤」，「扶蘇言之誤」，恐怕是難以說服讀者的。

還應當看到「焚坑」是展現出政策連續性的事件。「焚書」時已經有對違令儒生嚴厲懲處的手段，這就是所謂「有敢偶語《詩》、《書》者棄市」和「以古非今者族」。

「焚坑」非「一時間事」

「焚書坑儒」是中國政治史和文化史中沉痛的記憶。〈秦不絕儒學論〉對「焚書」有「一時間事」的說法。現在看來，不注意「焚坑」事的前源和後流，只是看成偶然短暫的歷史片段，可能是不正確的。

宋代曾有「世人說坑焚之禍，起於荀卿」的意見(《朱子語類》卷一三七)。明人楊慎也說道:「宋人譏荀卿云，卿之學不醇，故一傳於李斯，而有坑焚之禍。」(《丹鉛餘錄》卷一三)呂思勉說:「在《管子．法禁》,《韓非子．問辨》兩篇中，早有焚書的主張。秦始皇及李斯就把他實行了。」(《呂著中國通史》，華東師範大學出版社，一九九二年，第三四七頁)所說《管子．法禁》的主張，可能即「行辟而堅，言詭而辯，術非而博，順惡而澤者，聖王之禁也」。《韓非子．問辨》中的相關內容，或許即「言行而不軌於法令者必禁」，「言當則有大利，不當則有重罪」。

我們注意到，《韓非子・和氏》說，商君建議秦孝公「燔《詩》、《書》而明法令」，「孝公行之，主以尊安，國以富強」。可知早在秦孝公、商鞅時代，「焚書」作為已經「實行」的行政操作方式，明確見諸文獻。宋王應麟《困學紀聞》卷一〇〈諸子〉寫道：「《韓子》曰：商君教秦孝公燔《詩》、《書》而明法令。愚按《史記・商君傳》不言燔《詩》、《書》，蓋《詩》、《書》之道廢，與李斯之焚之無異也。」是說商鞅和李斯堅持的文化主旨「無異」，而讀《韓非子》本文，可知「燔《詩》、《書》」，就是「焚書」無疑。前引《史記》卷一一八〈淮南衡山列傳〉及《漢書・儒林傳》所謂「燔《詩》、《書》」，以及《漢書》卷九九下〈王莽傳下〉所謂「昔秦燔《詩》、《書》以立私議」，都是說秦始皇「焚書」。

「焚書坑儒」形成的文化慣性，對後世政治生活依然有長久的影響。以行政權力強化思想控制、文化控制、意識形態控制，成為帝制時代的政治文化傳統。在歷史上有的時代，控制和反控制矛盾的激化，可能重演秦代發生過的嚴酷文化摧殘和人身迫害。東漢黨錮之禍發生，陳蕃上疏極諫，以當時局面直接比況秦時形勢：「伏見前司隸校尉李膺、太僕杜密、太尉掾范滂等，正身無玷，死心社稷。以忠忤旨，橫加考案，或禁錮閉隔，或死徙非所。杜塞天下之口，聾盲一世之人，與秦焚書坑儒，何以為異？」（《後漢書》卷六六〈陳蕃傳〉）面對漢末黑暗政治，申屠蟠也曾經說：「昔戰國之世，處士橫議，列國之王，至為擁篲先驅，卒有坑儒燒書之禍，今之謂矣。」於是有「窮退」、「韜伏」的選擇（《後漢書》卷五三〈申屠蟠傳〉），取另一種抵制的態度。這可以視為宋人俞德鄰所謂「商皓雖寂寞，倖免坑焚悲」（〈暇日飲酒輒用靖節先生韻積二十首〉之四，《佩韋齋集》卷三）的翻版。明智士人對「焚坑」之禍的反覆發生深心警覺，是因為這種危險確實長期存在的緣故。

有的學者是站在維護政權穩定的立場上總結「焚坑」教訓的。如清人李光地寫道，秦的政治危局，「其禍究於坑焚，則士大夫之陳列無聞而誦說亦辜矣」（《讀論語劄記》卷下）。「焚坑」導致的危害，如賈誼〈過秦論〉所說：「秦俗多忌諱之禁，忠言未卒於口而身為戮沒矣。故使天下之士傾耳而聽，重足而立，拑口而不言。是以三主失道，忠臣不敢諫，智士不敢謀，天下已亂，奸不上聞，豈不哀哉！」這就是所謂「雍蔽之傷國」。

唐人章碣詩：「坑灰未冷山東亂，劉項原來不讀書。」（〔宋〕洪邁編《萬首唐人絕句》卷三五）元人洪希文詩：「坑焚若為防遺患，可笑秦王計也疏。」（〈讀秦隱士黃石公素書〉，《續軒渠集》卷五）胡布詩：「劉項不識字，碩儒徒坑焚。」（〈車轆轆〉，〔明〕朱存理編《珊瑚木難》卷八）清人田雯詩：「坑焚滲漏笑強秦，劉氏功憑馬上臣。」（〈讀陸賈傳〉，《古歡堂集》卷一四）都指出「焚坑」的手段無法在社會危局嚴重的情況下成功維持穩定，保存舊制。這些詠史懷古詩作中展現對「焚坑」的思考，也可以說明這一歷史現象長久的文化影響。

第七章
里耶發現：
秦史解讀的新視窗

湖南省龍山縣里耶古城發現的秦簡牘，因數量之豐富與內涵之精彩，受到海內外學界的普遍關注。隨著整理和研究工作的深入，這批出土文獻的歷史文化價值越來越受到重視。應當承認，里耶秦簡的發現，形成秦史研究學術進步的新契機。

簡牘資料有關秦統一的資訊

秦史的特殊意義和典型意義以秦統一作為重要表現形式。李贄曾說：「始皇出世，李斯相之，天崩地拆，掀翻一個世界。」（《史綱評要》卷四，中華書局，一九七四年，第九十一頁）趙翼亦讚嘆「秦漢間為天地一大變局」，自戰國秦至秦代的歷史變化已經顯現出「天意已另換新局」（《廿二史劄記》卷二，中華書局，一九八四年，第三十六至三十七頁）的明顯跡象。回顧中國史學史的歷程可以發現，秦史雖然短暫，卻是最受歷代史學家和文化學者重視的時段之一。自漢初開始，人們總結秦短促而亡的教訓，有許多史論和政論發表。歌詩曲賦、筆記小說、戲劇俚謠，也往往多以秦史為主題。不過，人們研究和理解秦史，多依據西漢人的歷史記述和政治批判。基本史籍有「其文略不具」（《史記》卷一五〈六國年表〉）的缺憾，漢人回顧性評議，則不免有誇張偏執處。秦的金石文字可以證實並補益史書紀錄，已成為學界共識。可惜往往由於政治宣揚形式的緣故，包容文化資訊有限。而一九七〇年代以後幾次秦簡牘的集中出土，對秦史全面真切的考察獲得了全新的條件。李學勤在《東周與秦代文明》一書中曾經指出：「簡牘所提供的史料特別豐富，尤其是律文，反映了當時的社會政治情況，異常寶貴。這方面的研究，目前仍處於開創階段，還有待更深入的研究。」（上海人民出版社，二〇〇七年，第二六九頁）秦簡牘發現，除「律文」外，文告、簿籍、符券、病方、信函、日書、祠祝書、道理書、算數書、占夢書、地圖、木板畫，甚至文學遺存等，提供了從極寬廣幅面反映當時社會面貌的豐富資料。

里耶秦簡的內容就是多方面的。里耶秦簡的整理與研究，已經展現出秦簡牘「更深入的研究」，自然也為今後在新學術基礎上進一步「更深入研究」準備了資料條件和學術參照比對條件。

長江流域的秦史遺存

秦征服楚地較晚，但是我們看到，記錄秦史與秦文化重要資訊的秦簡牘，多集中發現於作為楚文化生成與發育主要空間條件的長江流域。

秦人崛起於西北，然而起初的生存基地卻是在屬於長江流域的西漢水上游。甘肅省文物考古研究所、中國國家博物館、北京大學考古文博學院、陝西省考古研究院、西北大學文化遺產學院在甘肅禮縣等地考古調查和發掘的收穫，告訴我們秦文化的創造者當年站立在作為黃河流域和長江流域分水嶺的秦嶺西段，於高崖之上，密林之中，進行了怎樣的歷史抉擇。秦人選定沿渭水向東發展的路徑，自有早先西遷的歷史記憶發揮作用，而關中西周文明的誘惑應是主要因素。具有黃土地帶厚沃的土壤條件和水資源，又繼承自石器時代以來的文化積累，秦人以「飲馬於河」為志向（《史記》卷五〈秦本紀〉，卷二八〈封禪書〉），並進而意在「奮揚武德」，「闡並天下」（《史記》卷六〈秦始皇本紀〉載之罘刻石），「存定四極」（《史記》卷六〈秦始皇本紀〉載琅邪刻石）。然而，秦人並沒有忽略對長江流域的戰略關注。在秦史的關鍵階段，即秦孝公與商鞅合作推行變法的時代，力主改革的政治家兼軍事家商鞅的封地即確定在丹江流域的商邑，開始了與從另一個方向同樣曾經力爭「飲馬於河」（《史記》卷三九〈晉世家〉）的楚人之直接爭奪。秦惠文王時兼併巴蜀，宣告秦人因對長江上游重要區域的占有，已經顯示出「追亡逐北」，「宰割天下」的戰略優勢（《史記》卷六〈秦始皇本紀〉引賈誼〈過秦論〉）。這時，秦國的執政者已經開始積累對草原、荒漠、黃土高原、黃河中游平原與長江流域河網地區不同生態條件的游牧區、農牧兼營區、粟麥作區與稻作區的經濟領導和行政管理經驗。除秦國外，沒有一個東方強國具有對如此廣袤國土和複雜經濟形式的管理體驗。這可以看成對「大一統」國家行政控制的一種預演。後來秦滅楚戰爭的艱苦和殘酷，眾所周知。而此後平服南越的遠征，進一步使秦統一的規模突破了後人或稱之為「六王畢，四海一」（〔唐〕杜牧〈阿房宮賦〉，《樊川集》卷一），「六王失國四海歸」（〔宋〕莫濟〈次韻梁尉秦碑〉，《宋詩紀事》卷四七）的格局。

秦實現統一，代表中國歷史進程轉入新的階段。秦王朝的統治雖然短暫，其歷史影響卻十分深遠。秦的政治發明，管理「西涉流沙，南盡北

戶；東有東海，北過大夏」版圖規模（《史記》卷六〈秦始皇本紀〉載琅邪刻石）的皇帝制度、官僚制度、郡縣制度，影響中國歷史兩千多年。

秦王朝「江湘之間」的行政經營

秦始皇統一之後第一次東巡，自海濱西返，曾經旅歷湘江流域，即距離里耶秦城並不遙遠的地方。《史記》卷六〈秦始皇本紀〉記載：「西南渡淮水，之衡山、南郡。浮江，至湘山祠。逢大風，幾不得渡。上問博士曰：『湘君何神？』博士對曰：『聞之，堯女，舜之妻，而葬此。』於是始皇大怒，使刑徒三千人皆伐湘山樹，赭其山。上自南郡由武關歸。」

「湘山祠」，張守節《正義》：「《括地志》云：『黃陵廟在岳州湘陰縣北五十七里，舜二妃之神。二妃塚在湘陰北一百六十里青草山上。盛弘之《荊州記》云青草湖南有青草山，湖因山名焉。《列女傳》云舜陟方，死於蒼梧。二妃死於江湘之間，因葬焉。』按：湘山者，乃青草山。山近湘水，廟在山南，故言湘山祠。」關於「堯女，舜之妻，而葬此」，司馬貞《索隱》：「《列女傳》亦以湘君為堯女。按：《楚詞．九歌》有湘君、湘夫人。夫人是堯女，則湘君當是舜。今此文以湘君為堯女，是總而言之。」秦始皇因「大風」阻渡與「湘君」堯女舜妻的傳說而「大怒」，以致調用三千刑徒「皆伐湘山樹，赭其山」，與東巡齊地「封禪望祭山川」，禮祀八神，對齊人信仰傳統予以充分尊重明顯不同。進行相關心理分析，也許是有必要的。「《列女傳》云舜陟方，死於蒼梧」，而里耶秦簡「蒼梧為郡」簡文(8-755-8-758+8-759)，使我們就文化空間距離有所思索。

歷代關心秦史的人們都熟悉秦始皇「皆伐湘山樹，赭其山」的故事，但是沒有人會想到，距離秦始皇行跡並不遠的湘西山地里耶秦城，竟會出土遺存如此之集中，品質如此之精美，內容如此之重要的秦代簡牘。沒有人會想到，在正史中從來沒有記錄的里耶，在重山曲水之間，當時曾經有高效能的行政機器在積極運作。透過里耶秦簡的內容可以看到，遠在西北的秦帝國中央政權透過完備的交通系統，將軍政體制、司法規範、賦役政策、禮俗傳統一一落實到邊遠山地的社會基層。

如果從交通史的視角考察，要理解秦時遷陵地方水運條件的意義，或許有必要注意巴寡婦清事蹟。《史記》卷一二九〈貨殖列傳〉記載：「秦始皇帝令倮比封君，以時與列臣朝請。而巴寡婦清，其先得丹穴，而擅其利數世，家亦不訾。清，寡婦也，能守其業，用財自衛，不見侵犯。秦皇帝以為貞婦而客之，為築女懷清臺。夫倮鄙人牧長，清窮鄉寡婦，禮抗萬乘，名顯天下，豈非以富邪？」裴駰《集解》：「徐廣曰：『涪陵出丹。』」張守節《正義》：「《括地志》云：『寡婦清臺山俗名貞女山，在涪州永安縣東北七十里也。』」巴寡婦清家族以「丹穴」、「擅其利」的開採經驗與「涪陵出丹」的礦業學知識，與現今中國汞礦資源最集中的區域分布恰好在重慶南部、湘西北與黔東北是一致的。由這思路進行深入探索，或許也有益於理解里耶交通條件和行政建設的完備。

里耶秦簡就已經揭示的內容來看，涉及相當寬廣的文化層面，反映非常複雜的行政方式，當時的經濟關係和社會結構，也從不同側面向有所透露。我們認為，里耶古井中的精彩發現，可以視為透視秦史的一扇新視窗。

曾為里耶秦簡博物館南門代擬楹聯，謹附錄於此，作為這篇短文的結尾：

> 遷陵古井槧竹識廢替，酉水秦舟載覆紀春秋。

第八章 遷陵「郵人」的歷史足音

湖南龍山里耶秦代古城遺址一號井出土的三萬八千餘枚簡牘，以及北護城壕十一號坑出土的五十一枚簡牘，學界通稱為「里耶秦簡」。「里耶秦簡」的主要內容是秦洞庭郡遷陵縣的公文檔案遺存，書寫年代為秦統一進程中的秦王政二十五年（前二二二）至秦二世二年（前二〇八）。秦統一的歷史，秦王朝地方行政管理的方式，以及秦代郵驛史的諸多資訊，可以透過「里耶秦簡」的研究得以了解。

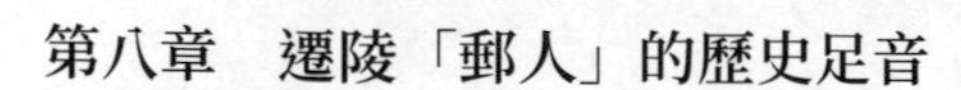

「以郵行」與「郵人」稱謂

透過簡文可以得知，戰國時期楚國可能已在遷陵設縣。秦王政二十五年（前二二二），「王翦遂定荊江南地」（《史記》卷六〈秦始皇本紀〉，中華書局，一九五九年，第二四六頁），於是置洞庭郡和蒼梧郡，大致應如《里耶秦簡（壹）》編著者所說，「遷陵設縣與此同時」（湖南省文物考古研究所編著《里耶秦簡（壹）》，文物出版社，二〇一二年，第五頁）。

「里耶秦簡」出現公文傳遞「以郵行」的形式。如第五層簡牘：「酉陽『以郵行』洞庭」（三四），「遷陵洞庭『以郵行』」（三五）等。特別值得注意的是簡文中出現了「郵人」稱謂。例如第八層簡牘可見如下三枚簡牘：

> （一）廿八年七月戊戌朔辛酉啟陵鄉趙敢言之令曰二月壹上人臣治酉名．問之毋當令者敢言之（正）
>
> 七月丙寅水下五刻郵人敞以來／敬手貝手（背）（七六七）
>
> （二）卅二年正月戊寅朔甲午啟陵鄉夫敢言之成里典啟陵郵人缺除士五成裡丐成＝為典丐為郵人謁令尉以從事敢言之（正）
>
> 正月戊寅朔丁酉遷陵丞昌卻之啟陵廿七戶已有一典今又除成為典何律令應尉已除成丐為啟陵郵人其以律令／氣手／正月戊戌日中守府快行
>
> 正月丁酉旦食時隸妾冉以來／欣發壬手（背）（一五七）
>
> （三）卅三年二月壬寅朔＝日遷陵守丞都敢言之令日恆以朔日上所買徒隸數已達問之毋當令者敢言之（正）
>
> 二月壬寅水十一刻＝二郵人得行圂手（背）（一五四）

這三枚簡都出現了「郵人」字樣，簡（二）出現三次。從簡（二）的內容看，「啟陵郵人」即「啟陵鄉」充任「郵人」的身分，需要「鄉」的長官推薦和上級「遷陵丞」的認可。透過簡（一）和簡（三）的簡文紀錄，可知「郵人」執行公務有嚴格的效率檢查制度，如簡（一）「七月丙寅水下五刻郵人敞以來」，簡（三）「二月壬寅水十一刻＝二郵人得行」，時刻紀錄具體明確。簡（二）從事公文傳遞的不是「郵人」，而是「隸妾冉」，這可能與「啟陵郵人」職任正在確定與未確定之間有關。而「隸妾」即女性官奴婢承擔了「郵人」的工作，展現出比較特別的行政管理方式。

「郵人」身分

《里耶秦簡（壹）》的編著者指出：「以往出土的秦漢簡牘，很少有刑徒從事何種勞動紀錄。據文獻記載，徒隸多從事於土木工程，如修城、築路等。里耶簡文，為我們提供刑徒所從事的多種勞動。」，「有刑徒參加田間農業勞動之外，還可作園、捕羽、為席、牧畜、庫工、取薪、取漆、輸馬、買徒衣、徒養、吏養、治傳舍、治邸，乃至擔任獄卒或信差的工作，行書、與吏上計或守囚、執城旦。」（湖南省文物考古研究所編著《里耶秦簡（壹）》，第四至五頁）除多種形式的勞動之外，又有「擔任獄卒或信差的工作，行書、與吏上計或守囚、執城旦」等展現比較高信任度的工作。簡（二）所見「隸妾冉」承擔「郵人」的職任，可能可以理解為「擔任信差工作」的實例。

秦的社會形態研究，是比較複雜的工作。以往多有學者將商鞅變法解釋為由奴隸制走向封建制的社會形態進步象徵，認為秦的統一展現出先進制度戰勝落後制度。然而考古發現提供的資料告訴我們，歷史事實顯然複雜得多。正如李學勤指出的：「必須重新描繪晚周到秦社會階級結構的圖景。」（李學勤《東周與秦代文明》，上海人民出版社，二〇〇七年，第二九〇至二九一頁）就這一歷史文化主題進行深入的研究，對於透過中國歷史走向說明社會發展的若干規律是必要的。我們一方面不應忽視「秦人相當普遍地保留野蠻的奴隸制關係」的歷史事實，同時對於秦時「刑徒」、「徒隸」的管理方式，應當有多方位、多視角的考察，力求避免簡單化、片面化傾向的理解。「刑徒」、「徒隸」們在某種程度上參與管理形式，也是不宜忽視的行政史事實。

根據簡（二）的內容，「啟陵鄉夫敢言之：成里典、啟陵郵人缺，除士五成裡丐成，成為典，丐為郵人」，可見「啟陵鄉」的長官「夫」推薦「成里典、啟陵郵人」人選之鄭重。而三天之後遷陵縣丞「昌」回覆：「啟

陵廿七戶，已有一典」，否決「今又除成為典」的建議，又宣布「尉已除成、丐為啟陵郵人」。說明「郵人」身分的確定，需經歷相當嚴肅的行政形式。從「啟陵郵人」的稱謂來看，「郵人」似乎歸屬於「鄉」，但是其人選的明確，是由「遷陵」縣級機關決定的。

關於「輕足」

「以郵行」的文書傳遞形式也見於睡虎地秦簡《語書》，如：「以次傳；別書江陵布以郵行。」（睡虎地秦墓竹簡整理小組《睡虎地秦墓竹簡》，文物出版社，一九七八年，第十六頁）睡虎地秦簡《田律》又有這樣的規定：「雨為澍，及誘（秀）粟，輒以書言書稼，誘（秀）粟及豤（墾）田暘毋稼者頃數。稼已生後而雨，亦輒言雨少多，所利頃數。早及暴風雨、水潦、（螽）、群它物傷稼者，亦輒言其頃數。近縣令輕足行其書，遠縣令郵行之，盡八月□□之。」睡虎地秦墓竹簡整理小組譯文：「下了及時的雨和穀物抽穗，應即書面報告受雨、抽穗的頃數和已開墾而沒有耕種的田地頃數。禾稼生長後下了雨，也要立即報告雨量多少，和受益田地的頃數。如有旱災、暴風雨、澇災、蝗蟲、其他害蟲等災害損傷了禾稼，也要報告受災頃數。距離近的縣，文書由走得快的人專程遞送，距離遠的縣由驛站傳送，在八月底以前【送達】。」（睡虎地秦墓竹簡整理小組《睡虎地秦墓竹簡》，文物出版社，一九七八年，第二十四至二十六頁）律文中的「輕足」，整理小組解釋為「走得快的人」。《前漢紀》卷四〈高祖四〉：「秦失其鹿，天下爭逐之，高材輕足者先得。」《淮南子・覽冥》：「質壯輕足者為甲卒。」這裡所說的「輕足者」，也是說足力輕捷矯健，「走得快的人」，然而與睡虎地秦簡《田律》作為身分稱謂的所謂「輕足」有所不同。

「近縣令輕足行其書，遠縣令郵行之」，整理小組譯為「距離近的縣，文書由走得快的人專程遞送，距離遠的縣由驛站傳送」。從譯文字面上看，似乎這些「走得快的人」並非屬於「驛站」的專職郵遞人員。其實，「輕足」應當就是步行「郵人」。「近縣」由他們傳送，是因為可以不必接力交遞，能夠直接送達。「遠縣」則需要經「郵」的系統線路，一個郵站、一個郵站地傳遞。現在看來，里耶秦簡所見遷陵的「郵人」，身分大概與睡虎地秦簡《田律》所見「輕足」有類似之處。所謂「輕足」，說明他們需要達到一定的體質要求，以保證資訊傳遞的效率。

遷陵「郵人」們以他們的辛勞，維護秦帝國的行政活動。他們的腳步，也為中國郵驛史的書寫保留了深刻的歷史文化印跡。長沙走馬樓吳簡出現「郵卒」與「驛兵」身分，展現出郵驛體系的軍事化管理形式。（王子今〈走馬樓簡所見「郵卒」與「驛兵」〉，《吳簡研究》第一輯，崇文書局，二〇〇四年）中國古代郵驛制度與現代意義的「郵政」不同，首先服務軍事政治，而並非以服務社會為要務。考察並說明遷陵「郵人」身分在後世逐步的發展流變，顯然還需要經過認真細緻的學術努力。

第九章
秦始皇帝的海洋意識

自春秋時期起，中原以外地方政治勢力崛起，即《史記》卷四〈周本紀〉所謂「齊、楚、秦、晉始大」，卷三二〈齊太公世家〉所謂「唯齊、楚、秦、晉為強」。這些原先處於邊緣地位的政治實體迅速強盛，出現了《荀子．王霸》所謂「雖在僻陋之國，威動天下」，「皆僻陋之國也，威動天下，強殆中國」的局面。戰國七雄的遷都方向多顯現向中原靠攏的趨勢，說明中原在統一進程中的文化重心地位，重新受到重視。秦統一後，情形又發生了變化。北河與南海的經營，展現出擴張的趨向。另一歷史文化現象，是秦始皇「東撫東土」，「乃臨於海」的實踐。如果進行中國歷代帝王心理的考察，秦始皇對海洋的關注，可以視為特殊的典型。此後漢武帝在某些方面有所超越。而秦皇漢武時代東巡海上的表現，刺激了海洋探索和海洋開發的社會熱情。中國的航海能力與早期海洋學的進步，也因此獲得有益的條件。

「並一海內」成功與「天下」、「海內」理念

秦始皇實現的統一，並不可以簡單地以杜牧〈阿房宮賦〉名句「六王畢，四海一」概括。秦帝國版圖的擴張，除「西北斥逐匈奴」，「徙謫，實之初縣」（《史記》卷六〈秦始皇本紀〉）外，又包括對嶺南的征服。戰爭的結局，是《史記》卷六〈秦始皇本紀〉和〈南越列傳〉所記載「南海」等郡的設立。

春秋戰國文化典籍「天下」語匯的頻繁使用，展現統一理念得到諸家學派的認同。與「天下」往往並見的政治地理概念，還有「海內」。如《墨子．非攻下》「一天下之和，總四海之內」，《荀子．不苟》「總天下之要，治海內之眾」，又〈成相〉「天下為一海內賓」等。《韓非子．奸劫弒臣》「明照四海之內」，〈六反〉「富有四海之內」，〈有度〉「獨制四海之內」，則以對「海內」的占有和控制宣揚絕對權力、全面專制的理想，如〈飾邪〉「強匡天下」，〈初見秦〉「詔令天下」，〈大體〉「牧天下」。秦始皇琅邪刻石有「今皇帝並一海內，以為郡縣，天下和平」的說法，又王綰、馮劫、李斯等議帝號時所謂「平定天下，海內為郡縣，法令由一統，自上古以來未嘗有，五帝所不及」，都是在這一認知基礎上對秦始皇成功的肯定。在關於封建制與郡縣制的辯論中，李斯所謂「今海內賴陛下神靈一統，皆為郡縣」，秦始皇所謂「天下初定，又復立國，是樹兵也」，周青臣所謂「賴陛下神靈明聖，平定海內」，淳于越所謂「今陛下有海內」等，也都沿襲同樣的語言範式，展現同樣的政治觀念。

秦始皇關注沿海地方的表現，應當與這種天下觀和海內觀在政治生活產生的作用有關。透過琅邪刻石「東撫東土」，「乃臨於海」，之罘刻石「巡登之罘，臨照於海」，「覽省遠方，逮於海隅」，以及「立石東海上朐界中，以為秦東門」等，都可以透視這種政治理念的影響。

「議功德於海上」的政治文化意義

秦始皇實現統一之後五次出巡，其中四次來到海濱。這當然與《史記．秦始皇本紀》所見關於秦帝國海疆「東有東海」，「地東至海」的政治地理意識有關。秦始皇多次長途「並海」巡行，這種出巡的規模和次數僅次於漢武帝，在中國古代帝王行旅記錄中名列前茅。《史記》卷六〈秦始皇本紀〉記載：「二十八年，始皇東行郡縣。」登泰山之後，「於是乃並勃海以東，過黃、腄，窮成山，登之罘，立石頌秦德焉而去」。秦始皇行至琅邪地方的特殊表現，尤其值得史家重視：「南登琅邪，大樂之，留三月。乃徙黔首三萬戶琅邪臺下，復十二歲。作琅邪臺，立石刻，頌秦德，明得意。」遠程出巡途中留居三月，是極異常的舉動。這也是秦始皇在咸陽以外地方居留最久的紀錄。而「徙黔首三萬戶」，達到關中以外移民數量的極點。「復十二歲」的優遇，則是秦史僅見的一例。這種特殊的行政決策，應有特殊的動機。戰國秦漢時期位於今山東膠南的「琅邪」作為「四時祠所」所在，曾經是「東海」大港，也是東洋交通線上的名都。《史記》卷六〈秦始皇本紀〉張守節《正義》引吳人《外國圖》云「亶洲去琅邪萬里」，指出往「亶洲」的航路自「琅邪」啟始。又《漢書》卷二八上〈地理志上〉說秦置琅邪郡王莽改稱「填夷」，而琅邪郡屬縣臨原，王莽改稱「填夷亭」。以所謂「填夷」即「鎮夷」命名地方，展現其連結外洋的交通地理地位。《後漢書》卷八五〈東夷列傳〉說到「東夷」「君子、不死之國」。對於「君子」國，李賢注引《外國圖》曰：「去琅邪三萬里。」也指出了「琅邪」往「東夷」航路開通，已經有相關里程紀錄。「琅邪」也被視為「東海」重要的出航起點。秦始皇在「琅邪」的特殊表現，或許有繁榮這一重要海港，繼越王勾踐經營琅邪之後，建設「東海」名都的意圖。這樣的推想，也許有成立的理由。而要探求秦始皇進一步的目的，已經難以找到相關跡象。

秦始皇在琅邪還有一個非常特殊的舉動，即與隨行權臣「與議於海上」。琅邪刻石記錄，秦始皇「至於琅邪」，王離等重臣十一人，「與議於海上。曰：『古之帝者，地不過千里，諸侯各守其封域，或朝或否，相侵

暴亂，殘伐不止，猶刻金石，以自為紀。古之五帝三王，知教不同，法度不明，假威鬼神，以欺遠方，實不稱名，故不久長。其身未歿，諸侯倍叛，法令不行。今皇帝並一海內，以為郡縣，天下和平。昭明宗廟，體道行德，尊號大成。群臣相與誦皇帝功德，刻於金石，以為表經。」司馬遷所謂「議於海上」，張守節《正義》稱「議功德於海上」。對照《史記》卷二八〈封禪書〉漢武帝「宿留海上」的記載，可以推測這裡「與議於海上」之所謂「海上」，很可能並不是指海濱，而是指海面上。秦始皇集合文武大臣「與議於海上」，發表陳明國體與政體的文告，應理解成站立在「並一海內」、「天下和平」的政治成功基礎上，宣示超越「古之帝者」、「古之五帝三王」的「功德」，或許也可以理解為面對陸上已知世界和海上未知世界，陸上已征服世界和海上未征服世界所發表的政治文化宣言。

「夢與海神戰」的心理背景

秦始皇三十七年（前二一〇）最後一次出巡，曾經有「渡海渚」，「望於南海」的經歷，又「並海上，北至琅邪」。《史記》卷六〈秦始皇本紀〉記載，方士徐市等解釋「入海求神藥，數歲不得」的原因，在於海上航行障礙：「蓬萊藥可得，然常為大鮫魚所苦，故不得至，願請善射與俱，見則以連弩射之。」隨後又有秦始皇與「海神」以敵對方式直接接觸的心理紀錄和行為紀錄：「始皇夢與海神戰，如人狀。問占夢，博士曰：『水神不可見，以大魚蛟龍為候。今上禱祠備謹，而有此惡神，當除去，而善神可致。』乃令入海者齎捕巨魚具，而自以連弩候大魚出射之。自琅邪北至榮成山，弗見。至之罘，見巨魚，射殺一魚。遂並海西。」親自以「連弩」射海中「巨魚」，竟然「射殺一魚」。對照歷代帝王行跡，秦始皇這一行為堪稱中國千古之最，也很可能是世界之最。「自琅邪北至榮成山」，似可理解為航海紀錄。

透過司馬遷筆下的這個記載，我們看到秦始皇以生動的個人表演，展現了探索海洋的熱忱和挑戰海洋的意志。

《論衡．紀妖》將「夢與海神戰」事解釋為秦始皇即將走到人生終點的凶兆：「始皇且死之妖也。」王充注意到秦始皇不久即病逝的事實：「始皇夢與海神戰，恚怒入海，候神射大魚。自琅邪至勞成山不見，至之罘山還見巨魚，射殺一魚。遂旁海西至平原津而病，到沙丘而崩。」王充的分析，或可以「天性剛戾自用」、「意得欲從」，在晚年益得驕橫偏執的病態心理作為說明。透過王充不能得到證實的「且死之妖」解說，也可以看出秦始皇「夢與海神戰」確實表現出常人難以理解的特殊性格和異常心態。

「入海求仙人」：海洋探索的特殊形式

將秦始皇東巡海上的動機簡單歸結為求長生，是不妥當的。據司馬遷記載，秦始皇第一次東巡來到海濱，似乎尚未得知方士關於海上三神山的學說。他期望接近海上仙人，是稍後的事。《史記》卷二八〈封禪書〉說，秦始皇即帝位不久，即「東遊海上，行禮祠名山大川及八神」。這裡所說的「八神」，祀所至少一半在濱海地方。行禮祀「八神」，展現出來自西北的帝王，對東方神學傳統的全面承認和充分尊重。而所謂「冀遇海中三神山之奇藥」，見於秦始皇最後一次出巡的紀錄中。

正是在「東遊海上」的行程中，秦始皇接受了方士的宣揚。燕齊海上方士是參與開發環渤海地區早期航運的知識分子。他們的海洋探索因帝王們的長生追求，獲得支持。方士以富貴為目的的陰險政治詐騙，和以航行為方式的艱險海上探索，構成他們知識人生的兩面。《漢書》卷三〇〈藝文志〉列入「天文」家的論著：「《海中星占驗》十二卷；《海中五星經雜事》二十二卷；《海中五星順逆》二十八卷；《海中二十八宿國分》二十八卷；《海中二十八宿臣分》二十八卷；《海中日月彗虹雜占》十八卷。」很可能載錄了海上方士們的經驗和思想。秦始皇追求海上神山奇藥的迷妄，使帝王和方士的合作，成就了一次規模空前的海外移民。據《史記》卷一一八〈淮南衡山列傳〉記載伍被的說法，在聽到方士轉述「海神」的承諾後，「秦皇帝大說，遣振男女三千人，資之五穀種種百工而行。徐福得平原廣澤，止王不來」。

李白〈古風〉詩讚頌秦始皇的功業，也表揚他的「明斷」、「大略」：「秦皇掃六合，虎視何雄哉。揮劍決浮雲，諸侯盡西來。明斷自天啟，大略駕群才。」李白同時又諷刺秦始皇迷信長生，最終仍然歸葬驪山：「尚采不死藥，茫然使心哀。連弩射海魚，長鯨正崔嵬。額鼻象五嶽，揚波噴雲雷。鬐鬣蔽青天，何由睹蓬萊。徐市載秦女，樓船幾時回。但見三泉下，金棺葬寒灰。」其中「連弩射海魚」數句，似並無貶義。《史記》卷六〈秦始皇本紀〉描述了秦始皇陵地宮的設計：「以水銀為百川江河大海，機相灌輸。」似乎陵墓主人對大海的嚮往，至死仍不消減。又「以人魚膏為燭，度不滅者久之」。對「人魚」有多種解釋。按照裴駰《集解》引《異物志》的說法，這種魚「出東海中」。宋人曾慥《類說》卷二四引《狙異志》「人魚」條稱之為「海上」、「水族」。明黃衷《海語》卷下〈物怪〉也說到海中「人魚」。我們也許可以這樣理解陵墓設計意圖，「三泉」之下動盪著的「大海」模型，陪伴著「金棺」之中這位胸懷海戀情結的帝王。而來自海中的光亮，也長久照耀著他最後的居所。

第十章
秦漢宮苑的「海池」

秦始皇實現統一之後五次出巡，其中四次行臨海濱。漢武帝至少十次經歷面向大海的東巡。秦漢帝王對海洋的特殊情感以及探索海洋和開發海洋的意識，還表現在宮廷建設規劃中有「海」的特殊設計。宮苑中特意營造象徵海洋的人工湖泊，也展現了海洋在當時社會意識中的重要地位和神祕意義。

《秦記》「蘭池」疑問

司馬遷對秦始皇陵地宮的結構有這樣的記載：「以水銀為百川江河大海，機相灌輸。」（《史記》卷六〈秦始皇本紀〉）按照有關地下陵墓設計和製作「大海」模型的說法，似乎陵墓主人對「海」的嚮往，至死仍不消滅。其實，有跡象表明，秦始皇生前的居所附近，可能也有象徵「海」的宮苑園林規劃。

《史記》卷六〈秦始皇本紀〉記載：「三十一年十二月……始皇為微行咸陽，與武士四人俱，夜出逢盜蘭池，見窘，武士擊殺盜，關中大索二十日。」這是秦史中所記錄的唯一一次發生在關中秦國故地之威脅秦帝國最高執政者安全的事件。秦始皇僅帶四名隨從，以平民身分「夜出」、「微行」，在咸陽宮殿區內竟然遭遇嚴重破壞都市治安的「盜」。《北堂書鈔》卷二〇引《史記》寫作「蘭池見窘」。《初學記》卷九則作「見窘蘭池」。所謂「見窘」的「窘」，漢代人多以「困」、「急」解釋（《詩．小雅．正月》毛傳，〈離騷〉王逸注）。又有「窘急」（《史記》卷一二四〈游俠列傳〉）、「窘滯」（《淮南子．要略》）、「窘迫」（劉向《九嘆．遠逝》）、「窘惶」（王粲〈大暑賦〉）諸說。按照司馬遷的語言習慣，所言「窘」與秦始皇蘭池遭遇類似的、面對武裝暴力威脅的「困」、「急」情勢，有秦穆公和晉惠公戰場遇險史例。《史記》卷五〈秦本紀〉記載「繆公窘」情形，即：「與晉惠公夷吾合戰於韓地。晉君棄其軍，與秦爭利，還而馬鷙。繆公與麾下馳追之，不能得晉君，反為晉軍所圍。晉擊繆公，繆公傷。」晉君「馬鷙」是晉惠公先於秦穆公而「窘」。張守節《正義》：「《國語》云：『晉師潰，戎馬還濘而止。』韋昭云：『濘，深泥也。』」《史記》卷三九〈晉世家〉的記載是：「秦繆公、晉惠公合戰韓原。惠公馬鷙不行，秦兵至，公窘……」、「馬鷙不行」，司馬貞《索隱》:「謂馬重而陷之於泥。」秦始皇「微行咸陽」，「夜出逢盜蘭池」時，身邊隨行「武士」以非常方式保衛主上的生命安全，「擊殺盜」，隨後在整個關中地區戒嚴，搜捕可疑人等。

事件發生的地點「蘭池」，就是位於秦咸陽宮東面的「蘭池宮」。《史記》的相關記述，注家有所解說。南朝宋學者裴駰在《史記集解》中寫道：「〈地理志〉：渭城縣有蘭池宮。」他引錄的是《漢書》卷二八上〈地理志上〉。我們今天看到的《漢書》文字，在「右扶風」、「渭城」縣條下是這樣書寫的：「渭城，故咸陽，高帝元年更名新城，七年罷，屬長安。武帝元鼎三年更名渭城。有蘭池宮。」唐代學者張守節《史記正義》引錄了唐代地理學名著《括地志》：「蘭池陂即古之蘭池，在咸陽縣界。」秦漢時期的「蘭池」，唐代稱為「蘭池陂」，可知這一湖泊，隋唐時代依然存在。

張守節又寫道：「《秦記》云：『始皇都長安，引渭水為池，築為蓬、瀛，刻石為鯨，長二百丈。』逢盜之處也。」他認為秦始皇「微行」、「夜出逢盜」的地點，是在被稱為「蘭池」的湖泊附近。所謂《秦記》的記載，說秦始皇在都城附近引渭河水注為池，在水中營造蓬萊、瀛洲海中仙山模型，又「刻石為鯨」，以表現這個人工水面其實是海洋的象徵。

來自《秦記》的歷史資訊非常重要。因為秦始皇焚書時，宣布「史官非《秦記》皆燒之」。《史記》卷六〈秦始皇本紀〉明確記載，除了《秦記》外，其他史書全部燒毀。《史記》卷一五〈六國年表〉又寫道：「秦既得意，燒天下《詩》、《書》，諸侯史記尤甚，為其有所刺譏也。」，「惜哉！惜哉！獨有《秦記》，又不載日月，其文略不具。」司馬遷深切感嘆各諸侯國歷史紀錄之不存，「獨有《秦記》」，然而「其文略不具」。不過，他同時又肯定，就戰國歷史內容而言，《秦記》的真實性是可取的。司馬遷還認為因「見秦在帝位日淺」而產生鄙視秦人歷史文化的偏見，是可悲的。《史記》卷一五〈六國年表〉還有兩次，即在序文的開頭和結尾都說到《秦記》：「太史公讀《秦記》，至犬戎敗幽王，周東徙洛邑，秦襄公始封為諸侯，作西畤用事上帝，僭端見矣。」，「余於是因《秦記》，踵《春秋》之後，起周元王，表六國時事，訖二世，凡二百七十年，著諸所聞興壞之端。後有君子，以覽觀焉。」王國維曾指出《史記》「司馬遷取諸《秦記》者」情形。孫德謙《太史公書義法．詳近》說，《秦記》這部書，司馬遷一定親眼看過。所以他「所作列傳，不詳於他國，而獨詳於秦」。在商鞅之後，如張儀、樗里子、甘茂、甘羅、穰侯、白起、范睢、蔡澤、呂不韋、李斯、蒙

恬諸人，歷史人物的紀錄唯秦為多。難道說司馬遷對秦人有特殊的私愛嗎？這很可能只是由於他「據《秦記》為本，此所以傳秦人特詳」。金德建《司馬遷所見書考》一書於是推定：「《史記》的〈六國年表〉純然是以《秦記》的史料做骨幹寫成的。秦國的事蹟，只見紀於〈六國年表〉裡，而不見於別篇，也正可說明司馬遷照錄了《秦記》中原有的文字。」（金德建〈《秦記》考證〉，《司馬遷所見書考》，上海人民出版社，一九六三年，第四一五至四一六頁）

如果張守節《史記正義》引錄的「始皇都長安，引渭水為池，築為蓬、瀛，刻石為鯨，長二百丈」這段文字確實出自《秦記》，其可靠性是值得特別重視的。

不過，我們又發現了疑點。《續漢書．郡國志一》「京兆尹長安」條寫道：「有蘭池。」劉昭注補：「《史記》曰：『秦始皇微行夜出，逢盜蘭池。』《三秦記》曰：『始皇引渭水為長池，東西二百里，南北三十里，刻石為鯨魚二百丈。』」唐代學者張守節以為《秦記》的記載，南朝梁學者劉昭卻早已明確指出由自《三秦記》。我們又看到《說郛》卷六一上〈辛氏三秦記〉「蘭池」條確實有這樣的內容：「秦始皇作蘭池，引渭水，東西二百里，南北二十里，築土為蓬萊山。刻石為鯨魚，長二百丈。」清代學者張照已經判斷，張守節所謂《秦記》其實就是《三秦記》，只是脫寫了一個「三」字（《史記考證》，文淵閣《四庫全書》本《史記》卷六〈秦始皇本紀〉附）。

《三秦記》或《辛氏三秦記》的成書年代要晚許多。這樣說來，秦宮營造海洋及海中神山模型的記載，可信度不免降低許多了。

「蘭池」象海的可能性與秦封泥所見「晦池」、「每池」

不過，秦咸陽宮存在仿像海洋的人工湖泊之可能性還是存在的。我們從有關秦始皇陵「以水銀為百川江河大海，機相灌輸」的記載，可以知道海洋在秦帝國締造者心中的地位。

秦始皇在統一戰爭中每征服一個國家，都會把該國宮殿的建築圖樣採集回來，在咸陽以北的原上予以複製。這就是《史記》卷六〈秦始皇本紀〉記載的「秦每破諸侯，寫放其宮室，作之咸陽北阪上」。而翻版燕國宮殿的位置，正在咸陽宮的東北方向，與燕國和秦國的方位關係是一致的。蘭池宮曾經出土「蘭池宮當」文字瓦當，其位置大致明確。秦的蘭池宮也在咸陽宮的東北方向，正在「出土燕國形制瓦當」的秦人複製燕國宮殿建築以南（《中國文物地圖集．陝西分冊》，西安地圖出版社，一九九八年，第一九五頁、第三四八頁）。如果說這一湖泊象徵渤海水面，從地理位置上考慮，也是妥當的。

渤海當時稱「勃海」，又稱「勃澥」。這是秦始皇相當熟悉的海域。他的東巡，曾經沿渤海西岸和南岸行進，又曾經在海上浮行，甚至有使用連弩親自「射殺」海上「巨魚」的行為。燕、齊海上方士們關於海上神山的宣揚，其最初的底本，很可能是對於渤海海面海市蜃樓的認知。在渤海灣西岸發掘的秦漢建築遺存，許多學者認為與秦始皇巡行至碣石的行跡有關，被稱作「秦行宮遺址」（《中國考古學．秦漢卷》，中國社會科學出版社，二〇一〇年，第五十五至七十頁）。所出土大型夔紋建築材料，僅在秦始皇陵園有同類發現。秦始皇巡行渤海，很可能會對秦都咸陽宮殿區建設規劃的構想產生一定的影響。從姜女石石碑地秦宮遺址的位置看，這裡完全被藍色的水世界緊密擁抱。這位帝王應當也希望居住在咸陽的宮室時，同樣開窗就能看到海景。

秦封泥有「晦池之印」（路東之編著《問陶之旅 —— 古陶文明博物館藏品掇英》，紫禁城出版社，二〇〇八年，第一七一頁）。「晦」可以讀作「海」。《釋名．釋水》：「海，晦也。」清華大學藏戰國簡《赤鵠之集湯之屋》「四海」寫作「四晦」。《易．明夷．上六》：「不明晦，初登於天，後入於地。」漢帛書本「晦」作「海」。《呂氏春秋．求人》：「北至人正之國，夏海之窮。」《淮南子．時則》「海」作「晦」。秦封泥「東晦□馬」（傅嘉儀《秦封泥匯考》，上海書店出版社，二〇〇七年，第一七九頁）、「東晦都水」（周曉陸、陳曉捷、湯超、李凱〈於京新見秦封泥中的地理內容〉，

《西北大學學報》二〇〇五年第四期），「東晦」都是「東海」的異寫形式。這樣說來，秦有管理「晦池」，即「海池」的官職。而「海池」見於漢代宮苑史料，指仿照海洋營造的湖沼。另外，秦封泥又有「每池」（陳曉捷、周曉陸〈新見秦封泥五十例考略 —— 為秦封泥發現十週年而作〉，《碑林集刊》第十一輯，二〇〇五年），應當也是「海池」。

西漢長安宮苑中的「海池」

漢武帝是秦始皇之後又一位對海洋有特殊熱情的帝王。他在宮苑營造規劃中，專門設計了有明確的仿象海洋性質的湖泊。

《史記》卷二八〈封禪書〉記載，漢武帝在漢長安城以西，蕭何為劉邦修建的未央宮的旁側建造了宏大的建章宮：「作建章宮，度為千門萬戶。前殿度高未央。」宮殿區的北面，有一個規模可觀的湖泊，其中有象徵海中神山的島嶼：「其北治大池，漸臺高二十餘丈，命曰太液池，中有蓬萊、方丈、瀛洲、壺梁，象海中神山龜魚之屬。」所謂「有蓬萊、方丈、瀛洲、壺梁，象海中神山龜魚之屬」，出自司馬遷筆下，是明確的以宮廷中人工湖泊「象海」的歷史紀錄。《史記》卷一二〈孝武本紀〉有同樣的內容，司馬貞《索隱》引《三輔故事》說：「殿北海池北岸有石魚，長二丈，寬五尺，西岸有石龜二枚，各長六尺。」所謂「殿北海池」特別值得注意，這一湖泊名叫「海池」，其位置在建章宮前殿正北。這是我們在歷史文獻紀錄中看到確定名義的「海池」。以西漢時尺度二十三點一公分計（丘光明編著《中國古代度量衡考》，文物出版社，一九九二年，第五十五頁），「石龜」長一點三八六公尺，應是仿象海龜。「石魚」長四點六二公尺，寬一點一五五公尺，也應當是仿象海魚。

與《三秦記》「蘭池」、「刻石為鯨」的情形類似，《西京雜記》記載，在漢武帝為操演水軍經營的昆明池中放置有「石鯨」：「昆明池刻玉石為鯨，每至雷雨，鯨常鳴吼，鬣尾皆動。漢世祭之以祈雨，往往有驗。」《三輔黃圖》卷四〈池沼〉：「《三輔故事》又曰：『（昆明）池中有豫章臺及石鯨。刻石為鯨魚，長三丈，每至雷雨，常鳴吼，鬣尾皆動。』」昆明池「石鯨」在唐代受到詩人們的關注。宋之問、蘇頲、儲光羲、蘇慶余、溫庭筠等均有詠唱。杜甫〈秋興八首〉其七寫道：「昆明池水漢時功，武帝旌旗在眼中。織女機絲虛月夜，石鯨鱗甲動秋風。」清初學者陳廷敬認為「筆端高絕，出尋常蹊徑之外。」（〔清〕陳廷敬《午亭文編》卷五〇〈杜律詩話下〉）

傳說「每至雷雨」，「石鯨」都有異常的表現，「常鳴吼，鬐尾皆動」。杜詩所謂「石鯨鱗甲動秋風」，也說明在古人對海洋的神祕主義意識中，「刻石」或「刻玉石」為之的「石鯨」，似乎是有生命，又有特別神異功能的。

秦漢宮廷海洋象徵的神祕意義

秦漢宮苑「象海」的人工湖泊，是在帝王們對於海洋神仙文化系統充滿憧憬和嚮往的心理背景下專心營造的。

以漢武帝在建章宮前殿「其北治大池，漸臺高二十餘丈，命曰太液池，中有蓬萊、方丈、瀛洲、壺梁，象海中神山龜魚之屬」的記載為例，在「太液池」及「蓬萊、方丈、瀛洲、壺梁」、「海中神山」模型設計和施工之前，這位帝王的思想言行表現出對「蓬萊」世界的特別關注。據《史記》卷二八〈封禪書〉記述，方士李少君對漢武帝說：「……益壽而海中蓬萊仙者乃可見。」，「安期生仙者，通蓬萊中……」，於是漢武帝「遣方士入海求蓬萊安期生之屬」。「求蓬萊安期生莫能得，而海上燕齊怪迂之方士多更來言神事矣。」，「入海求蓬萊者，言蓬萊不遠，而不能至者，殆不見其氣。上乃遣望氣佐候其氣雲。」，「欲放黃帝以上接神仙人蓬萊士，高世比德於九皇，而頗采儒術以文之。」，「上遂東巡海上，行禮祠八神。齊人之上疏言神怪奇方者以萬數，然無驗者。乃益發船，令言海中神山者數千人求蓬萊神人。」，「天子既已封泰山，無風雨災，而方士更言蓬萊諸神若將可得，於是上欣然庶幾遇之，乃復東至海上望，冀遇蓬萊焉。」，「臨勃海，將以望祀蓬萊之屬，冀至殊廷焉。」事在元光二年（前一三三）至太初元年（前一〇三）間，三十年來，漢武帝心中似乎始終縈繞著「蓬萊」之夢。在「太液池」建「蓬萊」等「海中神山」模型，其實是「求蓬萊」、「冀遇蓬萊」、「望祀蓬萊」等一系列動作的繼續。宮廷「海池」以及附屬的「蓬萊、方丈、瀛洲、壺梁，象海中神山龜魚之屬」等，作為特殊的信仰象徵，於是有了接近「海中神山」、「神怪」、「神仙人」的神祕意義。

王莽臨近覆亡時最後的表演，竟然是以「漸臺」為舞臺的。據《漢書》卷九九下〈王莽傳下〉記載，反抗王莽政權的暴動民眾逼近宮中，「群臣扶掖莽，自前殿南下椒除，西出白虎門……莽就車，之漸臺，欲阻池水。」近臣「尚千餘人隨之」。「軍人入殿中，譁曰：『反虜王莽安在？』有美人出房曰：『在漸臺。』眾兵追之，圍數百重。臺上亦弓弩與相射，稍稍落去。矢盡，無以復射，短兵接。」效忠王莽的近衛士兵多戰死，於是，「眾兵上臺……商人杜吳殺莽」。有人斬莽首，「軍人分裂莽身，支節肌骨臠分，爭相殺者數十人」。王莽為什麼在瀕死時刻「之漸臺」頑抗？難道僅僅只是「欲阻池水」嗎？王莽是一位心理極端偏執的政治人物。當反新莽武裝已經衝入宮中，他仍然衣冠端正，紱佩齊整，口出荒誕之言，「紺袀服，帶璽韍，持虞帝匕首……旋席隨斗柄而坐，曰：『天生德於予，漢兵其如予何！』」在來到「漸臺」時「猶抱持符命、威鬥」。王莽在其政治人生的終點「之漸臺」，可能有特殊的動機。也許「海池」、「海中神山」的神祕象徵意義給垂死的王莽建立在迷妄基點上的精神支撐。

王莽應當是在未央宮「漸臺」結束了他的執政生涯以及新莽王朝的行政史。未央宮有「漸臺」，見於《漢書》卷七五〈翼奉傳〉所載翼奉上疏。鄧通故事有涉及「漸臺」情節（《漢書》卷九三〈佞幸傳．鄧通〉），事在漢文帝時，而建章宮當時還沒有修建。《漢書》卷九八〈元後傳〉又有明確記載：「（王莽）為太后置酒未央宮漸臺，大縱眾樂。」不過，考古勘察獲得的資訊不能確定未央宮「太液池」和「漸臺」的位置及形制、規模。在未央宮遺址西南部則發現「滄池故址」。考古學者指出：「今馬家寨村西南，有一片窪地，其地勢低於周圍地面一至二點五公尺，平面呈不規則的圓形，東西四百公尺，南北五百一十公尺。地表以下零點七至一公尺見淤土，一點二至兩公尺見沙子，沙層厚兩公尺，再下則依次為黑鹵土、淤土、水浸土、細沙。此窪地應為滄池故址……。《水經注．渭水》載：『……飛渠引水入城，東為倉池。池在未央宮西，池中有漸臺。』倉池即『滄池』，亦名『蒼池』。」（中國社會科學院考古研究所編著《漢長安城未央宮》，中國大百科全書出版社，一九九六年，第十九頁）王莽最終喪生的「漸臺」，是否「滄池」的「漸臺」呢？畢沅的《關中勝跡圖志》「漢長樂未央宮圖」沒有標示未央宮「太液池」和「漸臺」所在。而「滄池」在前殿西北方向，池中描繪了高大的「漸臺」圖樣。同書「漢建章宮圖」顯示的「太液池」、「漸臺」，以及「海中神山」、「蓬萊山」、「方丈山」、「瀛洲山」的情形（〔清〕畢沅撰，張沛校點《關中勝跡圖志》，三秦出版社，二〇〇四年，第一一六至一一七頁、第一二八至一二九頁），也可作為我們理解相關問題的參考。

第十一章
《史記》的海洋視角

《史記》作為史學經典，班彪有「今之所以知古，後之所以視前，聖人之耳目也」之稱譽（《後漢書》卷四〇上〈班彪傳上〉）。司馬遷於史學多所創制，梁啟超因稱「《史記》自是中國第一部史書。」（《要籍解題及其讀法·史記》）對海洋的關注，表現出司馬遷特殊的文化眼光和學術視角，也值得關心《史記》的人們注意。

「海內」與「天下」

在許多學者稱為古史傳說時代的記述中，《史記》最早明確突出地強調先古聖王有關「海」的事蹟。《史記》卷一〈五帝本紀〉記述黃帝「遷徙往來無常處」:「東至於海，登丸山，及岱宗。西至於空桐，登雞頭。南至於江，登熊、湘。北逐葷粥，合符釜山。」首先稱頌黃帝至於東海的行跡。而據司馬貞《索隱》引郭子橫《洞冥記》稱東方朔云「東海大明之墟有釜山」，則黃帝獲「王者之符命」的地方，也在「東海」。司馬遷說，黃帝「舉風后、力牧、常先、大鴻以治民」，獲得行政上的成功。裴駰《集解》引《帝王世紀》說，黃帝「得風后於海隅，登以為相」。裴駰《集解》引鄭玄曰:「風后，黃帝三公也。」這位成為黃帝高等助手的人才，是在「海隅」發現的。關於舜的成就，司馬遷有「四海之內咸戴帝舜之功」的說法。而自戰國至秦漢，「四海之內」或說「海內」，已成為與「天下」對應的語匯。《史記》卷一一八〈淮南衡山列傳〉所謂「臨制天下，一齊海內」就是典型的例證。當時以大一統理念為基礎的政治表達，已經普遍取用涉及海洋的地理概念。

政治地理語匯「四海」與「天下」，「海內」與「天下」同時通行，在某種意義上反映了中原居民的世界觀和文化觀已經初步表現出對海洋的重視。

司馬遷就是在這樣的文化環境中，留下有關秦漢社會海洋意識與海洋探索的諸多歷史紀錄。

「言海中神山者」

秦始皇統一後五次出巡，四次行至海濱。《史記》卷六〈秦始皇本紀〉記錄了他「夢與海神戰」並親自持連弩射殺海中大魚的故事。燕齊海上方士借助秦始皇提供的支援，狂熱地進行以求仙為目的的海上航行。這種航海行為，客觀上促進了對海上未知世界的探求。《史記》卷一一八〈淮南衡山列傳〉第一次記錄了徐福出海「止王不來」的情形。秦始皇陵墓中製作海洋模型，展現出這位帝王對海洋的情感至死也沒有削減。這些情節，均因司馬遷的生動敘寫而成為珍貴的歷史記憶。《史記》卷六〈秦始皇本紀〉出現「海」字共三十八次。而以漢武帝的歷史表現作為記述主體內容的《史記》卷二八〈封禪書〉中，「海」字出現多達三十九次。漢武帝至少東巡海上十次，超越秦始皇的紀錄。他最後一次行臨東海，已經是六十八歲的高齡。在漢武帝時代，「入海求蓬萊」的航海行為更為密集，所謂「乃益發船，令言海中神山者數千人求蓬萊神人」，「予方士傳車及間使求仙人以千數」，又說明其規模也超越前代。漢武帝基於「冀遇蓬萊」的偏執心理，多次動員數以千計的「言海中神山者」駛向波濤。

雖然當時就直接的目的而言「其效可睹」，但漢武帝內心的冀望客觀上刺激了航海行為的發起，促成航海經驗的累積，推動航海能力的提升。《史記》的這些紀錄，成為中國航海史多有重點的重要篇章。

有人說司馬遷著〈封禪書〉意在批評漢武帝「求神仙狂侈之心」，「遷作〈封禪書〉，反復纖悉，皆以著求神仙之妄」（黃震《黃氏日抄》卷四六〈史記〉），「子長為〈封禪書〉，意在諷時」（郝敬《史漢愚按》卷二）。也有人說：「此書有諷意，無貶詞，將武帝當日希冀神仙長生，一種迷惑不解情事，傾寫殆盡。」（高嶋《史記抄》卷二〈封禪書〉）也許後人視為「狂侈」、「之妄」事，當時人們只是「迷惑不解」。而即使有「諷時」之意，所記述的這些對早期海洋學有正面貢獻的知識分子航海實踐的情節，則是客觀的。有人認為「以徐福齎童男女及針織工藝輩數千，漂流海外」（沈湛鈞《知非齋古文錄．書史記封禪書後》）是導致秦末政治危機的原因，然而從文化傳播史的視角來看，徐福東渡可能對東亞史的進程產生有益的影響。

《史記》有關「海」的文字

《史記》書中有關「海」的文字，除了〈秦始皇本紀〉、〈封禪書〉（以

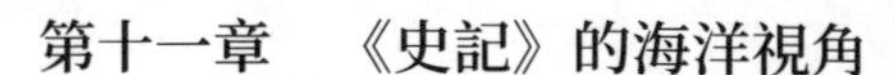

及與〈封禪書〉多有雷同的《史記》卷一二〈孝武本紀〉）外，最為密集的就是《史記》卷一一四〈東越列傳〉了。越地是居於邊緣地位的區域，越人是居於邊緣地位的族群。司馬遷並沒有輕視越人優越航海能力的史事，專心以細緻生動的筆調記錄於《史記》中。據記載：「至元鼎五年，南越反，東越王餘善上書，請以卒八千人從樓船將軍擊呂嘉等。兵至揭陽，以海風波為解，不行。」這是有關「海風波」可以導致海上航路阻斷的最早紀錄。司馬遷又記述了閩越與漢王朝的直接軍事衝突，戰事包括「橫海」情節。「元鼎六年秋，餘善聞樓船請誅之，漢兵臨境，且往，乃遂反，發兵距漢道。」漢王朝給予強硬的回應，諸軍並進合擊，有「橫海將軍韓說出句章，浮海從東方往；樓船將軍楊僕出武林」。漢軍遠征，「浮海從東方往」的「橫海將軍」部應是主力。這是閩越海面行駛漢軍大型船隊有代表性的史例。數支南下部隊中，「橫海將軍先至」，說明海上進攻一路承擔了主攻任務，且及時實現戰役目標。橫海將軍部成功受降，而戰後「橫海將軍」、「橫海校尉」封侯，其他「諸將皆無成功，莫封」，說明漢王朝海路主攻部隊能夠獨力控制戰局，實現平定餘善叛亂的主要目的。

「南海」與「海東」開拓

秦始皇征服嶺南置「南海」諸郡，是統一進程中的重要戰略步驟。據《史記》卷一一二〈平津侯主父列傳〉記載主父偃入見漢武帝諫伐匈奴時所言：「屠睢將樓船之士南攻百越。」「樓船」作為軍事建置，這是較早的史例。漢武帝派遣樓船將軍楊僕從海路出擊朝鮮，是東方航海史上的一件大事。《史記》卷一一五〈朝鮮列傳〉記載，樓船將軍楊僕率軍「從齊浮渤海」，「樓船將軍將齊兵七千人」較「出遼東」的「左將軍荀彘」的部隊「先至王險」，與前說「橫海將軍先至」情形相同。楊僕樓船軍有學者認為有五萬軍人。有的研究論著寫道：「樓船將軍楊僕率領樓船兵五萬人」進攻朝鮮（張煒、方堃主編《中國海疆通史》，中州古籍出版社，二〇〇三年，第六十五頁）。渡海遠征樓船軍的規模，展現出航海能力的優越。

秦始皇在嶺南置南海郡，漢武帝的朝鮮置滄海郡。《史記》稱「樓船」、「橫海」的這兩個方向為「南海」（《史記》卷一一三〈南越列傳〉）和「海東」（《史記》卷一三〇〈太史公自序〉）。

司馬遷筆下中原人面對神祕的海洋所表現的英雄主義和進取精神，應當視為民族寶貴的精神遺產。

「周覽四海」與「廣大」氣象

司馬遷說他考察黃帝、堯、舜事蹟，曾經進行實地調查：「西至空桐，北過涿鹿，東漸於海，南浮江淮矣，至長老皆各往往稱黃帝、堯、舜之處。」（《史記》卷一〈五帝本紀〉）說到「東漸於海」。他最早的一次出行，據《史記》卷一三〇〈太史公自序〉：「二十而南遊江、淮，上會稽，探禹穴，窺九疑，浮於沅、湘；……」。《史記》卷二九〈河渠書〉也說，他曾經「至於會稽太湟」。「會稽」之行，已走到海濱。司馬遷以太史令身分從漢武帝出遊，這位帝王「東巡海上」、「東至海上望」，「宿留海上」，「並海上」（《史記》卷二八〈封禪書〉），甚至「浮大海」（《漢書》卷六〈武帝紀〉）等交通行為，他很可能都曾親身參與。

蘇轍說：「太史公行天下，周覽四海名山大川……故其文疏蕩，頗有奇氣。」（《欒城集》卷二三〈上樞密韓太尉書〉）指出對「四海」的體驗，成就其文氣之「奇」。馬存所謂「盡天下之觀以助吾氣，然後吐而為書」，「見狂瀾驚波，陰風怒逆，號走而橫擊，故其文奔放而浩漫」（凌稚隆《史記評林》卷首），梁啟超所謂「波瀾壯闊」，「恬波不揚」（《中國歷史研究法》）等，也大致有同樣的意思。王國維說到司馬遷的行旅經歷：「是史公足跡殆遍宇內，所未至者，朝鮮、河西、嶺南諸初郡耳。」（《觀堂集林》卷一一）他雖然沒有到過朝鮮和嶺南，但是《史記》有關秦漢開拓「南海」和「海東」的記述，使讀史者深受其益。

桓譚說「通才著書以百數，惟太史公為廣大」（《太平御覽》卷六〇二引〈新論〉）；王充說「漢著書者多」；司馬遷堪稱「河、漢」，其餘不過

「涇、渭」而已（《論衡．案書》）。其實，以司馬遷才學之「廣大」，是可以以「海」來比擬的。而《史記》書中有關「海」的文字，即直接展現了他學術視野的「廣大」。陳繼儒形容「《史記》之文」所謂「洞庭之魚龍怒飛」，「山海之鬼怪畢出」，「史家以體裁義例掎摭之，太史公不受也」（《史記定本序》），其說自有意境，可以展現史學演進史中《史記》的新異和奇偉。《史記》特殊的文化風采，應與司馬遷的海洋感知有關，亦表現於他海洋探索和海洋開發的歷史紀錄中。

第十二章
英雄歌哭：太史公筆下劉項的心思和表情

正如魯迅「史家之絕唱，無韻之離騷」所言，《史記》作為史學的經典，也是文學名著。而其中蘊涵的文化識見，也多有高明深刻之處，可以啟迪讀者。

垓下：項王「悲歌慷慨」、「泣數行下」

讀《史記》卷七〈項羽本紀〉，都會注意到對垓下決戰的精彩寫述。楚霸王英雄生涯最後一幕的重要情節，使人印象至深：「項王軍壁垓下，兵少食盡，漢軍及諸侯兵圍之數重。夜聞漢軍四面皆楚歌，項王乃大驚曰：『漢皆已得楚乎？是何楚人之多也！』項王則夜起，飲帳中。有美人名虞，常幸從；駿馬名騅，常騎之。於是項王乃悲歌慷慨，自為詩曰：『力拔山兮氣蓋世，時不利兮騅不逝。騅不逝兮可奈何，虞兮虞兮奈若何！』歌數闋，美人和之。項王泣數行下，左右皆泣，莫能仰視。」

這是我們熟悉的故事，這是我們熟悉的歌詩。對於「力拔山兮氣蓋世」的「氣」，宋代理學家談「浩然之氣」時以此為例：「浩然之氣只是氣大敢做，而今一樣人畏避退縮，事事不敢做，只是氣小。有一樣人未必識道理，然事事敢做，是他氣大。如項羽『力拔山兮氣蓋世』，便是這樣氣。人須是有蓋世之氣方得。」

這是朱熹老夫子引程子的話，見《朱子語類》卷五二。

沛宮：高祖「慷慨傷懷，泣數行下」

鴻溝是劉邦、項羽兩軍分界。唐人張碧〈鴻溝〉詩寫了自稱「力拔山兮氣蓋世」的英雄項羽敗死之後，劉邦得意登基的歷史轉變：「吳娃捧酒橫秋波，霜天月照空城壘。力拔山兮忽到此，騅嘶懶渡烏江水。新豐瑞色生樓臺，西楚寒蒿哭愁鬼。三尺霜鳴金匣裡，神光一掉八千里。漢皇驟馬意氣生，西南掃地迎天子。」（《全唐詩》卷四六九）所謂「三尺霜鳴」，是指劉邦建國大業起始時，斬白蛇神話中的那柄「三尺劍」。據《全唐詩》，「神光一掉八千里」一作「神光一透八千里」。而《御定全唐詩錄》卷五七作「神光一照八千里」，《唐詩紀事》卷四五作「神光一萬八千里」。詩句中成敗盛衰對照鮮明，與「西楚寒蒿哭愁鬼」對應的是「新豐瑞色」、「漢皇」、「意氣」。

我們看到，和項羽「力拔山兮」悲歌享有大致相同知名度的，還有劉邦的〈大風歌〉。《史記》卷八〈高祖本紀〉有如下記述：「高祖還歸，過沛，留。置酒沛宮，悉召故人父老子弟縱酒，發沛中兒得百二十人，教之歌。酒酣，高祖擊筑，自為歌詩曰：『大風起兮雲飛揚，威加海內兮歸故鄉，安得猛士兮守四方！』令兒皆和習之。高祖乃起舞，慷慨傷懷，泣數行下。」

英雄成敗——一樣的表情，不一樣的心思

項羽歌「力拔山兮」事在《史記》卷七，劉邦歌「大風起兮」事在《史記》卷八。據篇次相鄰的文字紀錄，雖一勝一負，一敗一成，一枯一榮，兩位各自均「氣大敢做」的英雄，在彼此不同的故事情境中，卻有相近的表現。項羽「自為詩曰」，劉邦「自為歌詩曰」。項羽「悲歌慷慨」，劉邦「慷慨傷懷」。項羽「飲帳中」，劉邦「置酒沛宮」，「縱酒」，「酒酣」。項羽「歌數闋，美人和之」，似乎是男女聲共同的表演；而劉邦先則「擊筑」，後「乃起舞」，也參與了集體狂歡。

劉邦歌「大風」之後，太史公又記載：「謂沛父兄曰：『遊子悲故鄉。吾雖都關中，萬歲後吾魂魄猶樂思沛。且朕自沛公以誅暴逆，遂有天下，其以沛為朕湯沐邑，復其民，世世無有所與。』沛父兄諸母故人日樂飲極歡，道舊故為笑樂。」這段記述三次出現「樂」字，「樂」、「樂飲極歡」、「道舊故為笑樂」。然而劉邦自己的表現，在「樂」的另一面，似乎又流露出深切的悲愴。據太史公的具體記載，「慷慨傷懷」之後，即「泣數行下」。此高祖「泣數行下」與「項王泣數行下」的表情紀錄，竟然完全相同，一字不差。

一個失敗的英雄，面對悲劇結局，自為壯歌，「泣數行下」。一個成功的英雄，面對「神光一萬八千里」，「西南掃地迎天子」的勝利慶典，同樣在「自為歌詩」，「令兒皆和習之」之後，「泣數行下」。

太史公深意推想

在劉項故事兩處各見「泣數行下」四字的背後，太史公有什麼深意嗎？

對於項羽與劉邦之歌、哭近似的描寫，是否意味著在二者之間的情感天秤上，維持了一種特殊的平衡，也就是說，提升了項羽的歷史地位和文化感召力呢？有關項羽言行的記述，長期被史學史研究者視為太史公歷史著述的亮點。或由此肯定項羽「尤一時之雄也」（郝敬《史漢愚按》卷二），或說〈項羽本紀〉乃太史公「嗟惜之辭」（葉適《習學記言序目》卷一九〈史記〉）。吳見思說，「項羽力拔山氣蓋世，何等英雄，何等力量，太史公亦以全神付之，成此英雄力量之文」，「精神筆力，力透紙背」（《史記論文．項羽本紀》）。李晚芳寫道：「羽之神勇，千古無二；太史公以神勇之筆，寫神勇之人，亦千古無二」，「後之作史者，誰有此筆力？」（《讀史管見》卷一〈項羽本紀〉）徐與喬也說，太史公對項羽的描寫，「如繪神筆也」（《經史辨體．史部．項羽本紀》）。而郭嵩燾特別指出，「垓下」史事的記述，「自是史公〈項羽紀〉中聚精會神極得意文字」（《史記劄記》卷一〈項羽本紀〉）。太史公對項羽事蹟的回顧，固然傾注了自己深切的同情，然而基本史實的紀錄，應當堅持了嚴肅史家的清醒。有學者說，太史公對項羽的表現，「以深刻的真理、壯麗的詩情和英雄的格調使我們深受鼓舞」（陳曦〈此身合是詩人未？——《史記．項羽本紀》的另一種解釋〉，《名作欣賞》二〇〇七年第一期）。這樣的說法或許有一定的參考意義，但所謂「深刻的真理」究竟是什麼，似乎應當有所說明。

就劉邦「酒酣」唱「大風」故事的描寫，劉辰翁說：「古今文字，淋漓盡興，言笑有情，少可及此。」（《班馬異同》卷二）吳見思說，「沛中留飲處」，「寫其豁達本色，語語入神」。（《史記論文．高祖本紀》）李晚芳也有近似的評價：「沛中留飲，處處畫出豁達大度」，「語語入神」。（《讀史管見》卷一〈高祖本紀〉）「泣數行下」是否可以理解為「豁達」的表現，還可以思索。而有的學者對劉邦這樣的分析或許也與太史公的意思有所接近：功成業就後觸發的空虛失落，使他處於深層的精神痛苦中。（趙明正〈生命悲劇的形象展示 —— 《史記．高祖本紀》新解讀〉，《山西師範大學學報》，二〇〇〇年第四期）寂寞與孤獨，說不定也是讓帝王垂淚的緣由。

可以說太史公確實認真進行了對歷史人物心態考察與摹寫的探索。正如錢鍾書所說，〈高祖本紀〉「並言其心性」，〈項羽本紀〉也涉及其「性情氣質」。對項羽「科以心學性理，犁然有當」，「談士每以『虞兮』之歌，謂羽風雲之氣而兼兒女之情，尚粗淺乎言之也」（《管錐編》第一冊，中華書局，一九七九年，第二七五頁）。我們比較劉項的「泣數行下」，也許應當注意太史公分析「性情氣質」、「心學性理」的功夫。

顧頡剛《司馬談作史》寫道：「《史記》一書，其最精彩及價值最高之部分有二，一為楚、漢之際，一為武帝之世。……若楚、漢之際，當為談所集材。談生文帝初葉，其時戰國遺黎、漢初宿將猶有存者，故得就其口述，作為多方面之記述。此一時期史事之保存，惟談為當首功。其筆力之健，亦復震撼一世，叱吒千古。」除了「生龍活虎，繪聲繪色」，表現出「文學造詣之高」外，「其史學見解之深辟又可知」。

看來，要追求「筆力之健」，至於「震撼一世，叱吒千古」的境界，似乎首先應當以「史學見解之深辟」為前提。而關於劉項自為歌詩又「泣數行下」的記述形式，或許就是「史學見解之深辟」的表現。

第十三章
《漢書》的海洋紀事

秦漢大一統政體成立之後，中央執政機構面臨的行政任務包括對漫長的海岸控制，神祕的海域亦為秦皇漢武等有作為的帝王所關注。沿海地域共同的文化特徵，也在這一時期開始形成。

《漢書》作為記錄西漢和新莽歷史的史學經典，有關海洋的紀事，反映了當時執政集團和社會各階層對海洋的認知以及這時期海洋開發的歷史。海洋學的早期成就亦因《漢書》的記載保留了文獻學的遺存。《漢書》可以視為中國史學論著中，較早充分地重視海洋紀事的典籍。

「四海」、「海內」：政治地理意識

較早如《論語．顏淵》子夏言「四海之內皆兄弟也」，自有政治文化內涵。戰國以來，政論家更頻繁使用「海內」這個政治地理學概念。《孟子．梁惠王下》：「海內之地，方千里者九。」《墨子．辭過》亦有「四海之內」的說法。〈非攻下〉則謂「一天下之和，總四海之內」。《荀子．不苟》：「總天下之要，治海內之眾。」《韓非子．奸劫弒臣》「明照四海之內」，〈六反〉「富有四海之內」，〈有度〉「獨制四海之內」等，更集中地展現了在宣揚政治理念時對「海」的關注。

「海內」與「天下」地理稱謂同時通行，說明當時中原居民海洋意識的初步覺醒。西漢時期政治語匯中，「海內」與「天下」對應關係的表現更為明朗。《新語．慎微》：「誅逆征暴，除天下之患，辟殘賊之類，然後海內治，百姓寧。」又《新書．數寧》：「大數既得，則天下順治，海內之氣，清和咸理，則萬生遂茂。」同書〈時變〉也有「威振海內，德從天下」的說法。《漢書》比較客觀地表現當時包括海洋觀念在內的多層次、多色彩的社會思想。對於「天下」和「海內」關係的認知，也可見具有典型意義的記述。

《漢書》卷一下〈高帝紀下〉記載劉邦即皇帝位的故事，有諸侯王勸進，漢王辭讓而終於接受的過程：「諸侯上疏曰：『楚王韓信、韓王信、淮南王英布、梁王彭越、故衡山王吳芮、趙王張敖、燕王臧荼昧死再拜言，大王陛下：先時秦為亡道，天下誅之。大王先得秦王，定關中，於天下功最多。存亡定危，救敗繼絕，以安萬民，功盛德厚。又加惠於諸侯王有功者，使得立社稷。地分已定，而位號比擬，亡上下之分，大王功德之著，於後世不宣。昧死再拜上皇帝尊號。』漢王曰：『寡人聞帝者賢者有也，虛言亡實之名，非所取也。今諸侯王皆推高寡人，將何以處之哉？』諸侯王皆曰：『大王起於細微，滅亂秦，威動海內。又以辟陋之地，自漢中行威德，誅不義，立有功，平定海內，功臣皆受地食邑，非私之也。大王德施四海，諸侯王不足以道之，居帝位甚實宜，願大王以幸天下。』漢王曰：

『諸侯王幸以為便於天下之民，則可矣。』於是諸侯王及太尉長安侯臣綰等三百人，與博士稷嗣君叔孫通謹擇良日二月甲午，上尊號。漢王即皇帝位於汜水之陽。」

對於中國古代政治體制史中這個重要情節，《漢書》的記載遠較《史記》詳盡。這段文字出現「海內」兩次，「天下」四次。由文意可知「天下」與「海內」含義相近。《史記》「平定四海」，《漢書》作「平定海內」，「德施四海」，也展現出當時的文化傾向。

《漢書》多見「天下」與「海內」並說的情形，如卷三一〈項籍傳〉：「分裂天下而威海內。」卷三九〈蕭何曹參傳〉贊：「天下既定，因民之疾秦法，順流與之更始，二人同心，遂安海內。」卷四八〈賈誼傳〉：「天下順治，海內之氣清和咸理。」卷四九〈鼂錯傳〉：「為天下興利除害，變法易故，以安海內。」卷五六〈董仲舒傳〉：「今陛下並有天下，海內莫不率服。」卷六四上〈嚴助傳〉：「漢為天下宗，操殺生之柄，以制海內之命。」卷七二〈貢禹傳〉：「海內大化，天下斷獄四百。」卷九九上〈王莽傳上〉：「事成，以傳示天下，與海內平之。」「海內」即「四海之內」，有時又只寫作「四海」。如《漢書》卷六四上〈嚴助傳〉：「號令天下，四海之內莫不向應。」卷七二〈貢禹傳〉：「四海之內，天下之君，微孔子之言亡所折中。」

「海內」和「天下」形成嚴整對應關係的文例，《漢書》中可以看到。例如：「貞天下於一，同海內之歸。」（卷二一上〈律曆志上〉）「臨制天下，壹齊海內。」（卷四五〈伍被傳〉）「天下少雙，海內寡二。」（卷六四上〈吾丘壽王傳〉）「威震海內，德從天下。」（卷四八

〈賈誼傳〉）「海內為一，天下同任。」（卷五二〈韓安國傳〉）「海內晏然，天下大洽。」（卷六五〈東方朔傳〉）「海內」和「天下」對仗往往頗為工整。卷四九〈鼂錯傳〉：「德澤滿天下，靈光施四海。」則是「天下」和「四海」對應的例證。

《漢書》反映的，看來是當時社會的語言習慣。《淮南子．要略》：「天下未定，海內未輯……」。《鹽鐵論．輕重》可見「天下之富，海內之財」，

同書〈能言〉也以「言滿天下，德覆四海」並說。又〈世務〉也寫道：「誠信著乎天下，醇德流乎四海。」在這種語言典範背後，是社會對海洋的關心。

討論漢代社會的「天下」觀和海疆意識，不應忽略《漢書》等文獻所見有關「天下」與「海內」、「四海」文字透露的思想史資訊。

「樓船」、「橫海」事業

漢景帝削藩，極其重視對沿海地方統治權的回收，尤其表現在吳楚七國之亂平定後對沿海區域的控制，創造了對高度集中的中央集權空前有利的形勢。

《鹽鐵論．晁錯》：「晁生言諸侯之地大，富則驕奢，急即合從。故因吳之過而削之會稽，因楚之罪而奪之東海，所以均輕重，分其權，而為萬世慮也。」所謂「削之會稽」，「奪之東海」，指出削藩戰略的重要主題之一，或者說削藩戰略的首要步驟，就是奪取諸侯王國的沿海地方。

漢武帝時代除強制實行推恩令使諸侯國政治權力萎縮，中央權力空前增長，對原先屬於諸侯國的沿海地區實現全面控制外，又於元鼎六年（前一一一）滅南越、閩越，置南海、郁林、蒼梧、合浦、儋耳、珠崖、交趾、九真、日南郡，其中多數臨海，就區域劃分來說，均屬於沿海地區。《漢書》卷六〈武帝紀〉記述元鼎六年事：「行東，將幸緱氏，至左邑桐鄉，聞南越破，以為聞喜縣。春，至汲新中鄉，得呂嘉首，以為獲嘉縣。……遂定越地，以為南海、蒼梧、郁林、合浦、交阯、九真、日南、珠崖、儋耳郡。」顏師古注：「應劭曰：『二郡在大海中崖岸之邊。出真珠，故曰珠崖。儋耳者，種大耳。渠率自謂王者耳尤緩，下肩三寸。』張晏曰：『《異物志》二郡在海中，東西千里，南北五百里。珠崖，言珠若崖矣。儋耳之云，鏤其頰皮，上連耳匡，分為數支，狀似雞腸，累耳下垂。』臣瓚曰：『《茂陵書》珠崖郡治瞫都，去長安七千三百一十四里。儋耳去長安七千三百六十八里，領縣五。』」可知這是對遙遠海上陌生世界的征服。

當年，「秋，東越王餘善反，攻殺漢將吏。遣橫海將軍韓說、中尉王溫舒出會稽，樓船將軍楊僕出豫章，擊之」。這是又一次利用海上軍事優勢的遠征。隨後，「元封元年冬十月，詔曰：『南越、東甌咸伏其辜……。』」宣布開始專心對「西蠻北夷」用兵。

漢武帝元封三年（前一〇八）滅朝鮮及其附庸，置樂浪、真番、臨屯、玄菟四郡，進一步擴展漢王朝面對海洋的視野。朝鮮原本與中原有比較密切的文化關聯，然而漢武帝時代朝鮮置郡，形勢又發生了變化。漢武帝派遣樓船將軍楊僕從海路出擊朝鮮。《史記》卷一一五〈朝鮮列傳〉：「天子募罪人擊朝鮮。其秋，遣樓船將軍楊僕從齊浮渤海；兵五萬人，左將軍荀彘出遼東：討右渠。」此據中華書局標點本，「兵五萬人」與「樓船將軍楊僕從齊浮渤海」分斷，可以理解為「兵五萬人」隨「左將軍荀彘出遼東」。其實，也未必不可以「遣樓船將軍楊僕從齊浮渤海，兵五萬人」連讀。有的研究論著就寫道：「樓船將軍楊僕率領樓船兵五萬人」（張煒、方堃主編《中國海疆通史》，中州古籍出版社，二〇〇三年，第六十五頁）進攻朝鮮。《漢書》卷九五〈朝鮮列傳〉即作：「天子募罪人擊朝鮮。其秋，遣樓船將軍楊僕從齊浮勃海，兵五萬，左將軍荀彘出遼東，誅右渠。」

漢武帝以樓船軍遠征朝鮮，是東方航海史上的一件大事。《史記》卷三〇〈平準書〉：「齊相卜式上書曰：『臣聞主憂臣辱。南越反，臣願父子與齊習船者往死之。』」《漢書》卷五八〈卜式傳〉：「會呂嘉反，式上書曰：『臣聞主媿臣死。群臣宜盡死節，其駑下者宜出財以佐軍，如是則強國不犯之道也。臣願與子男及臨菑習弩博昌習船者請行死之，以盡臣節。』」《史記》所謂「齊習船者」，《漢書》更具體說到「博昌習船者」，指出楊僕樓船部隊出發地點航海能力的優越。博昌，在今山東廣饒西。

漢武帝「臨大海」、「浮大海」

漢武帝與秦始皇一樣，是對海洋世界充滿好奇的帝王。他多次巡行海上，行程超越秦始皇。《漢書》對相關歷史跡象保留了珍貴的記述。《漢

書》卷六〈武帝紀〉記載：「（元封）五年冬，行南巡狩，至於盛唐，望祀虞舜於九嶷。登灊天柱山，自尋陽浮江，親射蛟江中，獲之。舳艫千里，薄樅陽而出，作〈盛唐樅陽之歌〉。遂北至琅邪，並海，所過禮祠其名山大川。春三月，還至泰山，增封。甲子，祠高祖於明堂，以配上帝，因朝諸侯王列侯，受郡國計。夏四月，詔曰：『朕巡荊揚，輯江淮物，會大海氣，以合泰山。上天見象，增修封禪。其赦天下。所幸縣毋出今年租賦，賜鰥寡孤獨帛，貧窮者粟。』還幸甘泉，郊泰畤。」

漢武帝所謂「會大海氣」，可能透露了對海洋具有神祕主義風格的崇敬心理。顏師古注：「鄭氏曰：『會合海神之氣，並祭之。』師古曰：『集江淮之神，會大海之氣，合致於太山，然後修封，總祭饗也。』」

對於漢武帝的海上之行，《史記》卷三〇〈封禪書〉記載：元封元年（前一一〇）「東巡海上，行禮祠八神。」，「宿留海上，與方士傳車及間使求仙人以千數。」封泰山後，再次至海上，「復東至海上望，冀遇蓬萊焉」。「遂去，並海上，北至碣石，巡自遼西，歷北邊至九原。」元封二年（前一〇九），「至東萊，宿留之數日」。元封五年（前一〇六），「北至琅邪，並海上」。太初元年（前一〇四），「東至海上，考入海及方士求神者，莫驗，然益遣，冀遇之」。「臨渤海，將以望祠蓬萊之屬，冀至殊庭焉。」太初三年（前一〇二），漢武帝又有海上之行：「東巡海上，考神仙之屬，未有驗者。」除了《史記》卷三〇〈封禪書〉中五年六次行臨海上的紀錄外，《漢書》卷六〈武帝紀〉還記載了晚年漢武帝四次出行至海濱的情形：「（天漢）二年春，行幸東海。」，「（太始三年）行幸東海，獲赤雁，作〈朱雁之歌〉。幸琅邪，禮日成山。登之罘，浮大海。」，「（太始四年）夏四月，幸不其，祠神人於交門宮，若有鄉坐拜者。作〈交門之歌〉。」「（征和）四年春正月，行幸東萊，臨大海。」

秦始皇統一天下後凡五次出巡，其中四次行至海濱。漢武帝則遠遠超過這一紀錄，一生中至少十次至於海上。他最後一次行臨東海，已經是六十八歲的高齡。

《漢書》保留了相關資料，使我們可以看到應理解為社會文化面貌重要表現的漢武帝，對海洋的特殊熱忱。

長安「海中神山」模型

《史記》卷六〈秦始皇本紀〉:「齊人徐市等上書，言海中有三神山，名曰蓬萊、方丈、瀛洲，仙人居之。請得齋戒，與童男女求之。於是遣徐市發童男女數千人，入海求仙人。」張守節《正義》:「《漢書·郊祀志》云:『此三神山者，其傳在渤海中，去人不遠，蓋曾有至者，諸仙人及不死之藥皆在焉。其物禽獸盡白，而黃金白銀為宮闕。未至，望之如雲；及至，三神山乃居水下；臨之，患且至，風輒引船而去，終莫能至雲。世主莫不甘心焉。』」看來，《漢書》的記載可以說明我們理解秦始皇時代的「海中」、「三神山」崇拜。

《史記》卷一二〈孝武本紀〉:「上遂東巡海上，行禮祠八神。齊人之上疏言神怪奇方者以萬數，然無驗者。乃益發船，令言海中神山者數千人求蓬萊神人。」關於「八神」，司馬貞《索隱》:「用事八神。案：韋昭云『八神謂天、地、陰、陽、日、月、星辰主、四時主之屬』。今案〈郊祀志〉，一曰天主，祠天齊；二曰地主，祠太山、梁父；三曰兵主，祠蚩尤；四曰陰主，祠三山；五曰陽主，祠之罘；六曰月主，祠之萊山；七曰日主，祠成山；八曰四時主，祠琅邪。」《史記》卷三〇〈封禪書〉所謂「三山」，司馬貞《索隱》:「小顏以為下所謂三神山。顧氏案〈地理志〉東萊曲成有參山，即此三山也，非海中三神山也。」則又成一說。而《漢書》卷二五上〈郊祀志上〉顏師古注:「『三山』，即下所謂三神山。」作為「《漢書》學」的成果，也是值得重視的。

漢武帝追求海中神山的行為，明確見於《漢書》卷二五上〈郊祀志上〉:「上遂東巡海上，行禮祠八神。齊人之上疏言神怪奇方者以萬數，乃益發船，令言海中神山者數千人求蓬萊神人。」

據《史記》卷三〇〈封禪書〉，太初元年（前一〇四）作建章宮，特意設計了仿擬「海中神山」的模型:「其北治大池，漸臺高二十餘丈，命曰

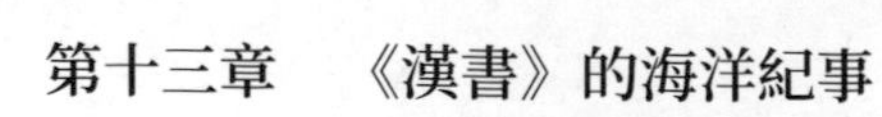

『太液池』，中有蓬萊、方丈、瀛洲、壺梁，象海中神山龜魚之屬。」《漢書》卷二五下〈郊祀志下〉的對應記述是：「作建章宮，度為千門萬戶。前殿度高未央。其東則鳳闕，高二十餘丈。其西則商中，數十里虎圈。其北治大池，漸臺高二十餘丈，名曰『泰液』，池中有蓬萊、方丈、瀛州、壺梁，象海中神山龜魚之屬。」顏師古注：「《三輔故事》云：池北岸有石魚，長二丈，高五尺，西岸有石鱉三枚，長六尺。」王莽事敗，就是在這裡結束了他的人生和事業。《漢書》卷九九下〈王莽傳下〉記載：「莽就車，之漸臺，欲阻池水，猶抱持符命、威鬥，公卿大夫、侍中、黃門郎從官尚千餘人隨之。王邑晝夜戰，罷極，士死傷略盡，馳入宮，間關至漸臺，見其子侍中睦解衣冠欲逃，邑叱之令還，父子共守莽。軍人入殿中，譁誠曰：『反虜王莽安在？』有美人出房曰：『在漸臺。』眾兵追之，圍數百重。臺上亦弓弩與相射，稍稍落去。矢盡，無以復射，短兵接。……商人杜吳殺莽，取其綬。」《漢書》卷八七上〈揚雄傳上〉說：「營建章、鳳闕、神明、馺娑，漸臺、泰液象海水周流方丈、瀛洲、蓬萊。」顏師古注：「漸臺在泰液池中。漸，浸也，言為池水所浸也。」、「服虔曰：『海中三山名。法效象之。』」

王莽垂死掙扎，選擇漸臺頑抗，除了控制制高點的動機之外，或許還有其他心理背景。或許他以為「海中神山」具有的象徵意義真的會有影響政治進程的力量。

海：財用之所出

田肯為劉邦分析天下形勢，強調齊地的重要：「夫齊，東有琅邪、即墨之饒，南有泰山之固，西有濁河之限，北有勃海之利，地方二千里，持戟百萬，縣隔千里之外，齊得十二焉。」這一記載先見於《史記》卷八〈高祖本紀〉。而《漢書》卷一下〈高帝紀下〉所謂「東有琅邪、即墨之饒」，顏師古注：「二縣近海，財用之所出。」可知秦漢時期海洋資源開發，已經在經濟先進地區顯見成效。

在「削藩」政治過程中，皇帝與諸侯王對沿海地方控制權的爭奪，首先應當出自政治目標的追求。當時社會觀念中，對「海」的控制，是據有「天下」的象徵。賈誼〈過秦論〉有「貴為天子，富有四海」的說法。而《漢書》卷五六〈董仲舒傳〉和《漢書》卷六五〈東方朔傳〉兩見「貴為天子，富有四海」，都透露出執政者上層值得重視的政治理念。「削藩」之「削之會稽」，「奪之東海」，不僅僅是貪求「海鹽之饒」（《史記》卷一二九〈貨殖列傳〉），即針對個別鹽產地的爭奪。也就是說，並非主要出於對經濟利益的考量，以力爭對食鹽生產基地的掌控。

然而漢帝國中央執政者又不可能沒有看到沿海開發的利益。爭取強而有力地控制沿海區域的戰略策劃，有「富有四海」政治理念的因素，可能也有經濟利益的圖謀。晁錯對吳王劉濞的指控，首先考慮經濟層面：「即山鑄錢，煮海為鹽，誘天下亡人謀作亂逆。」（《漢書》卷三五〈荊燕吳傳．吳王劉濞〉）《史記》卷一一八〈淮南衡山列傳〉的記載是：「夫吳王賜號為劉氏祭酒，復不朝，王四郡之眾，地方數千里，內鑄消銅以為錢，東煮海水以為鹽……。」

《鹽鐵論．刺權》也指責諸侯王「以專巨海之富而擅魚鹽之利也」，在經濟生活方面與中央政權分庭抗禮。所謂「巨海魚鹽」是重要的資源。《鹽鐵論》中所謂「山海之貨」（〈本議〉、〈通有〉、〈復古〉），「山海之財」（〈力耕〉），「山海之利」（〈復古〉），「山海者，財用之寶路也」（〈禁耕〉）等，也反覆強調海產收益的經濟意義。《漢書》卷三五〈荊燕吳傳〉贊曰明確說「山海之利」：「吳王擅山海之利，能薄斂以使其眾，逆亂之萌，自其子興。」與《鹽鐵論．復古》的口徑完全一致。而《漢書》卷二四下〈食貨志下〉言「山海之貨」：「浮食奇民欲擅斡山海之貨，以致富羨。」亦與《鹽鐵論．力耕》同。《漢書》同樣重視所謂「巨海之富」、「魚鹽之利」的經濟利益眼光，也是值得注意的。這樣的史學意識形成，應以當時社會逐漸重視海洋資源開發的情形為背景。

東洋與南洋航運

秦始皇使徐市「入海求神異物」，《史記》卷一一八〈淮南衡山列傳〉：「遣振男女三千人，資之五穀種種百工而行，徐福得平原廣澤，止王不來。」《漢書》卷四五〈伍被傳〉的說法是：「使徐福入海求仙藥，多齎珍寶，童男女三千人，五種百工而行。徐福得平原大澤，止王不來。」

《三國志》卷四七〈吳書．吳主傳〉記載黃龍二年（二三〇）「遣將軍衛溫、諸葛直將甲士萬人浮海求夷洲及亶洲」事，也說道：「亶洲在海中，長老傳言秦始皇帝遣方士徐福將童男童女數千人入海，求蓬萊神山及仙藥，止此洲不還。世相承有數萬家，其上人民，時有至會稽貨布，會稽東縣人海行，亦有遭風流移至亶洲者。所在絕遠，卒不可得至。」《後漢書》卷八五〈東夷列傳〉中則已將徐福所止王不來處與日本相連接，其事置於「倭」條下：「會稽海外有東鯷人，分為二十餘國。又有夷洲及澶洲。傳言秦始皇遣方士徐福將童男女數千人入海，求蓬萊神仙不得，徐福畏誅不敢還，遂止此洲，世世相承，有數萬家。人民時至會稽市。會稽東冶縣人有入海行遭風，流移至澶洲者。所在絕遠，不可往來。」

日本一些學者也確信徐福到達日本列島，甚至有具體登陸地點的考證，以及所謂徐福墓和徐福祠的出現。許多紀念徐福的地方組織有常年持續的活動。有的學者認為，日本文化史進程中，相應時段發生的顯著進步，與徐福東渡有關。《漢書》卷二八下〈地理志下〉中已經出現關於「倭人」政權的記述：「樂浪海中有倭人，分為百餘國，以歲時來獻見雲。」顏師古注引如淳曰：「在帶方東南萬里。」又謂：「《魏略》雲倭在帶方東南大海中，依山島為國，渡海千里，復有國，皆倭種。」所謂「百餘國」，可能是指以北九洲為中心的許多規模不大的部落國家。自西漢後期起，它們與中國中央政權已經開始了正式的往來。

《漢書》卷二八下〈地理志下〉記述了西漢時期初步開通的南洋航路交通狀況：「自日南障塞、徐聞、合浦船行可五月，有都元國；又船行可四月，有邑盧沒國；又船行可二十餘日，有諶離國；步行可十餘日，有夫甘都盧國。自夫甘都盧國船行可二月餘，有黃支國，民俗略與珠崖相類。其州廣大，戶口多，多異物，自武帝以來皆獻見。」

這些地區與漢王朝間海上商運相當繁忙：「有譯長，屬黃門，與應募者俱入海市明珠、璧流離、奇石異物，齎黃金雜繒而往。所至國皆稟食為耦，蠻夷賈船，轉送致之。亦利交易，剽殺人。又苦逢風波溺死，不者數年來還。大珠至圍二寸以下。」王莽專政時，還曾經利用南洋航運進行政治宣揚：「平帝元始中，王莽輔政，欲耀威德，厚遺黃支王，令遣使獻生犀牛。」

由黃支國還可以繼續前行：「自黃支船可八月，到皮宗；船行可二月，到日南、象林界雲。黃支之南，有已程不國，漢之譯使自此還矣。」關於都元國、邑盧沒國、諶離、夫甘都盧國、皮宗等國家或部族的具體位置，學者多有異議，而對於黃支國，即印度坎契普藍（Kanchipuram），已程不國即師子國，亦今斯里蘭卡，中外學者的基本認知是一致的。

廣東西漢中期以後的墓葬中還常常出土玻璃、水晶、瑪瑙、琥珀等質料的裝飾品，並曾出土迭嵌眼圈式玻璃珠和藥物蝕花的肉紅石髓珠。經過化驗的玻璃珠樣品，含鉀百分之五至百分之一三點七二，而鉛和鋇的成分僅有微量或根本沒有，這與中國古代鉛鋇玻璃系統製品截然不同，應是由南洋輸入。

西漢時代，中國遠洋艦隊已經開通遠達南印度及斯里蘭卡的航線。東漢時代，中國和天竺（印度）之間的海上交通相當艱難，然而仍大致保持暢通，海路於是成為佛教影響中國文化的第二條通道。江蘇連雲港孔望山發現佛教題材摩崖造像，其中又多有「胡人」形象，結合徐州東海地區佛教首先熾盛的記載，則可以理解海上交通的歷史文化作用。

應當注意到，《漢書》是保留東方早期海上航運史最完整紀錄的史學文獻。

「北海出大魚」紀錄

早期海洋紀事多以帝王行跡為中心。而《漢書》卷二七中〈五行志中之下〉有關「北海出大魚」的紀錄，則提供了海洋生物學的重要資訊：「成帝永始元年春，北海出大魚，長六丈，高一丈，四枚。哀帝建平三年，東萊平度出大魚，長八丈，高丈一尺，七枚，皆死。京房《易傳》曰：『海數見巨魚，邪人進，賢人疏。』」所謂「成帝永始元年春，北海出大魚，長六丈，高一丈」，以漢尺換算，相當於現今零點二三一公尺，長一三點八六公尺，高二點三一公尺；「哀帝建平三年，東萊平度出大魚，長八丈，高丈一尺」，則長一八點四八公尺，高二點五三公尺。體長與體高的尺度比例，合於我們有關鯨魚體態的生物學知識。當時的尺度紀錄，應是粗略估算，或對「一枚大魚」的實測，不太可能「四枚」、「七枚」尺寸完全一致。這很可能是最早有關鯨魚群在淺灘集體死亡的歷史紀錄。這裡「大魚」又稱「巨魚」，自然會使人聯想到秦始皇「夢與海神戰」之後「自以連弩候大魚出射之」，「至之罘，見巨魚，射殺一魚」的行為。

《續漢書．五行志三》「魚孽」題下寫道：「靈帝熹平二年，東萊海出大魚二枚，長八九丈，高二丈餘。明年，中山王暢、任城王博並薨。」劉昭《注補》：「京房《易傳》曰：『海出巨魚，邪人進，賢人疏。』臣昭謂此占符靈帝之世，巨魚之出，於是為徵，寧獨二王之妖也！」司馬彪和劉昭一說「大魚」，一說「巨魚」，至少後者認定兩種稱謂指代的對象是一個海洋物種。

中國歷史學者對這種自然現象給予較多關注。而最早保存具體歷史紀錄的，是班固的《漢書》。

《文選》卷二張衡〈西京賦〉有「鯨魚失流而蹉跎」句。可知東漢學者對這現象已經比較熟悉。《唐開元占經》卷八八引《春秋演孔圖》曰：「海精死，彗星出。」又引《春秋考異郵》曰：「鯨魚死，彗星合。」緯書有關「海精死」、「鯨魚死」的說法，反映西漢後期至東漢初年鯨魚死亡情景已經受到普遍關注。我們又看到《淮南子．天文》：「虎嘯而穀風至，龍舉而景雲屬，麒麟鬥而日月食，鯨魚死而彗星出。」又《淮南子・覽冥》：「畫隨灰而月運闕，鯨魚死而彗星出。或動之也。」高誘注：「運者，軍也。將有軍事相圍守，則月運出也。以蘆草灰隨牖下月光中，令圜畫缺其一面，則月運亦缺於上也。鯨魚，大魚，長數里，死於海邊。魚之身賤也，彗星為變，異人之害也，類相動也。」《淮南子》所謂「鯨魚死」導致的「害」，展現自然生物現象影響人類社會生活的特殊關係。相關觀念的形成，有漢代社會意識形態的時代背景。而我們在這裡特別關注的，是《漢書》對海洋生物的生命現象，進行世界最早的具體紀錄。

第十四章
漢代的「海人」

漢代文獻所謂「海人之占」，說明「海人」稱謂指稱的人群，有關海洋的知識已經達相當成熟的程度。「海人」作為社會身分符號，反映以「海」為基本生活環境，以海上勞動為基本營生方式的職業已經出現。《說苑》所見的齊「海人」故事，展現漢代社會對齊人海洋開發成就的認知。仙人傳說、神異故事中所見「海人」事蹟，也可理解為對海洋神祕世界探索中「海人」貢獻的一種特殊形式的肯定。漢代齊地的「習船者」及其相關資訊，應當可以視為解說「海人」身分與技能的標本之一。「海人」與「山客」往往並說，展現「海人」稱謂作為專門職業代號具有鮮明的典範性。分析所謂「海人之仄陋」，有助於我們理解「海人」的社會形象以及「海瀕」地方區域文化的特色。

「海人之占」：海洋學的進步

東漢學術家張衡《靈憲》寫道：「中外之官，常明者百有二十四，可名者三百二十，為星二千五百，而海人之占未存焉。」（《漢魏六朝百三家集》卷一四〈漢張衡集〉）《續漢書．天文志上》劉昭注補引用這一說法，並注意張衡的如下意見：「眾星列布，其以神著……庶物蠢蠢，咸得係命。不然，何以總而理諸！」《漢書》卷三〇〈藝文志〉有「天文二十一家，四百四十五卷」。其中可見題名「海中」的文獻：「《海中星占驗》十二卷。《海中五星經雜事》二十二卷。《海中五星順逆》二十八卷。《海中二十八宿國分》二十八卷。《海中二十八宿臣分》二十八卷。《海中日月彗虹雜占》十八卷。」宋人王應麟《漢藝文志考證》卷九〈天文〉認為這些以「海中」為題的文獻，就是張衡所謂「海人之占」：「《後漢．天文志》注引《海中占》，《隋志》有〈海中星占星圖〉、〈海中占〉各一卷，即張衡所謂『海人之占』也。」顧炎武《日知錄》卷三〇「海中五星二十八宿」條寫道：「『海中』者，中國也。故〈天文志〉曰：『甲、乙，海外日月不占。』蓋天象所臨者廣，而二十八宿專主中國，故曰『海中二十八宿』。」按照顧炎武的判斷，這些「海中星占」之書，是與海上生活、海上航行完全無關的。

其實，《漢書》說到的「海中」，語義均十分明確，都是指海上，並不是指中國、中原、中土。《漢書》卷二五上〈郊祀志上〉記載，自齊威王、齊宣王和燕昭王時代，派人入海求蓬萊、方丈、瀛洲。「此三神山者，其傳在勃海中。」，「船交海中，皆以風為解，曰未能至，望見之焉。」又說，秦始皇南巡後，「並海上，幾遇海中三神山之奇藥，不得」。漢武帝時代，方士李少君說，以丹沙化黃金，用黃金為飲食器，「益壽而海中蓬萊仙者乃可見之」。方士欒大也說：「臣常往來海中」，會見仙人安期、羨門等。漢武帝於是東巡海上，「齊人之上疏言神怪奇方者以萬數，乃益發船，令言海中神山者數千人求蓬萊神人」。《漢書》卷二五下〈郊祀志下〉又記載，漢武帝在宮中營造大池，池中有蓬萊、方丈、瀛州、壺梁，「象海中神山龜魚之屬」。顯然，《漢書》多次說到的「海中」，都是指海上，而並非大陸的「中國」。

《漢書》卷二六〈天文志〉的說法可能有益於理解〈藝文志〉著錄冠名「海中」的「天文」家之學術收穫：「漢兵擊拔朝鮮，以為樂浪、玄菟郡。朝鮮在海中，越之象也；居北方，胡之域也。」《漢書》卷二八下〈地理志下〉又說：「樂浪海中有倭人，分為百餘國，以歲時來獻見雲。」則曰「樂浪海中」。所謂「朝鮮在海中」以及「倭人」在「樂浪海中」，都說明「海中」一語展現的空間距離已非近海。

前引諸例，似乎可以說明「海中」語匯的使用，較早或與李少君、欒大一類「燕齊海上方士」的航海實踐有關。王應麟還明確說到「海中」、「望」星「測」星事：「《唐．天文志》：開元十二年詔太史交州測景，以八月自海中南望老人星殊高，老人星下眾星粲然，其明大者甚眾，圖所不載，莫辨其名。」（〔宋〕王應麟《漢藝文志考證》卷九〈天文〉）所說雖是唐代故事，也可以引為參考。清代學者徐文靖《管城碩記》卷三〇〈雜述〉也寫道：「張衡《靈憲》曰：『微星之數萬一千五百二十。海人之占所未詳也。』按：唐開元中，測影使者太相元太云：『交州望極才出地三十餘度，以八月自海中望老人星殊高。老人星下，眾星粲然，其明大者甚眾，圖所不載，莫辨其名。大率去南極二十度以上，其星皆見。乃自古渾天以為常沒地中，伏而不見之所也。』今西洋《南極星圖》有火馬、金魚、海石、十字架之類，即《靈憲》所云海人之占，《唐志》所雲莫辨其名者也。《坤輿圖說》曰：『天下有五大州，利未亞州其地南至大浪山。航海過大浪山，已見南極出地三十五度矣。』」（〔清〕徐文靖著，範祥雍點校《管城碩記》，中華書局，一九九八年，第五五〇頁）

考察漢代史跡，在《淮南子．齊俗》中可以明確看到海上航行時，觀星象測定方位的情形：「夫乘舟而惑者，不知東西，見鬥極則寤矣。」推想張衡所說「眾星列布，其以神著」，「庶物蠢蠢，咸得係命」，應當也為航海者所認同。

張衡「海人之占」所謂「海人」，應當是以「海」為基本生計條件的人們。三民書局《大辭典》解釋「海人」詞義：「【海人】①古時指中國以外的海島居民。《南史．夷貊傳．倭國》:『又西南萬里，有海人，身黑眼白，裸而醜，其肉沒美，行者或射而食之。』②在海上捕魚的人。《述異記．下》:『東海有牛魚，其形如牛，海人採捕。』」（三民書局辭典編輯委員會編《大辭典》（中冊），三民書局，一九八六年，第二六四八頁）考察漢代「海人」語義，很可能是指海洋漁業或海洋航運業的從業人員。

《說苑》「海人」故事

劉向撰《說苑．君道》記述了一則齊國故事，其中出現「海人」稱謂。「海人」是怎樣的社會角色呢？故事開篇，說到齊景公對晏嬰的懷念:「晏子沒十有七年，景公飲諸大夫酒。公射出質，堂上唱善，若出一口。公作色太息，播弓矢。弦章入，公曰:『章，自吾失晏子，於今十有七年，未嘗聞吾過不善，今射出質而唱善者，若出一口。』弦章對曰:『此諸臣之不肖也，知不足知君之善，勇不足以犯君之顏色。然而有一焉，臣聞之:君好之，則臣服之；君嗜之，則臣食之。夫尺蠖食黃，則其身黃，食蒼則其身蒼；君其猶有陷人言乎？』公曰:『善！今日之言，章為君，我為臣。』是時海人入魚，公以五十乘賜弦章。歸，魚乘塞塗，撫其御之手，曰:『曩之唱善者，皆欲若魚者也。昔者晏子辭賞以正君，故過失不掩，今諸臣諂諛以干利，故出質而唱善如出一口，今所輔於君，未見眾而受若魚，是反晏子之義而順諂諛之欲也。』固辭魚不受。」

宋人劉恕編《資治通鑑外紀》卷九引錄《說苑》記載以為信史。《說苑．君道》在講述這一故事之後，又以「君子曰」形式發表「弦章之廉，乃晏子之遺訓也」的表揚，隨後又有關於「人主」應當「自省」的政論。而我們更為注意的是「海人」稱謂的出現。

《說苑》講述的雖是先秦故事，作為漢代著述，其中許多文化資訊展現了漢代社會風貌。關於「海人入魚」的記載，可以作為海洋漁業史料來理解。展現齊人海洋開發的成就。

「海人」傳遞的神異知識

《太平御覽》卷一四引《漢武內傳》說到「海人」獻冰蠶繭所製衣裳的故事：「員嶠之山名環丘，有冰蠶，以霜雪覆之，然後作繭。其色五彩，織為衣裳，入水不濡，以投火，經宿不燎。唐堯之代，海人獻，以為黼黻。」所謂「海人獻」，展現有關海外這些具神異色彩物品的知識，是由「海人」傳遞，為中原人所逐步接受的。「入水不濡」，「投火」「不燎」的織品，可能就是所謂「火浣布」。《三國志》卷四〈魏書．三少帝紀．齊王芳〉：景初三年二月，「西域重譯獻火浣布，詔大將軍、太尉臨試以示百寮」。裴松之注引《異物志》曰：「斯調國有火州，在南海中。其上有野火，春夏自生，秋冬自死。有木生於其中而不消也，枝皮更活，秋冬火死則皆枯瘁。其俗常冬採其皮以為布，色小青黑；若塵垢汙之，便投火中，則更鮮明也。」又引《傅子》曰：「漢桓帝時，大將軍梁冀以火浣布為單衣，常大會賓客，冀陽爭酒，失杯而汙之，偽怒，解衣曰：『燒之。』布得火，煒燁赫然，如燒凡布，垢盡火滅，粲然潔白，若用灰水焉。」又引《搜神記》曰：「昆侖之墟，有炎火之山，山上有鳥獸草木，皆生於炎火之中，故有火浣布，非此山草木之皮枲，則其鳥獸之毛也。」裴松之寫道：「又東方朔《神異經》曰：『南荒之外有火山，長三十里，廣五十里，其中皆生不燼之木，晝夜火燒，得暴風不猛，猛雨不滅。火中有鼠，重百斤，毛長二尺餘，細如絲，可以作布。常居火中，色洞赤，時時出外而色白，以水逐而沃之即死，續其毛，織以為布。』」火浣布產地，一說「西域」，一說「南荒」、「南海」。後者應經歷南洋航路傳至中土。

「海人」進獻的，還有神奇的「龍膏」。《太平御覽》卷八引王子年《拾遺》曰：「燕昭王二年，海人乘霞舟，然龍膏。」卷一七六引《拾遺記》曰：「海人獻龍膏為燈，於燕昭王王坐通雲之堂。」卷一七八引《述征記》曰：「燕昭王二年，海人乘霞舟以雕壺盛數斗膏獻王。王坐通雲堂，亦曰通霞之臺，以龍膏為燈，光耀百里。」所謂「以龍膏為燈，光耀百里」之說，反映以魚類或海洋哺乳動物脂肪當照明燃料的情形。有關鯨魚死亡「膏流

九頃」的記載，說明鯨魚脂肪受到的重視。《太平御覽》卷九三八引《魏武四時食制》曰：「東海有大魚如山，長五六丈，謂之鯨鯢。次有如屋者。時死岸上，膏流九頃，其鬚長一丈二三尺，厚六寸，瞳子如三升碗大，骨可為方臼。」文淵閣《四庫全書》本。中華書局一九六〇年用上海涵芬樓影印宋本複製重印版「膏流九頃」作「毫流九頃」，「骨可為方臼」作「骨可為矛矜」。

人類利用鯨魚脂肪的歷史相當久遠。《辭海．生物分冊》「鯨目」條：「皮膚下有一層厚的脂肪，借此保溫和減少身體比重，有利浮游。」「鯨」條寫道：「脂肪是工業原料。」（上海辭書出版社，一九七五年，第五六一頁）《簡明不列顛百科全書》「鯨油」條：「主要從鯨魚脂肪中提取的水白色至棕色的油。十六到十九世紀，鯨油一直是製造肥皂的重要原料和重要的點燈油。」（中國大百科全書出版社，一九八五年，第四冊，第四三九頁）今按：濱海居民以鯨魚脂肪作「重要點燈油」的年代，其實要早得多。而關於鯨魚集中死於海灘這種海洋生物生命現象的明確記載，最早見於中國古代文獻《漢書》卷二七中之上〈五行志中之上〉：「成帝永始元年春，北海出大魚，長六丈，高一丈，四枚。哀帝建平三年，東萊平度出大魚，長八丈，高丈一尺，七枚。皆死。」《太平御覽》卷七二引《孫綽子》曰：「海人曰：『橫海有魚，一吸萬頃之陂。』」這種或許有關鯨魚生態的知識，很可能來自「海人」的航海經驗。其表述有所誇張，與中國早期海洋文化往往富有神祕色彩的風格也是一致的。

晉人嵇含《南方草木狀》卷下引《南越行紀》說：「羅浮山頂有胡楊梅，山桃繞其際，海人時登採拾，止得於上飽啖，不得持下。」（宋《百川學海》本）《藝文類聚》卷八七引裴氏《廣州記》曰：「廬山頂有湖楊梅，山桃繞其際，海人時登採拾，止得於上飽，不得持下。」故事情節相近，「廬山」應是「羅浮山」之誤。這些可能並非漢代文獻記錄的「海人」奇異經歷，可以作為我們了解「海人」稱謂，繼續沿用展現海洋探索持久努力的參考。

又如《太平御覽》卷七〇九引《漢武帝內傳》寫道：「方丈山有草，名濡奸，葉色如紺，莖色如漆，細軟可縈。海人織以為薦席，捲之不盈一手，舒之列丈。」這種特別的「草」之發現和利用，與前引《漢武內傳》「火浣布」故事類似，可能是「海人」們真切的體驗。

齊「習船者」與「海人」的技能

《史記》卷三〇〈平準書〉記述，南越戰事發生，卜式上書請戰，說到「齊習船者」：「齊相卜式上書曰：『臣聞主憂臣辱。南越反，臣願父子與齊習船者往死之。』」《漢書》卷五八〈卜式傳〉寫道：「會呂嘉反，式上書曰：『臣聞主愧臣死。群臣宜盡死節，其駑下者宜出財以佐軍，如是則強國不犯之道也。臣願與子男及臨菑習弩博昌習船者請行，死之以盡臣節。』」《史記》所謂「齊習船者」，《漢書》更具體地稱之為「博昌習船者」。博昌，在今山東廣饒西。有關「博昌習船者」、「齊習船者」的資訊，告知我們當時齊地沿海地方有比較集中的技能和熟練的專業航海人員。

秦漢社會語言習慣，「習」有時言熟悉，如《史記》卷八〈高祖本紀〉：「齊王韓信習楚風俗。」卷一一〇〈匈奴列傳〉：「王烏，北地人，習胡俗。」卷一二二〈酷吏列傳〉：「素習關中俗。」又如卷四九〈外戚世家〉褚少孫補述：「褚先生曰：臣為郎時，問習漢家故事者鐘離生。」卷一二五〈佞幸列傳〉：「（韓）嫣先習胡兵，以故益尊貴，官至上大夫，賞賜擬於鄧通。」卷九三〈韓信盧綰列傳〉：「公所以重於燕者，以習胡事也。」卷一〇八〈韓長孺列傳〉：「大行王恢，燕人也，數為邊吏，習知胡事。」卷九六〈張丞相列傳〉：「張蒼乃自秦時為柱下史，明習天下圖書計籍。」「習」的意義也大致如此。「習」，有時言對某事有一定經驗，如《史記》卷一一三〈南越列傳〉：「好畤陸賈，先帝時習使南越。」「習」，有時亦指稱比較全面的知識，如言「習事」、「習於事」之類，《史記》卷七二〈穰侯列傳〉：「穰侯智而習於事。」卷二〇〈建元以來侯者年表〉：「謹厚習事。」卷一〇四〈田叔列傳〉褚少孫補述：「將軍呼所舉舍人以示趙禹。趙禹以次問之，十餘人無一人習事有智略者。」卷一二六〈滑稽列傳〉褚少孫補述：「問群臣習

事通經術者，莫能知。」卷一二八〈龜策列傳〉褚少孫補述：「問掌故文學長老習事者，寫取龜策卜事。」卷一二九〈貨殖列傳〉：「其俗纖儉習事。」而「習」則更為肯定某方面能力的高強和技藝的精熟。漢武帝派遣貳師將軍李廣利遠征大宛，又發天下七科適，及載糒給貳師，充實前線軍力物力。《史記》卷一二三〈大宛列傳〉記載：「轉車人徒相連屬至敦煌。而拜習馬者二人為執驅校尉，備破宛擇取其善馬雲。」對於《漢書》卷六一〈李廣利傳〉同樣記述，顏師古注：「習猶便也。一人為執馬校尉，一人為驅馬校尉。」《漢書》卷二八下〈地理志下〉：「至周有造父，善馭習馬，得華騮、綠耳之乘，幸於穆王。」亦言「習馬」。其中所謂「習馬者」與我們討論的「習船者」構詞形式十分相似，都可以理解為稱謂。類似文例，又有《漢書》卷六〈武帝紀〉「發習戰射士詣朔方」的「習戰射士」。《漢書》卷八〈宣帝紀〉「大發興調關東輕車銳卒，選郡國吏三百石伉健習騎射者，皆從軍」，《漢書》卷九四上〈匈奴傳上〉「大發關東輕銳士，選郡國吏三百石伉健習騎射者，皆從軍」的「習騎射者」也是類似例證。

所謂「習船者」，應當是指善於駕駛、操縱船舶，海上航行經驗豐富的人員。漢武帝「大為發興」、「誅閩越」，淮南王劉安上書諫止，言越人優勢之所謂「習於水鬥，便於用舟」（《漢書》卷六四上〈嚴助傳〉），可以為我們理解「習船」一語提供參考。《史記》卷三二〈齊太公世家〉記述了齊國與蔡國發生戰爭的特殊緣由：「（桓公）二十九年，桓公與夫人蔡姬戲船中。蔡姬習水，蕩公，公懼，止之，不止，出船，怒，歸蔡姬，弗絕。蔡亦怒，嫁其女。桓公聞而怒，興師往伐。」這發生在齊國，事起於「蔡姬習水」的故事，情節與「船」有密切相關，對我們理解「習船者」的語義也有所啟示。

「習船」，應當是「海人」必然掌握的技藝。或者至少可以這樣說，「習船者」是「海人」之中對他們出航的成敗，乃至群體生死具有決定性意義、具備特殊技能的專業人員。

「海人」與「山客」

嵇康《嵇中散集》卷九〈答釋難宅無吉凶攝生論〉寫道：「吾見溝澮，不疑江海之大；睹丘陵，則知有泰山之高也。若守藥則棄宅，見交則非賒，是海人所以終身無山，山客日無大魚也。」（《四部叢刊》景明嘉靖本）嵇康講述了一個關於認知論的道理，主張摒除狹隘經驗對於世界認知的阻礙。他認為，在「山客」的知識結構中，既包括對「丘陵」的了解，也包括對「泰山」的認知。而「海人」也是有關水的世界，有關「海」的知識比較全面的掌握者。然而「海人」未知「山」，「山客」也不識「大魚」。「海人」與「山客」並說的情形值得我們特別注意。

類似的情形還有很多。如唐釋道世《法苑珠林》卷三八引《孫綽子》寫道：「海人與山客辯其方物。海人曰：『橫海有魚，額若華山之頂，一吸萬頃之波。』山客曰：『鄧林有木，圍三萬尋，直上千里，旁蔭數國。』」（《四部叢刊》景明萬曆本）《太平御覽》卷三七七、卷八三四、卷九五二引《孫綽子》內容大致相同，然而又有這樣的情節：「有人曰：『東極有大人，斬木為策，短不可支，釣魚為鮮，不足充饑。』」明楊慎《丹鉛總錄》卷九〈人事類〉「漁樵」條也寫道：「有瀛海之涉人，晤昆侖之木客，各陳風土並其物色。海人曰：『橫海有魚，厥大不知其幾何，額若三山之頂，一吸萬頃之波。』山客曰：『鄧林有木，圍三萬尋，直穿星漢而無杪，旁蔭八夤而交陰。』齊諧氏曰：『微爾漁暨樵邈矣，其猶，不見吾國之大人，合山海於一餉，折木為策，短不可杖，釣魚為泔，不足充餔餦。』海人俯麋，山客膠頤。齊諧忽而去矣，夷堅聞而志之。」

楊慎紀事載於「漁樵」題下，則「海人」是「漁」，「山客」即「樵」，也就是以「海」、「山」為謀生條件的勞動者。

文獻屢見「海人」與「山客」並說的現象，可以說明「海人」稱謂作為專門職業的指代符號，具有鮮明的典型意義。

關於「海人之仄陋」

南朝人江淹作《石劫賦並序》，其中說到「海人」。序文寫道：「海人有食石劫，一名紫藟，蚌蛤類也。春而發華，有足異者。戲書為短賦。」其賦曰：「我海若之小臣，具品色於滄溟。既爐天而銅物，亦翕化而染靈。比文豹而無恤，方珠蛤而自寧。冀湖濤之蔽跡，願洲渚以淪形。故其所巡，左委羽，右窮發。日照水而東升，山出波而隱沒。光避伏而不耀，智埋冥而難發。何弱命之不禁，遂永至於天閼？已矣哉！請去海人之仄陋，充公子之嘉客。儻委身於玉盤，從風雨而可惜。」

全文兩次出現「海人」。關於「請去海人之仄陋」，有學者作注：「張平子〈思玄賦〉曰：獨幽守此仄陋兮，敢怠遑而舍勤。」（〔明〕胡之驥注，李長路、趙威點校《江文通集匯注》，中華書局，一九八四年，第二十三頁）以漢賦解說江淹賦作，是因為六朝賦家多繼承漢賦作者風格。其實漢代文獻出現「仄陋」一語者，還有《漢書》卷八六〈循吏傳〉「宣帝繇仄陋而登至尊」等。另一例即諫大夫鮑宣上言漢哀帝：「高門去省戶數十步，求見出入，二年未省，欲使海瀕仄陋自通，遠矣！願賜數刻之間，極竭毣毣之思，退入三泉，死亡所恨。」（《漢書》卷七二〈鮑宣傳〉）鮑宣「海瀕仄陋」的說法，可以幫助我們理解江淹「請去海人之仄陋」的語義。鮑宣渤海高城人，地在今河北鹽山東，正位於「海瀕」。而「仄陋」一語較早的使用，見於《晏子春秋》卷八〈外篇下〉。同樣可以視為出身「海瀕」的齊國名臣晏子自稱「嬰者，仄陋之人也」。

也許「海瀕仄陋」、「海人」、「仄陋」，展現了沿海地區在某個歷史時期，因距離國家政治重心比較偏遠，文化亦未能領先。前引《孫綽子》所謂「微爾漁暨樵，邈矣其貎」，展現了對「海人」和「山客」共同的蔑視。曹植〈與楊德祖書〉：「人各有好，尚蘭茝蓀蕙之芳，眾人所好；而海畔有逐臭之夫。」（《文選》卷四二）故事出自《呂氏春秋．遇合》：「人有大臭者，其親戚兄弟妻妾，知識無能與居者，自苦而居海上。海上人有說其臭者，晝夜隨之而弗能去。」《呂氏春秋》所謂「說其臭」的「海上人」，曹植所謂「海畔」、「逐臭之夫」，南北朝劉晝《劉子》卷八〈殊好〉就直接稱之為「海人」：「眾鼻之所芳也，海人悅至臭之夫，不愛芳馨之氣。海人者，其人在海畔住，樂聞死人極臭之氣。有一人獨來海邊，其人受性，身作死人臭。海人聞之，競逐死人臭，竟日聞氣不足也。」（明正統《道藏》本）「海人」「逐臭」的故事，或許反映了內陸人對「海人」性情的生疏，也展現了對「海人」的某種歧視。而事實上「海人」對海洋探索和海洋開發的貢獻，是我們總結海洋史和海洋學史時，不應當忽視的。

第十五章
漢武帝與漢武帝時代

自西元前一四〇至西元前八七年，漢武帝在位五十四年。漢武帝時代，以漢族為主體的統一多民族國家得到空前的鞏固，漢文化的主流形態基本形成，中國開始以文明和富強的政治及文化實體聞名於世。當時西漢帝國以其精神文化和物質文化的輝煌成就，成為東方文明的驕傲，在林立於世界的不同文化體系中，居於領先的地位。漢武帝時代的政治體制、經濟形式和文化格局，對後世都有重要的歷史影響。

班固《漢書》卷六〈武帝紀〉稱頌漢武帝「雄材大略」。荀悅《前漢紀》寫作「雄才大略」。對於漢武帝，應劭有「冠於百王」的評價（《風俗通義・六國》）。曹植也讚揚漢武帝「功越百王」（《藝文類聚》卷一二引曹植《漢武帝贊》）。明代思想家李贄稱漢武帝為「英雄」、「聖主」、「好皇帝」、「英明之主」、「千古大聖」，以為「不可輕議」，又說：「孝武乃大有為之聖人也。」，「有為之功業已大矣。」（《藏書》卷一〈世紀總論〉）身為生活在不同時代，對歷史有深刻思想的學者，他們都不屬於權力集團的中堅力量，並不是正統思想的宣揚者，這些意見因而值得我們重視。

近代學者夏曾佑在他的著作《中國古代史》中曾經說，歷代帝王，有的是「一朝之皇帝」，比如漢高祖，然而，又「有為中國二十四朝之皇帝者」，比如漢武帝。歷史學家許倬雲在為《創造歷史的漢武帝》一書作序時寫道，歷史人物的決定，可以「終乎在諸項可能之中抉擇了演變的方向」。他說：「方向一旦定了，歷史不能再回頭，後人遂只有接受這個事實，再作下一步的抉擇。」說漢武帝是「為中國二十四朝之皇帝者」，是因為他確認的歷史路徑，開啟的文化風氣，創立的政治制度，拓展的國家疆土，對中國歷史影響非常長久。漢武帝時代有許多重要舉措，如同秦漢史研究大家勞榦所說，都展現出這位歷史人物的「大智慧，大決斷」。

中國古史的英雄時代

漢武帝時代是英才薈萃的時代。文學、史學、哲學、政治學、經濟學、軍事學等，在這時期都有繁盛豐實的創造性成果。

漢武帝時代在文化方面提供了偉大的歷史貢獻，重要原因之一，是漢武帝能「疇諮海內，舉其俊茂，與之立功」，就是以寬懷之心，廣聚人才，給予他們文化表演的寬闊舞臺，鼓勵他們充分發揮自己的文化才幹。班固在《漢書》卷五八〈公孫弘卜式兒寬傳〉後的讚語中，列出當時許多身分低下者受到識拔，終於立功立言的實例，指出正是由於漢武帝的獨異文化眼光和非凡文化魄力，使這些人才不致埋沒，於是「群士慕向，異人並出」，形成歷史上引人注目的群星璀璨文化景觀。如班固所說，當時，「儒雅」之士，「篤行」之士，「質直」之士，「推賢」之士，「定令」之士，「文章」之士，「滑稽」之士，「應對」之士，「歷數」之士，「協律」之士，「運籌」之士，「奉使」成功之士，「將率」果毅之士，「受遺」而安定社稷之士等，不可勝計。班固所謂「漢之得人，於茲為盛」的總結，是符合當時人才隊伍最為雄壯的歷史事實的。也正是因為有這些開明幹練的「群士」、「異人」能夠煥發精神，多所創建，這個歷史時期於是「興造功業，制度遺文，後世莫及」，在最多方面完成了空前絕後的歷史創造。

我們說，漢武帝時代是中國古代文化史上的英雄時代，除了漢武帝的歷史表現外，還在於當時不僅有衛青、霍去病、李廣這樣傑出的軍事人才，司馬遷、董仲舒、桑弘羊、張騫、司馬相如、李延年等人的文化貢獻，也使得他們在千百年後，依然聲名響亮。不過，這個現象的出現，並不完全像班固所說，完全是漢武帝個人發揮的作用。群星的閃耀，是因為當時社會文化的總體背景，形成了中國古代歷史中並不多見的澄靜晴空。

漢武征伐匈奴

漢武帝時代，以軍事成功為條件實現了漢帝國的疆域擴張。而最重要的成就，是北邊軍事形勢的改變。匈奴游牧部族聯盟的軍事力量，長期以來壓迫著中國北邊，使農耕生產的正常經營受到嚴重威脅。在形勢最嚴峻的時期，匈奴騎兵甚至曾經侵擾長安鄰近地區。與匈奴的關係，成為漢武帝時代對外關係中所面臨最嚴重、最困難的問題。

漢武帝克服各種困難，發動了對匈奴的反侵略戰爭。由於掌握戰爭主動權，這個戰爭後來又具備以征服匈奴為目的的戰爭性質。「北邊」形勢的變化，確保了中原農耕生產秩序的安定。

對漢武帝時代用兵匈奴歷史意義的爭論，持續了兩千年。持正面肯定態度的評價，認為這個軍事行為有益於中原的安定，有益於漢文化的傳播。《鹽鐵論．論勇》記錄支援漢武帝匈奴政策的意見，則以「怯夫有備，其氣自倍」，「舞利劍，蹶強弩，以與貉虜騁於中原，一人當百，不足道也」等言辭，讚揚戰時形成的英雄主義精神。

漢武帝征伐匈奴，積極經營「北邊」，促進長城沿線地方經濟的進步。屯田事業的發展，使「北邊」走向繁榮。河西地方農耕開發與水利建設的成就，為絲綢之路的暢通提供了良好的條件。

張騫「鑿空」

西漢初年，今新疆地區狹義的「西域」，計有三十六國，大多分布在天山以南塔里木盆地南北邊緣的綠洲上。張騫出使西域，以前後十三年的艱難困苦為代價，使中原人得到前所未聞關於西域的知識，同時使漢王朝的聲威和漢文化的影響傳播到當時中原人世界觀中的西極之地。

漢軍擊破匈奴，打通河西通道後，元狩四年（前一一九），張騫再次奉使西行，試圖招引烏孫東歸。這一目的雖然沒有實現，但是透過此行，加強了漢王朝和西域各國之間的連結。

張騫打通中西交通道路的成功稱為「鑿空」。《史記》卷一二三〈大宛列傳〉：「張騫鑿空，其後使往者皆稱博望侯。」裴駰《集解》引蘇林曰：「鑿，開；空，通也。騫開通西域道。」張騫身為以中原大一統王朝官方使

者的身分，開拓域外交通通路的第一人，他對發展中西交通的功績，確實有「鑿空」的意義。張騫之後，漢與西域的通使往來十分頻繁，民間商貿也得到發展。

漢王朝對西域的影響，在世界文化史上有值得重視的意義。正是由於這一歷史變化，漢王朝才開始真正地面對世界。正如張維華《論漢武帝》一書所說：張騫通西域，「不僅對中國的歷史，有重大意義，即對整個東方的歷史，亦具有重大意義」。

在漢武帝時代中原文化獲得強勢地位的背景下，西漢人形成了「犯強漢者，雖遠必誅」（《漢書》卷七〇〈陳湯傳〉）的強烈國家意識，但是漢武帝本人的民族情結，卻並不狹隘。比如金日磾的信用，就是明顯的例子。勞榦寫道：「舊說非我族類，其心必異，然自武帝托孤於休屠王子，天下向風，共欽華化，而金氏亦歷世為漢忠臣，雖改朝而不變。」當時漢王朝軍事體制中有「胡騎」、「越騎」部隊。少數民族軍人甚至負責京畿衛戍。上層社會乃至宮廷生活中「胡巫」、「越巫」的活躍，也展現了當時的民族關係。

罷黜百家，表章《六經》

漢武帝的諡號雖然是「武」，班固在《漢書》卷六〈武帝紀〉最後的讚語中總結漢武帝的歷史功績，卻沒有一個字言其武功，而是特別強調他在文治方面的成就。班固說，西漢王朝的文化建設，是在漢武帝時代獲得突出進步的。例如「興太學，修郊祀，改正朔，定歷數，協音律，作詩樂，建封禪，禮百神」等，繼周代之後，「號令文章，煥焉可述。後嗣得遵洪業，而有三代之風」。

漢武帝時代影響最為久遠的文化政策，是確定儒學在百家之學中的主導地位。他貶抑黃老刑名等百家之言，起用文學儒者，儒學之士於是在文化史的舞臺上逐漸成為主角。《史記》卷一二一〈儒林列傳〉記載，公孫弘以精通《春秋》之學升遷為天子信用的重臣，又封以平津侯，於是「天下之士靡然向風矣」。公孫弘建議各地以道德學問為標準薦舉人才，充實政府機構，「以文學禮義為官」。這個建議被漢武帝認可，於是據說從此之後，「則公卿大夫士吏斌斌多文學之士矣」。

漢武帝時代在文化方面的另一重要舉措，是興太學。漢武帝元朔五年（前一二四）創建太學。國家培養政治管理人才的正式官立學校於是出現。太學的興立，進一步有效地助長了民間積極向學的風氣，對文化的傳播產生重大的推動作用。同時，大官僚和大富豪子嗣壟斷官位的情形有所改變，一般子弟入仕的門徑得以拓寬，一些出身社會下層的「英俊」之士，也得到入仕的機會。

與歷朝建國初期的形勢相同，漢初政治結構相繼出現以「功臣」為行政主體和以「功臣子弟」為行政主體的形態。漢武帝執政，開始了新的歷史轉變，「賢臣」和「能臣」的地位逐漸上升。中國選官制度史有世官制、察舉制和科舉制這三個主要階段。察舉制的確立，是漢武帝的政治發明。漢文帝時，已經有從社會基層選用「賢良」、「孝廉」的做法。不過，這種選舉形式還沒有成為確定的制度。漢武帝在即位之初的第一年，就詔令中央和地方主要行政長官「舉賢良方正直言極諫之士」。六年後，又下詔策試賢良。特別是在這一年，明確規定了郡國必須選舉的人數。這一詔令表明察舉制已發展成比較完備的仕進途徑，察舉制作為選官制度的主體地位已經得到確立。這個歷史進步，意義重大。勞榦因此認為，漢武帝「初令郡國舉孝廉各一人」（《漢書》卷六〈武帝紀〉）的元光元年（前一三四），是「中國學術史和中國政治史最可紀念的一年」（勞榦《漢代察舉制度考》，《中央研究院歷史語言研究所集刊》第十七本，一九四八年）。

漢武帝時代實行了史稱「罷黜百家，表章《六經》」、「推明孔氏，抑黜百家」的重大文化變革，結束各派學術思想平等競爭的局面，對學術思想的自由發展，有限制和遏止的負面作用。但是，這一變革堅持「教，政之本也；獄，政之末也」（《春秋繁露．精華》），強調文化教育行政的重心，這對我們民族重視文化、重視教育傳統的形成，有明顯的正面意義。

上古文化的豐收季節

《淮南子》和《史記》是漢武帝時代的兩座文化豐碑。

《淮南子》一書，可以視為西漢前期思想的總結。《漢書》卷三〇〈藝文志〉將它列為雜家，其實，這部書大體還是具備完整體系的。《淮南子》積極提倡「無為」的文化原則，這和漢初政治文化形勢相一致。然而《淮南子》所說的「無為」，並不是說凝滯不動，而是要人們注意順應事物的發展規律，正像《淮南子．原道》中所說：「因其自然而推之。」《淮南子》的社會歷史觀也有展現「民本」思想的內容。

在漢武帝時代，史學的學術性成就頂峰，是司馬遷的《史記》。《史記》是西漢時期最偉大的文化創造之一。《史記》在中國文化史上占據重要的地位。歷代評價所謂「貫穿經傳，馳騁古今」（班固），「其文疏蕩，頗有奇氣」（蘇轍），「深於《詩》者也」，「千古之至文」（章學誠），「《五經》之橐籥，群史之領袖」（崔適），「史家之絕唱，無韻之〈離騷〉」（魯迅）等，都說明在作為中國傳統文化主體內容的「文」、「史」之中，《史記》在很早以前就已形成典範性的影響。

漢賦和樂府詩的成就，在中國古代文學史上具有重要的地位。漢武帝時，賦的創作走向全盛階段。名家名作迭出。其中最為著名的是司馬相如及其作品。他的〈子虛賦〉和〈上林賦〉，是這時期賦作中有代表性的精品。這些賦以氣勢恢廓、景物華美、辭藻奇麗為特徵，正反映了當時文化氣度的宏闊廣大，時代精神的豪邁勇進，物質生活和精神生活的豐富多彩。我們現在看到最早的五言詩，多托名於漢武帝時代的人物，如題為蘇武和李陵贈答的五言詩，這是值得我們注意的。清代學者郎廷槐《師友詩傳錄》有「漢武樂府，壯麗宏奇」的評價，應當理解為對漢武帝時代以「樂府」為代表之文化成就的肯定。

晚年漢武帝和「巫蠱之禍」

「巫蠱之禍」是發生於漢武帝統治晚期的一場猛烈的政治風暴，都城長安在這次政治動亂中致死者之多，竟數以萬計。其結果，導致漢帝國統治階層嚴重的政治危機。漢武帝晚年，曾疑心有人使用「巫蠱」的巫術手段謀害自己，指使酷吏清查「巫蠱」。處理「巫蠱」案的官員在宮中「掘蠱」，利用漢武帝和太子劉據的政策分歧，甚至直接沖犯皇后和太子。劉據無以自明，舉兵反抗。漢武帝親自指揮鎮壓，太子軍與政府軍「合戰五日，死者數萬人」（《漢書》卷六六〈劉屈氂傳〉）。這是中國帝制時代發生流血事件最極端的史例。劉據失敗後出城逃亡，在追捕中自殺。

事變之後，「巫蠱」冤情逐漸顯現於世，漢武帝內心有所悔悟。他命令一一處置迫害太子事中立功受封者，在劉據去世的地方築思子宮與歸來望思之臺，以示哀念。漢武帝又利用漢王朝西域遠征軍戰事失利的時機，開始轉變基本政策。他公開承認：「曩者，朕之不明。」對邊境戰爭造成社會正常生活的危害，表示「悲痛常在朕心」。又向臣民宣布，對「擾勞天下，非所以優民」的政策，堅定地予以否決。他在正式頒布史稱「輪臺詔」（即被譽為「仁聖之所悔」的「哀痛之詔」）時，「深陳既往之悔」，否定將西域戰爭繼續升級的計畫，表示當今政事，首要在於「禁苛暴，止擅賦，力本農」，決意把行政重心轉移到和平生產這方面。又封丞相田千秋為富民侯，代表宣示「以明休息，思富養民」（《漢書》卷九六下〈西域傳下〉）之決心的政治訊號。

司馬光在《資治通鑑》中就此寫道，漢武帝有種種過失，「其所以異於秦始皇無幾矣」。然而，所以「秦以之亡，漢以之興」，最重要的原因在於，漢武帝能夠「晚而改過」，及時扭轉局勢，「此其所以有亡秦之失而免亡秦之禍乎！」（《資治通鑑》卷二二「漢武帝後元二年」）李贄《史綱評要》卷七〈漢紀〉評價：「漢武惟此一詔可謝高帝、文帝。」，「天下大壞而得以無恙。」，「過天地之風雷，可不勇哉！」

田余慶這樣評價「巫蠱之禍」與漢武帝的政策轉變：「歷史動向向我

們昭示，漢武帝身為早期的專制皇帝，實際上是在探索統治經驗，既要盡可能地發展秦始皇創建的專制主義中央集權統一國家，又要力圖不蹈亡秦覆轍。在西漢國家大發展之後繼之以輪臺罪己之詔，表明漢武帝的探索獲得相當的成功。」，「輪臺詔能夠奏效，是由於它頒行於局勢有可挽回之際，而且有可挽回之方。」，「所以漢武帝雖然提供了專制帝王收拾局面的先例，而直到有清之末為止的王朝歷史中，真能成功地效法漢武帝以『罪己』詔獲得成效的皇帝卻不多見。」（〈論輪臺詔〉，《秦漢魏晉史探微（重訂本）》，中華書局，二〇〇四年）

漢武帝的「文采」

漢武帝在軍事方面功業顯赫，正如清代學者趙翼《廿二史劄記》卷二評價漢武帝時所說：「帝之雄才大略，正在武功。」然而，班固在《漢書》卷六〈武帝紀〉的讚語中，卻著力宣揚他在文化建設方面特別顯著的功績，他本人的「文采」，也值得我們重視。

趙翼《廿二史劄記》又有「漢帝多自作詔」一條，說到「漢詔最可觀，至今猶誦述」。這些文辭「可觀」，古今「誦述」的詔書中，有的是「天子自作」。他舉的第一個例子，就是漢武帝。這或許也是班固所說「號令文章，煥焉可述」的表現之一。《文選》中列有多種文體的作品，其中「詔」一類只收錄兩篇，都是漢武帝所作。

《漢書》卷三〇〈藝文志〉關於賦的紀錄中，有「上所自造賦二篇」。唐代學者顏師古認為這裡所說的「上」，就是漢武帝。宋代學者王應麟《漢藝文志考證》卷八寫道：漢武帝的作品，「《外戚傳》有〈傷悼李夫人賦〉，《文選》有〈秋風辭〉，《溝洫志》有〈瓠子之歌〉二章」。清代學者沈欽韓指出，〈藝文志〉所說漢武帝自己創作的兩篇賦，就是「〈傷李夫人〉及〈秋風辭〉」（《漢書疏證》卷二五）。

《文選》卷四五收錄了署名「漢武帝」的〈秋風辭〉：「秋風起兮白雲飛，草木黃落兮雁南歸。蘭有秀兮菊有芳，攜佳人兮不能忘。泛樓船兮濟汾河，橫中流兮揚素波。簫鼓鳴兮發棹歌，歡樂極兮哀情多。少壯幾時兮奈老何！」，「歡樂極兮哀情多」，「少壯幾時兮奈老何」等句，富有深意。〈秋風辭〉字句之中楚風飽滿，因此清人王士禎《漁洋詩話》卷下說「漢武帝〈秋風辭〉足跡騷人」。

一個多情的帝王，一個無情的帝王

「金屋藏嬌」故事，是以漢武帝為主角的宮廷情感童話。在陳皇后，也就是阿嬌之後，漢武帝專寵衛子夫。衛皇后色衰，王夫人得幸。王夫人去世較早，後來李夫人得寵。李夫人去世後，又有尹婕妤等有寵。據說這位尹婕妤，原先是倡女。《史記》褚少孫補述說：「士不必賢世，要之知道；女不必貴種，要之貞好。」（《史記》卷四九〈外戚世家〉）這樣的說法，看來符合漢武帝的心理。他晚年喜愛的女人鉤弋夫人，卻因其子被選定為繼承人，被漢武帝冷酷地逼上死路。

漢武帝在位時，曾經頻繁任免丞相。他在位五十四年間，先後用相十三人，平均任職時間只有四點多年。其中衛綰漢景帝時任相，漢武帝任命的丞相計十二人。其中除田千秋繼續在漢昭帝時擔任丞相以外，其餘十一人中，三人在任上去世（其中田蚡精神錯亂致死，也不屬於正常死亡），有三人被免職，二人有罪自殺，三人下獄處死。漢武帝晚年，曾出現李陵所謂「法令亡常，大臣亡罪夷滅者數十家」（《漢書》卷二四〈蘇武傳〉）的情形。政府高層官員受到嚴厲處置，數量如此之多，密度如此之大，在歷史上是罕見的。

我們在解讀漢武帝的功業時，首先應當了解，對於其成功的肯定，不能忽略專制政治的背景。漢武帝雖然史稱「雄才大略」，但功業的背面多有禍民的事實。而神仙迷信和長生追求，也留下千古笑柄。清末民初的易白沙曾經著《帝王春秋》，「舉吾國數千年殘賊百姓之元凶大惡，表而出之，探其病源」，所列諸種罪惡中，「弱民」、「虛偽」、「奢靡」、「愚暗」、「嚴刑」、「獎奸」等，漢武帝均不能免。宋人葛立方《韻語陽秋》說：「漢

武好大喜功，黷武嗜殺。」這樣的評價，應當說是不違反歷史事實的。

在漢武帝時代，法令極其嚴酷。據《漢書》卷二三〈刑法志〉說，當時因為社會矛盾尖銳，「窮民犯法，酷吏擊斷」，法網越來越繁密。「律令凡三百五十九章，大辟四百九條，千八百八十二事，死罪決事比萬三千四百七十二事。」司法官員也不可能全部通讀。在這樣的法制環境下，冤獄紛生，不知有多少人不平而罪，不平而死。特別是下層民眾中，可能有一些本來能促使文明進步，推動社會前行的人才，被暴政和酷刑滅殺了。

田蚡指責竇嬰、灌夫等「腹誹而心謗」，最終皆致重罪（《史記》卷一〇七〈魏其武安侯列傳〉）。顏異因廉潔正直，由基層官吏升任大司農，主管經濟事務。他對漢武帝造白鹿皮幣的政策表示不同意見，引起漢武帝不滿。酷吏張湯與顏異素有成見，竟然以「腹誹」罪名判定死刑：「（張）湯奏當（顏）異九卿見令不便，不入言而腹誹，論死。」據《史記》卷三〇〈平準書〉說，從此之後，有了「腹誹之法比」。這種因思想罪殺人的惡劣制度，開端也始於漢武帝。

第十六章 漢武帝的人才意識與人才政策

漢武帝在位五十四年。身為統一帝國的最高權力者，執政時間僅次於康熙（六十一年）和乾隆（六十年）。漢武帝執政時期能夠敏銳地識人，明智地用人，是獲得成功的重要條件。按照東漢史學家班固在《漢書》卷六〈武帝紀〉最後「贊曰」中的說法，漢武帝「疇諮海內，舉其俊茂，與之立功」。他的功業，其實是當時「海內」「俊茂」們共同創立的。

漢武帝「得人」：卑賤者「反貴重之」

班固在《漢書》卷五八〈公孫弘卜式兒寬傳〉最後的讚語中寫道，漢武帝時代是兩漢時期在識人、用人方面最值得肯定的歷史階段：「漢之得人，於茲為盛。」當時的「儒雅」之士如公孫弘、董仲舒、兒寬，「篤行」之士如石建、石慶，「質直」之士如汲黯、卜式，「推賢」之士如韓安國、鄭當時，「定令」之士如趙禹、張湯，「文章」之士如司馬遷、司馬相如，「滑稽」之士如東方朔、枚皋，「應對」之士如嚴助、朱買臣，「歷數」之士如唐都、洛下閎，「協律」之士如李延年，「運籌」之士如桑弘羊，「奉使」之士如張騫、蘇武，「將率」之士如衛青、霍去病，「受遺」之士如霍光、金日磾等，都在歷史上留有盛名。而「其餘不可勝記」，如「飛將軍」李廣等其他也能展現出漢武帝「得人」之智的英雄人物，不可能一一記錄。班固總結說：「是以興造功業，制度遺文，後世莫及。」他認為漢武帝時代的「功業」、「制度」之所以具有突出的歷史地位，正是因漢武帝身邊集結了在文化資質上同樣「後世莫及」的人才群體。

公孫弘出身貧寒，曾經在海濱牧豬，因為儒學學術素養的優越，被推薦到中央政府任職。後來被破格提拔為丞相，又一反常例得以封侯，曾積極參與國家大政決策。卜式早年在山中牧羊，因以資財支持漢武帝征伐匈奴的戰爭，又曾提出合理的行政建議，任地方長官多有政績，被任命為御史大夫。兒寬早年是貧窮書生，曾被人僱傭耕作，田間休息時誦讀儒學經典。他負責關中行政時，積極開發水利，合理徵收賦稅，對地方經濟發展有很大貢獻，後來被任命為御史大夫。班固分析，這樣的人才以「鴻漸之翼」而曾經受困於燕雀，如果不是漢武帝的賞識拔擢，怎麼可能做出重要的歷史貢獻呢？

班固還指出，歷經文景之治後，漢王朝在安定的形勢下有了豐厚的經濟累積，然而四境尚未賓服，制度建設還有許多空白，漢武帝「方欲用文武，求之如弗及」，熱切期望尋求得力的人才。對雖「家貧」、「為客甚困」，然而就戰勝匈奴提出戰略性謀劃的主父偃，漢武帝也曾經有「何相見之晚」的感嘆（《史記》卷一一二〈平津侯主父列傳〉）。傑出人才受到重視，產生明顯的政治效應和文化影響，一時海內出現「群士慕向，異人並出」的形勢。班固說，除了「卜式拔於芻牧」以外，理財名臣桑弘羊出身地位低下的商賈之家，大將軍衛青原本是奴僕，金日磾則「出於降虜」，身分本是匈奴戰俘。據說賢者傅說當築牆的工役而被商王武丁發現任用，春秋時衛國賢者甯戚餵牛，車下擊牛角而歌，桓公異之，拜為上卿。班固說，漢武帝發現和使用的這些人才，其實都是古時「版築飯牛之朋」啊！

金日磾原本是匈奴休屠王太子。休屠王和昆邪王在與霍去病對抗的戰役中失敗，受到匈奴單于猜忌，有降漢之心。休屠王臨事後悔，昆邪王殺了休屠王，率領自己的部族和休屠王部族一起降漢，封為列侯。金日磾因為父王不降被殺，淪為奴隸，罰送漢王朝宮廷養馬，當時只有十四歲。一次，漢武帝宴游時吩咐閱看後宮馬匹。金日磾等數十人牽馬過殿下，這些養馬僕隸都不免私下窺視宮中女子，只有金日磾表情嚴肅。漢武帝看到金日磾神色鎮定，馬又肥好，詢問其出身來歷。金日磾如實對答，為漢武帝所欣賞，當天就賜湯沐衣冠，任命為馬監，隨後又升任侍中駙馬都尉光祿大夫。金日磾成為漢武帝親近大臣，謙恭謹慎，出則隨行，入侍左右。朝廷貴族有怨言：「陛下妄得一胡兒，反貴重之！」漢武帝聽到這樣的話，對金日磾更為信任（《漢書》卷六八〈金日磾傳〉）。如果說，他最初只是透過細節觀察，發現金日磾的直誠，後來則是透過長期的親密接觸，認定這位臣子是忠貞之士。後來在一次意外事變中，金日磾果然力擒謀殺武帝的叛臣。漢武帝臨終病重時，委託霍光輔佐少年漢昭帝。霍光推薦金日磾。金日磾說：「臣是外國人，這樣會讓匈奴人輕視漢王朝的。」於是只當霍光的副手，一起幫助少帝執政。應該說，後來「昭宣中興」的成就，也有金日磾的功績。

人才發現：「何相見之晚也！」

宮闕九重的制度，阻隔帝王直接接近民間人才的路徑。秦王嬴政曾經讀韓非〈孤憤〉、〈五蠹〉之書，感嘆「嗟乎，寡人得見此人與之遊，死不恨矣」的故事。李斯說：「此韓非之所著書也。」秦國於是急攻韓國，迫使韓非入秦（《史記》卷六三〈老子韓非列傳〉）。漢武帝本人也曾經讀司馬相如〈子虛賦〉而內心讚賞，說道：「朕獨不得與此人同時哉！」蜀人楊得意說，我的同鄉司馬相如「自言為此賦」。《史記》卷一一七〈司馬相如列傳〉寫道：「上驚，乃召問相如。」也可能司馬遷筆下所謂「上驚」引起的心理震撼，使漢武帝注意透過直接交談了解各方人才的心理素養和行政見解。

漢武帝用以蒲草包裹車輪減震的「安車蒲輪」迎來儒學思想領袖魯申公（《漢書》卷六〈武帝紀〉），「問治亂之事」（《漢書》卷一二一〈儒林列傳〉）。著名學者枚乘也以「安車蒲輪」方式受邀前往長安（《漢書》卷五一〈枚乘傳〉）。蒲車後人詩句「暫下蒲車為魯公」（〔唐〕竇群〈中牟縣經魯公廟〉，褚藏言〈竇氏聯珠集〉，《四部叢刊》三編景宋本），「漢家蒲車邀客星」（〔宋〕範浚〈寄題余姚嚴公堂〉，《香溪集》卷九，《四部叢刊》續編景明本），「軟輪同致美」，「備物壯皇圖」（〔宋〕文彥博〈省試蒲車詩〉，《潞公集》卷三，明嘉靖五年刻本）等，都保留了對漢武帝殷勤邀請才士的歷史記憶。

漢武帝曾經同一天接見主父偃、徐樂、嚴安三人，同時拜為郎中，說道：「公等皆安在？何相見之晚也！」展現出漢武帝求才若渴的殷切心情。隨後一年之中，主父偃竟然四次升遷（《史記》卷一一二〈平津侯主父列傳〉）。

察舉：選官制度的進步

漢武帝開創了獻策上書為郎的選官途徑，在一定限度內歡迎批評政治的意見。一時四方人士上書言得失者多達千人，其中有些因此而獲得相當高的職位。田千秋就是原任高寢郎這樣的低階職官，因為上書言事稱旨，很快被任命為九卿之一的大鴻臚，不過數月又超遷為丞相。上書，可以讓帝王聽到底層的聲音。在中國帝制時代，上書言事，使一些比較開明的政治見解能通達高階決策機關，影響行政操作，也往往可以上達民情和民意。上書，也有利於帝王發現和選拔人才。

漢武帝特別重視策問，即透過書面諮詢的方式獲得政策建議。「對策」，成為士人政治參與的重要形式。元光五年（前一三〇），「太常令所徵儒士各對策，百餘人，（公孫）弘第居下。策奏，天子擢弘對為第一。召入見。」隨即「拜為博士」（《史記》卷一一二〈平津侯主父列傳〉）。董仲舒的《天人三策》，則以「對策」形式成為儒學政治理論的經典。策問這種選才方式後來成為歷代沿承的制度，許多士人因此進入高層管理集團。一如明代詩人林廷選〈對策〉詩所寫述：「天祿雲煙浮筆硯，蓬萊日月麗旌旗。敢雲身在層霄上，忘卻燈窗昔下帷。」（〔明〕曹學佺《石倉歷代詩選》卷四二二〈明詩次集五六〉，清文淵閣《四庫全書》補配文津閣《四庫全書》本）

中國古代基本選官制度的演進，大體可以表現出「世官制」（世襲官位）、「察舉制」（推薦任官）、「科舉制」（透過考試選官）三個階段。漢文帝時，已經有從社會基層選用「賢良」、「孝廉」的做法，指令中央官吏和地方官吏得從下級屬吏、民間地主和部分自耕農人中選拔從政人員。名臣晁錯就曾經以「賢良文學」之選，又經帝王親自策試，得以升遷為中大夫。不過，當時既沒有規定選舉的確定期限，也沒有規定各地方選舉的人數。也就是說，這種選舉形式還沒有成為完備的制度。漢武帝在即位之初的第一年，就詔令中央和地方主要行政長官「舉賢良方正直言極諫之士」（《漢書》卷六〈武帝紀〉）。六年之後，又下詔策試賢良。在這一年明確規定郡國必須選舉的人數。

正是在漢武帝時代，「察舉制」得以成為正統的政制。這個歷史進步有非常重要的意義。人才的合理選拔，已經制度化。

當然，對所選拔人才的文化立場是有要求的。《漢書》卷六〈武帝紀〉記載，有官員建議：「所舉賢良或治申、商、韓非、蘇秦、張儀之言，亂國政，請皆罷。奏可。」有學者說：「武帝承文景尚黃老之後獨能尊儒向學，得董仲舒諸人，皆縮一言導之也。相業無有大於此者。」（〔清〕周壽昌《漢書補注補》卷三四，清光緒十年周氏思益堂刻本）

太學：「養天下之士」

漢武帝時代在文化方面的另一重要舉措，是興太學。太學在當時有「養天下之士」（《漢書》卷五六〈董仲舒傳〉），即為國家培養人才和儲備人才的作用。

漢武帝元朔五年（前一二四）創建太學。國家培養政治管理人才的正式官立學校於是出現。《漢書》卷五六〈董仲舒傳〉說，漢武帝創辦太學，是接受著名儒學大師董仲舒的獻策。董仲舒指出，太學可以作為「教化之本原」，也就是作為教化天下的文化基地。

太學的創建，採用公孫弘制訂的具體方案。公孫弘擬議，第一，建立博士弟子員制度，將博士私人收徒定為正式的教職，將私學轉變為官學；第二，規定為博士官置弟子五十人；第三，博士弟子得免除徭役和賦稅；第四，博士弟子的選送，一是由太常直接選補，二是由地方官選補；第五，太學管理，一年要進行一次考試；第六，考試成績中上等的太學生可以任官，成績劣次，無法深造以及不能勤奮學習者，令其退學。漢武帝批准了公孫弘擬定的辦學方案。

漢武帝時期的太學，雖然規模很有限，只有幾位經學博士和五十名博士弟子，但是這個文化雛形，卻代表中國古代教育發展的方向。太學生的數量，漢昭帝時增加到一百人，漢宣帝時增加到兩百人，漢元帝時增加到一千人，漢成帝末年，增加到三千人，漢平帝時，太學生已多達數千人，王莽時代進一步擴建太學，曾一次就興造校舍「萬區」。

太學的興立，進一步有效地助長民間積極向學的風氣，對文化的傳播產生重大的推動作用，同時改變大官僚和大富豪子嗣壟斷官位的情形，一般中家子弟入仕的門徑得以拓寬，一些出身社會下層的「俊茂」之士，也得到入仕的機會，有可能直接參與行政，施展才能。漢武帝時代，除了建立太學外，還令天下郡國皆立學校官，初步建立地方教育系統。漢武帝時代教育事業的進步，在中國古代教育史上有重要地位。如果我們從識人、用人的角度，從人才思想的視角去了解歷史現象，也可以體會到當時決策者在人才培養和人才儲備方面，所表現出來的戰略眼光。

漢武帝時代，是一個「事態百變」、「變化倏忽」的時代，展現出當時民族的創造精神和進取精神。而這些歷史特徵，又是由「人才輩出」所決定的。

第十七章
北邊「群鶴」與泰畤「光景」：漢武帝後元元年故事

漢武帝曾多次遠程巡行，有數次旅歷北邊的經歷。在他生命的最後一年，又一次巡行北邊。這是他最後一次出巡。《漢書》卷六〈武帝紀〉記載：「後元元年春正月，行幸甘泉，郊泰畤，遂幸安定。」，「二月，詔曰：『朕郊見上帝，巡於北邊，見群鶴留止，以不羅網，靡所獲獻。薦於泰畤，光景並見。其赦天下。』」《太平御覽》卷五三七引《漢書》：「《武紀》曰：『朕郊見上帝，巡於北邊，見群鶴留止，不以羅網，靡所獲。獻薦於太畤，光景並見。』」《太平御覽》卷六五二引《漢書》：「後元年二月詔曰：『朕郊見上帝，巡於北邊，見群鶴留止，以不羅網，靡所獲。獻薦於泰畤，光景並見。其赦天下。」有「不以羅網」、「以不羅網」的不同。

宋人林虙編《兩漢詔令》卷六〈西漢六．武帝〉題《赦天下詔》（後元元年二月），列為漢武帝頒布詔令的倒數第二篇。最後一篇是四個月後頒布的《封莽通等》（後元元年六月）。

分析相關資訊，可以深化對當時社會生態環境意識的認知，也有益於說明當時生態環境、禮俗傳統與行政理念的關係。對北邊「群鶴留止」情形再做考察，也許能夠為當時生態環境的認知提供新的條件。

關於「非用羅網時」

既說「行幸甘泉」，又說「巡於北邊」，很有可能是巡行連結「甘泉」和「北邊」的直道來到「北邊」長城防線。他在「北邊」地方看到棲息的「群鶴」，因為時在春季，當時社會的生態意識和生態禮俗，嚴禁獵殺野生禽鳥，於是沒有捕獲這些野鶴用於祭祀上帝時奉獻。顏師古注引如淳曰：「時春也，非用羅網時，故無所獲也。」《太平御覽》卷五三七引《漢書·武紀》注引如淳曰：「是時春也，非用羅網時。故無所獲」。「是時春也」應是正文。

漢初名臣晁錯在一篇上奏皇帝的文書中發表有關生態環境保護的言辭。其中說道：「德上及飛鳥，下至水蟲草木諸產，皆被其澤。然後陰陽調，四時節，日月光，風雨時。」（《漢書》卷四九〈晁錯傳〉）

「德上及飛鳥，下至水蟲草木諸產」的說法，當然是儒學的文化宣揚。論者認為只有這樣，才能「四時節」，「風雨時」。而這其實是值得重視，可以展現當時進步的生態環境觀之表述。應當說在生態環境保護史上，發表了比較開明的見解。

《禮記·月令》中多規範天子和官府在不同季節的作為，因而具有制度史料的意義，與主要反映民間禮俗的〈月令〉明顯不同。其中寫道：孟春之月，「覆巢，毋殺孩蟲，胎夭飛鳥，毋麛毋卵」。季春之月，「田獵罝罘、羅網、畢翳、餧獸之藥，毋出九門」。睡虎地秦簡整理者定名為《秦律十八種》的內容中，有《田律》，其中可見關於山林保護的條文：「春二月……不夏月，毋敢……麛𪊨（卵）鷇，毋□□□□□□□（四）毋敢……毒魚鱉，置穽罔（阱網），到七月而縱之。（五）」整理小組譯文：「春天二月……不到夏季，不准……捉取幼獸、鳥卵和幼鳥，不准……毒殺魚鱉，不准設置捕捉鳥獸的陷阱和網罟，到七月解除禁令。」（睡虎地秦墓竹簡整理小組編《睡虎地秦墓竹簡》，文物出版社，一九九〇年，釋文第二十至二十一頁）以〈月令〉作為政策指導，可能在西漢中期以後更為明確。《漢書》卷八〈宣帝紀〉記錄元康三年（前六三）六月詔：「其令三輔毋得以春夏擿巢探卵，彈射飛鳥。具為令。」春夏兩季不得破壞鳥巢，探取鳥卵，射擊飛鳥，正是〈月令〉所強調保護生態環境的禁令。如《呂氏春秋．孟春紀》:「無覆巢，無殺孩蟲胎夭飛鳥，無麛無卵。」《禮記．月令》:「毋覆巢，毋殺孩蟲胎夭飛鳥，毋麛毋卵。」成書於西漢中晚期的《焦氏易林》有相關內容，如《訟．睽》:「秋冬探巢，不得鵲雛。御指北去，慚我少姬。」《師．革》:「秋冬探巢，不得鵲雛。銜指北去，慚我少夫。」又《觀．屯》及《革．復》:「秋冬探巢，不得鵲雛。銜指北去，媿我少姬。」都說「秋冬探巢」，似乎也可說明「毋得以春夏擿巢探卵」的制度確實在民間形成禮俗規範。

關於「時春」、「非用羅網時」的制度禮俗，漢代直接的文物證據，見於甘肅敦煌懸泉置漢代遺址發掘出土的泥牆墨書《使者和中所督察詔書四時月令五十條》，其中有關生態保護的內容。如涉及禁止殺害野生禽鳥的規定：

> 孟春月令：
>
> - 毋殺幼蟲．謂幼少之蟲不為人害者也盡九月
> - 毋殺孡．謂禽獸六畜懷任（妊）有孡（胎）者也盡十二月
>
> 常禁
>
> - 毋矢蜚鳥．謂矢蜚鳥不得使長大也盡十二月常禁
> - 毋麑．謂四足之及畜幼小未安者也盡九月
> - 毋卵．謂蜚鳥及雞□卵之屬也盡九月
>
> 中春月令：
>
> - 毋焚山林．謂燒山林田獵傷害禽獸也蟲草木□□四月盡
>
> 孟夏月令
>
> - 毋大田獵．盡八月□

這篇文書開篇稱「大皇大后詔日」，日期為「元始五年五月甲子朔丁丑」（甘肅省文物考古研究所〈敦煌懸泉漢簡釋文選〉，《文物》二〇〇〇年第五期；胡平生、張德芳《敦煌懸泉置漢簡釋粹》，上海古籍出版社，二〇〇一年，第一九二至一九九頁），時在西元五年，是明確作為最高執政者的最高指令 —— 詔書頒布的。書寫在牆壁上，是為了擴大宣揚，使有關內容能眾所周知。

鶴與漢代社會生活

漢代社會生活中可以看到鶴與人類相親近的諸多表現。漢代畫像中可以看到縱養禽鳥的畫面。成都雙羊山出土的一件畫像，中心似乎就是鶴。以「友鶴」或「鶴友」為別號，或命名書齋和著作者，多見於文化史的紀錄。這個情感傾向，在漢代已有所表現。「友鶴」行為和意致，展現出古代文人清高的品性和雅逸的追求，同時也反映人與動物的關係，又可以間接展現人對自然的情感，人對生態環境的理念。

但是另一方面，我們又看到所謂「煮鶴燒琴」表現出對反文明、反文化行為的批評。如韋鵬翼〈戲題盱眙壁〉詩：「豈肯閑尋竹徑行，卻嫌絲管好蛙聲。自從煮鶴燒琴後，背卻青山臥月明。」（《全唐詩》卷七七〇）唐代詩人李商隱據說在被稱為「蓋以文滑稽者」（〔宋〕胡仔《漁隱叢話》前集卷二二引《西清詩話》）的遊戲文字《雜纂》中，曾說到諸種「殺風景」的行為，其中就包括「燒琴煮鶴」。〔元〕陸友仁《研北雜誌》卷下：「李商隱《雜纂》一卷，蓋唐人酒令所用，其書有數十條，各數事。其『殺風景』一條有十三事。如『背山起樓』、『烹琴煮鶴』皆在焉。」「燒琴煮鶴」作「烹琴煮鶴」。「煮鶴」，不僅見於意在嘲諷的幽默文字，也反映了古代食物史的實踐。

傳說伊尹曾經向商湯進「鶴羹」而得以拔識（《天中記》卷五八）。而《北堂書鈔》卷一六引《穆天子傳》，有「飲白鶴之血」的故事。漢代出土文物資料，可以說明當時這情形比較普遍。馬王堆一號漢墓出土是在三三〇號竹笥上的木牌，寫有「熬鶮笥」字樣。「鶮」即「鶮」，就是「鶴」。《集韻．鐸韻》:「鶴，鳥名，或作『鶮』。」馬王堆三號漢墓出土同類木牌也有書寫「熬鶮笥」者。發掘報告寫道:「出土時脫落，與實物對照，應屬東一〇九笥。」而《遣策》中「熬鶮一笥」（一三六）當即指此。報告執筆者又指出，「鶮」就是「鶴」。《史記》卷六〈秦始皇本紀〉:「卒屯留，蒲鶮反。」司馬貞《索隱》:「『鶮』，古『鸖』字。」（湖南省博物館、湖南省文物考古研究所《長沙馬王堆二、三號漢墓》第一卷「田野考古發掘報告」，文物出版社，二〇〇四年，第一九二頁）「鸖」是「鶴」的俗字（《干祿字書．入聲》，《龍龕手鑑．鳥部》）。馬王堆一號漢墓出土是在二八三號竹笥上的木牌，題寫「熬鮨笥」（湖南省博物館、中國科學院考古研究所《長沙馬王堆一號漢墓》，文物出版社，一九七三年，上冊第一一五頁）。與二八三號竹笥木牌及三三〇號竹笥木牌對應的內容，《遣策》作「熬鮨一笥」（七一）及「熬鮨一笥」。「鮨」即「鵠」，也是「鶴」的異寫。《集韻．鐸韻》:「鶴，鳥名。《說文》:『鳴九皋，聲聞於天。』或作『鵠』。」《莊子．天運》:「鵠不日浴而白。」陸德明《釋文》:「『鵠』，本又作『鶴』，同。」李商隱《聖女祠》:「寡鵠迷蒼壑，羈鳳怨翠梧。」朱鶴齡注:「『鵠』，《英華》作『鶴』。『鶴』、『鵠』古通。」

馬王堆一號漢墓二八三號竹笥及三三〇號竹笥發現的動物骨骼鑑定報告，確定其動物個體是鶴（GrusSP.）。可知「出土骨骼內，共有鶴二隻」。鑑定者指出:「出土骨骼的主要特徵均與鶴科鳥類一致」。「鼻骨前背突起與前頜骨額突清晰分開，與灰鶴近似，與白枕鶴不同」，「但出土頭骨的顴突特別短而鈍，與灰鶴和白枕鶴均不相同。究屬何種，尚難確定。」（中國科學院動物研究所脊椎動物分類區系研究室、北京師範大學生物系〈動物骨骼鑑定報告〉，《長沙馬王堆一號漢墓出土動植物標本的研究》，文物出版社，一九七八年，第六七至六八頁）然而，馬王堆漢墓的發現，確實可以作為「煮鶴」、「烹鶴」的實證。由此可推知古代有關「鶴羹」的傳說，也並非沒有根據的虛言。《楚辭．天問》:「緣鵠飾玉，後帝是饗。」漢代學者王逸的解釋是:「後帝，謂殷湯也。言伊尹始仕，因緣烹鵠鳥之羹，修飾玉鼎以事於湯。湯賢之，遂以為相也。」其中「緣鵠」，或作「緣鶴」。一代名相伊尹，竟然是因向殷湯奉上「鶴羹」而得到任用的。

透過馬王堆漢墓出土資料有關以鶴加工食品的資訊，可以推知漢武帝如果以鶴「薦於泰畤」，將會以怎樣的形式奉上。

「光景並見」：「靈命」的暗示

《漢書》卷二五下〈郊祀志下〉記載：「莽篡位二年，興神仙事，以方士蘇樂言，起八風臺於宮中。臺成萬金，作樂其上，順風作液湯。又種五粱禾於殿中，各順色置其方面，先鬻鶴髓、毒冒、犀玉二十餘物漬種，計粟斛成一金，言此黃帝穀仙之術也。」顏師古注認為「鶴髓」就是「鶴髓」：「髓，古髓字也。謂煮取汁以漬穀子也。」《太平御覽》卷九一六引《漢書》說到王莽使用鶴骨髓的故事。四庫全書本寫作：「王莽以鶴髓漬穀種學仙。」上海涵芬樓影印宋本則作：「王莽常以鶴髓瀆穀種學仙。」所謂「神仙事」、「方士言」，其志在「學仙」的神祕營作，竟然以「鶴髓」作配料。這個情形，當與長期以來所謂「鶴一起千里，古謂之仙禽」有關。可能因鶴能高翔，在漢代人的意識中可以與天界溝通。

漢武帝後元元年春二月詔言：「朕郊見上帝，巡於北邊，見群鶴留止，以不羅網，靡所獲獻。薦於泰畤，光景並見。其赦天下。」所謂「薦於泰畤，光景並見」，實際上是說在與上帝對話時看到了顯現為「光景」（可能即「光影」）的異常吉兆，於是「大赦天下」。

「光景」，有可能即「光影」。《釋名．釋首飾》：「鏡，景也。言有光景也。」《初學記》卷二五引《釋名》：「鏡，景也。有光景也。」《太平御覽》卷七一七引《釋名》同。然而《釋名．釋天》又說：「枉矢，齊魯謂光景為枉矢。言其光行若射矢之所至也。亦言其氣枉暴，有所災害也。」

漢代文獻所見「光景」，頗多神祕主義色彩。《史記》卷二八〈封禪書〉關於秦祭祀體系的介紹，說到「光景」：「……而雍有日、月、參、辰、南北斗、熒惑、太白、歲星、填星、辰星、二十八宿、風伯、雨師、四海、九臣、十四臣、諸布、諸嚴、諸逑之屬，百有餘廟。西亦有數十祠。於湖有周天子祠。於下邽有天神。灃、滈有昭明、天子辟池。於杜、亳有三社主之祠、壽星祠；而雍菅廟亦有杜主。杜主，故周之右將軍，其在秦中，最小鬼之神者。各以歲時奉祠。唯雍四時上帝為尊，其光景動人民唯陳寶。」《漢書》卷二五上〈郊祀志上〉有同樣的說法：「唯雍四時上帝為尊，其光景動人民，唯陳寶。」《後漢書》卷八六〈西南夷列傳．邛都夷〉：「青蛉縣禺同山有碧雞金馬，光景時時出見。」《水經注．淹水》：「淹水出越巂遂久縣徼外。東南至青蛉縣。縣有禺同山，其山神有金馬碧雞，光景倏忽，民多見之。漢宣帝遣諫大夫王褒祭之，欲致其雞馬。褒道病而卒，是不果焉。王褒〈碧雞頌〉曰：『敬移金精神馬，縹縹碧雞。』故左太沖〈蜀都賦〉曰：『金馬騁光而絕影，碧雞倏忽而耀儀。』」

《太平御覽》卷三引劉向《洪範傳》曰：「日者昭明之大表，光景之大紀，群陽之精，眾貴之象也。」日光，是「光景之大紀」。《藝文類聚》卷四二引魏陳王曹植〈箜篌引〉也說：「驚風飄白日，光景馳西流。」《藝文類聚》卷七四王褒《為象經序》曰：「昭日月之光景，乘風雲之性靈，取四方之正色，用五德之相生。」則說日月天光都是「光景」。

《後漢書》卷一〇下〈皇后紀下．順烈梁皇后〉：「順烈梁皇后諱妠，大將軍商之女，恭懷皇后弟之孫也。後生，有光景之祥。」這個有關「光景之祥」的故事，《北堂書鈔》卷二三引文列於「靈命」題下。《鶡冠子》卷下〈學問〉：「神徵者，風采光景，所以序怪也。」

《漢書》卷二五下〈郊祀志下〉寫道：「西河築世宗廟，神光興於殿旁，有鳥如白鶴，前赤後青。神光又興於房中，如燭狀。廣川國世宗廟殿上有鐘音，門戶大開，夜有光，殿上盡明。上乃下詔赦天下。」第一例「西河」事，「神光」與「有鳥如白鶴」並見。這種「光」或說「神光」，與疑似「白鶴」同時出現，有益於我們理解漢武帝詔文所言「光景並見」。所謂「神光興於殿旁」，「神光又興於房中」，同時又「有鳥如白鶴」，也可以理解為「光景並見」。這可能是對漢武帝後元元年所見神異現象的一種複製。我們現在還不能準確解說漢武帝詔文所言「光景並見」究竟是怎樣的情境，

但是有理由推想，可能出現了與「神光興於殿旁，有鳥如白鶴，前赤後青」類似的情形，於是使這位垂老的帝王感覺到了某種「性靈」、「神徵」、「祥」、「怪」之類神祕的象徵。而事情的緣起，與「鶴」有關。

來自「上帝」的「靈命」暗示，展現了對漢武帝「見群鶴留止，以不羅網，靡所獲獻」行為的真誠諒解和高度認可。拂去這個故事籠罩的神祕主義迷霧，可以察知當時社會生態保護意識得到以神靈為標榜的正統理念的支持。而鶴與天界的神祕關係，似乎也因此得到了曲折的展現。

「北邊」、「群鶴留止」記錄的生態史料意義

漢武帝春二月時「巡於北邊，見群鶴留止」事，可以作為我們分析當時生態環境形勢的重要參考。

鶴被稱為「涉禽」，以「沼澤」為主要生活環境。《簡明不列顛百科全書》寫道：「鶴，crane，鶴形目、鶴科十四種體型高大的涉禽。」，「這些高雅的陸棲鳥類昂首闊步行走在沼澤和原野。」（第三冊，中國大百科全書出版社，一九八五年，第七五七頁）或有生物學辭書言，鶴，「大型涉禽」，「常活動於平原水際或沼澤地帶」。丹頂鶴「常涉於近水淺灘，取食魚、蟲、甲殼類以及蛙等，兼食水草」（《辭海．生物分冊》，上海辭書出版社，一九七五年，第五三二頁）。漢武帝後元二年詔書所說「巡於北邊，見群鶴留止」，展現北邊長城防線上漢武帝巡行的路段，有天然水面或溼地。這情形反映當時水資源形勢與現今明顯不同。這個資訊，亦符合竺可楨等學者對戰國至西漢時代氣候較今溫暖溼潤的判斷（〈中國近五千年來氣候變遷的初步研究〉，收入《竺可楨文集》，科學出版社，一九七九年）。北邊和臨近北邊地方當時其他湖沼的面積和水量，也遠較現今宏大。

蓑羽鶴「為夏候鳥」。灰鶴「繁殖在蘇聯西伯利亞和中國東北及新疆西部」，「秋季遷徙時，在中國境內經華北、西北南部、四川西部和西藏昌都一帶，至長江流域及以南地區越冬」。丹頂鶴「主產於中國黑龍江省

及蘇聯西伯利亞東部和朝鮮；遷長江下游一帶越冬」（《辭海·生物分冊》，第五三二頁）。漢武帝時代後元二年春二月，北邊有「群鶴留止」，如果是「至長江流域及以南地區越冬」的鶴群回歸北地時停棲此地，則似乎時間稍早，或可說明當時氣溫較現今為高。如果所見「群鶴留止」就是在這裡越冬，則可視為反映當時這地區冬季氣溫大幅度高於現今的重要例證。當然，就此還需要進一步的嚴密論證。

第十八章
長安：西漢經學的「天府」

長安作為西漢王朝的都城，當時曾經表現出世界都會的氣象。這裡是經濟和政治的中心，也是文化的中心。

《史記》和《漢書》所見區域經濟與區域政治評價，六見「天府」的說法，其中五次都是指關中。如蘇秦語：「秦四塞之國，被山帶渭，東有關河，西有漢中，南有巴蜀，北有代馬，此天府也。」（《史記》卷六九〈蘇秦列傳〉）婁敬語：「秦地被山帶河，四塞以為固，卒然有急，百萬之眾可具也。因秦之故，資甚美膏腴之地，此所謂天府者也。」（《史記》卷九九〈劉敬叔孫通列傳〉）張良語：「夫關中左殽函，右隴蜀，沃野千里，南有巴蜀之饒，北有胡苑之利，阻三面而守，獨以一面東制諸侯。諸侯安定，河渭漕挽天下，西給京師；諸侯有變，順流而下，足以委輸。此所謂金城千里，天府之國也。」（《史記》卷五五〈留侯世家〉）如果借用「天府」一語來形容區域文化優勢，其實也是適宜的。正是在西漢長安地方，經學的主導地位得以確立，經學的人才空前集中，經學論著的收藏和傳播，經學的研究和經學的教育，也以此為中心。長安，可以稱作西漢經學的「天府」。

長安與齊魯文化的西漸

西漢時期，是先秦時代已經成熟並分別形成深刻影響的楚文化、秦文化和齊魯文化相互融匯的歷史階段。一個突出的文化現象是在全國政治重心於關中地方確立之後，齊魯文化的西漸。

齊魯地區基礎深厚的文化，在戰國時代已經形成對周邊地區發生重要影響的顯著領先優勢。《史記》卷一二一〈儒林列傳〉：「及高皇帝誅項籍，舉兵圍魯，魯中諸儒尚講誦習禮樂，弦歌之音不絕，豈非聖人之遺化，好禮樂之國哉？」，「夫齊魯之間於文學，自古以來，其天性也。」《史記》卷三二〈齊太公世家〉：「太史公曰：吾適齊，自泰山屬之琅邪，北被於海，膏壤二千里，其民闊達多匿知，其天性也。以太公之聖，建國本，桓公之盛，修善政，以為諸侯會盟，稱伯，不亦宜乎？洋洋哉，固大國之風也！」《史記》關於地方民風，除卷一一〇〈匈奴列傳〉「其俗，寬則隨畜，因射獵禽獸為生業，急則人習戰攻以侵伐，其天性也」，及卷一一二〈平津侯主父列傳〉「行盜侵驅，所以為業也，天性固然」，言匈奴「天性」外，只言及齊民「天性」和「齊魯之間天性」。

秦漢時期，齊魯文化在保有自己個性的同時，又積極參與「遠邇同度」（《史記》卷六〈秦始皇本紀〉）文化共同體的建設。秦最後滅齊。秦始皇東巡，表現出對神祀體系的齊魯文化傳統的某種尊重。齊魯，作為歷史悠遠的文化高地，各地人們皆不得不仰視，甚至嬴政這樣的強勢政治人物也不能例外。秦始皇當政時，據說「天性剛戾自用」，「天下之事無小大皆決於上」，以其絕對的剛愎自信，卻仍然「悉召文學方術士甚眾，欲以興太平」，在他的高階諮政集團中，有許多儒學博士承當政治文化顧問。秦始皇廷前議地方行政格局事，至湘山祠問湘君，海上「求芝奇藥仙者」等，都曾經聽取他們的意見，「上鄒嶧山，立石」，又曾經直接「與魯諸儒生議」。就所謂「坑儒」，這著名冷酷的集體殘殺儒學之士的血案來看，當時在秦王朝統治中心咸陽，「諸生皆誦法孔子」者，僅「自除犯禁」而「坑之咸陽」的，竟多達四百六十餘人（《史記》卷六〈秦始皇本紀〉）。

劉邦的漢軍在殲滅項羽軍之後，「項王已死，楚地皆降漢，獨魯不下。漢乃引天下兵欲屠之，為其守禮義，為主死節，乃持項王頭顱視魯，魯父兄乃降。始，楚懷王初封項籍為魯公，及其死，魯最後下，故以魯公禮葬項王穀城。漢王為發哀，泣之而去」（《史記》卷七〈項羽本紀〉）。原秦博士，出身於魯國薛地的叔孫通被劉邦拜為博士，號稷嗣君。他「徵魯儒生三十餘人」西行，合作幫助漢王朝制定朝儀。成功後，劉邦感嘆道：「吾乃今日知為皇帝之貴也！」於是「拜叔孫通為太常，賜金五百金」（《史記》卷九九〈劉敬叔孫通列傳〉）。魯地儒生拜為九卿，使儒學的影響第一次可以托附於政治權力的作用而空前擴展。

繼秦始皇「徙天下豪富於咸陽十二萬戶」（《史記》卷六〈秦始皇本紀〉）之後，西漢政權策劃遷徙關東貴族豪傑名家居關中時，首先想到的又是「徙齊諸田」（《史記》卷九九〈劉敬叔孫通列傳〉）。這一政策，也許也是齊魯經學向西部地方傳遞的一個重要契機。

漢武帝時代，儒學在百家之學中的主導地位得以徹底確定。齊地儒生公孫弘相繼任博士、太常、御史大夫、丞相，封平津侯，是象徵儒學地位開始提升的重要文化訊號。《史記》卷一二一〈儒林列傳〉記載：「公孫弘以《春秋》為天子三公，封以平津侯，天下之士靡然向風矣。」公孫弘身為齊魯儒生的代表，建議各地薦舉「好文學，敬長上，肅政教，順鄉里，出入不悖所聞者」，加以培養，充盈政府機構，「以文學禮義為官」。這一建議為漢武帝認可，於是「自此以來，則公卿大夫士吏斌斌多文學之士矣」。《漢書》卷八八〈儒林傳〉則寫作「自此以來，公卿大夫士吏彬彬多文學之士矣」。

陳直曾經著文論述西漢時期齊魯文化人的學術藝術成就，題為《西漢齊魯人在學術上的貢獻》。其中凡舉列九種，即：一、田何、伏生等的經學；二、褚少孫的史學；三、東方朔的文學；四、倉公的醫學；五、尹都尉的農學；六、徐伯、延年的水利學；七、齊人的《九章算術》；八、宿伯年、霍巨孟的雕繪；九、無名氏之書學。陳直先生主要討論了齊魯人以上九種文化貢獻，其他「至於《漢書．藝文志》所載師氏的樂學，〈律曆

志〉所載即墨徐萬且的曆學，〈曹參傳〉所載膠西蓋公的黃老學，其事實不夠具體，故均略而不論。」（陳直〈西漢齊魯人在學術上的貢獻〉，《文史考古論叢》，天津古籍出版社，一九八八年，第一七三至一八二頁）在齊魯文化對社會的影響中，經學被列為第一，是符合文化史實際狀況的。

長安因政治重心西移得以吸引齊魯文化西漸。作為帝國的都城，長安又是齊魯文化向西擴展影響的主要目標。長安以積極的態度迎接這個歷史變化。然而這裡並不是儒學向西傳布的終點。從儒學向巴蜀和河西等地方普及的文化軌跡來看，長安實際上又承擔了經學傳播的重要中繼站作用。

石渠千秋

漢代開創了中國古代圖書收藏史的新階段。其重要成就，是經學論著的收藏。而長安，成為經學論著收藏和進一步傳播的中心。

在儒學地位空前上升的背景下，漢武帝命令廣開獻書之路，又設寫書官抄寫書籍。按照《漢書》卷三〇〈藝文志〉的說法，漢武帝時代，「建藏書之策，置寫書之官，下及諸子傳說，皆充祕府」。劉歆《七略》說，當時的藏書機構，「外則有太常、太史、博士之藏，內則有延閣、廣內、祕室之府」。說當時集中了相當數量的書籍，外廷有太常、太史、博士等部門的收藏，宮內又有命名為延閣、廣內、祕室的書庫。漢成帝時，又進一步訪求天下遺書，並指令劉向總校諸書。劉向的兒子劉歆繼承父業，在校書過程中發現了一些儒學經典的不同底本。他宣布自己發現了古文《春秋左氏傳》，還說發現了《禮》三十九篇（《逸禮》）及《尚書》十六篇（《古文尚書》）。這兩種書據說都是魯恭王壞孔子舊宅時得到，由孔子十二世孫孔安國獻入祕府的。劉歆要求把這些書立於學官，且與反對這個主張的博士進行激烈的論辯，於是經學中出現了今文經學和古文經學兩個流派。唐人崔日知「孔壁采遺篆，周韋考絕編」的詩句（〔唐〕崔日知〈冬日述懷奉呈蘭臺諸公〉，《石倉歷代詩選》卷一一五），又如元人柳貫詩所謂「孔壁發神祕」（〔元〕柳貫〈尊經堂詩〉，《待制集》卷一），王逢詩所謂「簡冊潛回孔壁光」(〔元〕王逢〈後無題五首〉之五,《梧溪集》卷四),也都是對「孔壁」圖書發現的感嘆。漢長安城出土的「石渠千秋」瓦當,可以視為這種文獻學成就的紀念。

漢代的國家藏書,有了確定的制度,而民間圖書收藏也有可觀的規模。最典型的例證,也發生在長安。《史記》卷一一七〈司馬相如列傳〉記載,司馬相如病重,漢武帝吩咐臣下:「司馬相如病甚,可往從悉取其書;若不然,後失之矣。」使者前往司馬相如家,「而相如已死,家無書。問其妻,對曰:『長卿固未嘗有書也。時時著書,人又取去,即空居。』」這裡所說的「家無書」、「未嘗有書」,是指司馬相如的論著,而並非圖書收藏。《後漢書》卷八二下〈方術列傳下・王和平〉記載:「北海王和平,性好道術,自以當仙。濟南孫邕少事之,從至京師。會和平病歿,邕因葬之東陶。有書百餘卷,藥數囊,悉以送之。後弟子夏榮言其屍解,邕乃恨不取其寶書仙藥焉。」北海方士王和平由弟子孫邕陪伴前往京師,不幸途中病逝,安葬在東陶。所有圖書百餘卷,都隨葬於墓中。後來聽說王和平屍解成仙,孫邕於是悔恨當初不如取其「寶書」以為私有。從王和平出行攜帶圖書多達百餘卷,可以推想其收藏文獻的數量。這是一個圖書隨主人向「京師」集聚的故事。這裡所說的「京師」,當然是洛陽。但是西漢時期儒生西行長安必然攜帶常用圖書的情景,也可由王和平事蹟推知。

「書肆」與「槐市」

西漢思想家、文學家揚雄在《法言・吾子》中寫道:「好書而不要諸仲尼,書肆也。」強調應當理解和領會孔子的實質思想,而不僅僅是熟悉和愛好孔子的文字言談。關於「書肆」,注家解釋說:「賣書市肆,不能釋義。」涉及「書肆」的這句話,可能是關於出售書籍的商店之最早記載。揚雄的意思,是說如果只是喜歡孔子的書,而不懂其中的真義,則不過只是陳列和出售書籍的店鋪而已。《法言》中所說的「書肆」,告訴我們一個重要的文化資訊:在秦始皇推行焚書之令,制定挾書之律的政策成為歷史

後，民間書籍流通顯現出新的形勢，長安地方專營圖書銷售的「書肆」已經出現。揚雄是在討論「仲尼」思想的時候說到「書肆」的，可知在這樣的圖書傳播場地，經學書籍很可能是流通的主體。

記錄漢長安城地方風俗制度的《三輔黃圖》一書中，說到長安有一處特殊的市場——「槐市」。據《藝文類聚》卷三八引文：「列槐樹數百行為隧，無牆屋，諸生朔望會此市，各持其郡所出貨物及經傳書記、笙磬樂器，相與買賣。雍容揖讓，論說槐下。」都城中有以槐樹為標誌而專門設置的空地，國家官學的學生們在月初和月中時，在這裡聚會，以家鄉土產和「經傳書記、笙磬樂器」彼此交換，「相與買賣」。這樣定時交易的圖書市場，參與流通者是特定的人群。所謂「雍容揖讓，論說槐下」，形容了這個特殊市場的特殊文化氣氛。唐代詩人劉禹錫有「學古遊槐市」詩句（〈韓十八侍御見示岳陽樓別竇司直詩因令屬和重以自述故足成六十二韻〉，《劉賓客文集》外集卷五）。劉禹錫又寫道：「槐市諸生夜對書，北窗分明辯魯魚。」（〈秋螢引〉，《劉賓客文集》卷二一）又如宋代詩人葛勝仲詩：「舊直蓬山無俗夢，今官槐市有清陰。」（〈近蒙夏蒙夫之文教授用贈太守韻見貽輒復和答〉，《丹陽集》卷二〇）。周必大也有這樣的詩句：「君不見，漢京辟雍載《黃圖》，博士直舍三十區，分行數百曰槐市，下有諸生講唐虞。」（〈龍泉李宗儒師儒兄弟槐陰書院〉，《文忠集》卷四三）似乎「槐市」的商業色彩較為淡薄，而學術氣氛相當濃烈。後來文人們習慣，或以「槐市」與「杏壇」並說，如唐人黃滔〈謝試官〉：「得槐市三千，杏壇七十。」（《黃御史集》卷七〈啟〉）宋人楊億《景德二年三月試草澤劉牧策二道》：「復杏壇槐市之規，遵小成大成之制。」（《武夷新集》卷一二）歐陽脩〈早赴府學釋奠〉：「霧中槐市暗，日出杏壇明。」（《文忠集》卷五六）或以「槐市」與「蘭臺」為對，如蘇軾〈次韻徐積〉：「但見中年隱槐市，豈知平日賦蘭臺。」（《東坡全集》卷一五）。又有「槐市育才」（〔宋〕王十朋〈丁丑二月二十一日集英殿賜第〉，《梅溪後集》卷二）、「槐市育材」（〔宋〕劉才邵〈賀魏司業啟〉，《檆溪居士集》卷九〈啟〉），以及「太學曰槐市」（〔宋〕朱勝非《紺珠集》卷七）等說法，也以「槐市」作為文化機關和教育場所的象徵。「諸生」所經營的「經傳書記」，主要是經學圖書。

經學研究的中心

《史記》卷一二一〈儒林列傳〉：「漢興，然後諸儒始得修其經藝，講習大射鄉飲之禮。叔孫通作漢禮儀，因為太常，諸生弟子共定者，咸為選首，於是喟然嘆興於學。」儒學被最高執政者重視，其契機正是發生在長安經學的一次實際應用。據司馬遷記述：「及今上即位，趙綰、王臧之屬明儒學，而上亦鄉之，於是招方正賢良文學之士。自是之後，言《詩》於魯則申培公，於齊則轅固生，於燕則韓太傅。言《尚書》自濟南伏生。言《禮》自魯高堂生。言《易》自菑川田生。言《春秋》於齊魯自胡毋生，於趙自董仲舒。及竇太后崩，武安侯田蚡為丞相，絀黃老、刑名百家之言，延文學儒者數百人，而公孫弘以春秋白衣為天子三公，封以平津侯。天下之學士靡然鄉風矣。」在長安確立最高執政中心的漢王朝努力招致人才。除了吸引各地學者參與議政和行政外，還殷勤邀請經學專家來到京師。即所謂「詳延天下方正博聞之士，咸登諸朝」，長安於是成為經學研究的中心。

申公曾在長安求學，後來又來到長安。《史記》卷一二一〈儒林列傳〉寫道：「呂太后時，申公游學長安，與劉郢同師。已而郢為楚王，令申公傅其太子戊。戊不好學，疾申公。及王郢卒，戊立為楚王，胥靡申公。申公恥之，歸魯，退居家教，終身不出門，復謝絕賓客，獨王命召之乃往。弟子自遠方至受業者百餘人。申公獨以詩經為訓以教，無傳，疑者則闕不傳。」據《漢書》卷六〈武帝紀〉，漢武帝劉徹即位初，建元元年（前一四〇），「議立明堂。遣使者安車蒲輪束帛加璧徵魯申公。」顏師古注：「以蒲裹輪，取其安也。」《前漢紀》卷一〇的記載是：「遣使者安車蒲輪束帛加璧徵魯申公，議立明堂。申公年八十餘矣。」直接動因似是就經學與行政結合的具體問題請教。經學專家和長安的關係，透過申公的故事可

以得到鮮明的展現。

《史記》卷一一二〈平津侯主父列傳〉班固稱曰：在漢武帝重視儒學文化建設，「興造功業，制度遺文，後世莫及」之後，「孝宣承統，纂修洪業，亦講論六藝，招選茂異，而蕭望之、梁丘賀、夏侯勝、韋玄成、嚴彭祖、尹更始以儒術進」。這些人物集中於長安，更強化了京師作為經學研究基地的文化影響。

以梁丘賀為例，《漢書》卷八八〈儒林傳．梁丘賀〉記載：「年老終官。傳子臨，亦入說，為黃門郎。甘露中，奉使問諸儒於石渠。臨學精孰，專行京房法。琅邪王吉通《五經》，聞臨說，善之。時宣帝選高材郎十人從臨講，吉乃使其子郎中駿上疏從臨受《易》。臨代五鹿充宗君孟為少府，駿御史大夫，自有傳。充宗授平陵士孫張仲方、沛鄧彭祖子夏、齊衡咸長賓。張為博士，至揚州牧，光祿大夫給事中，家世傳業；彭祖，真定太傅；咸，王莽講學大夫。繇是梁丘有士孫、鄧、衡之學。」由此一例，亦可大致得知長安經學的學術淵源和傳遞方式。經學名家往往同時又是朝廷大員，經學和行政的關係也因此明朗。

據《漢書》卷九九上〈王莽傳上〉：「有逸《禮》、古《書》、《毛詩》、《周官》、《爾雅》、天文、圖讖、鐘律、月令、兵法、《史篇》文字，通知其意者，皆詣公車。網羅天下異能之士，至者前後千數，皆令記說廷中，將令正乖繆，壹異說云。」李約瑟說，這是在王莽的倡議下召開的「中國歷史上第一次科學專家會議」（〔英〕李約瑟《中國科學技術史》第一卷〈導論〉，上海古籍出版社，一九九〇年，第一一二頁）。王莽集合的學者，經學家受到特殊重視。經學研究人才的集中和經學研究水準的提升，又達到新的程度。

太學：經學教育的基地

長安除了作為經學研究的中心以外，也是經學教育最重要的基地。

漢武帝時代在文化方面的另一重要舉措，是興太學。《史記》卷一二一〈儒林列傳〉記錄漢武帝的指示：「其令禮官勸學，講議洽聞興禮，以為天下先。太常議，與博士弟子，崇鄉里之化，以廣賢材焉。」公孫弘等人建議：「聞三代之道，鄉里有教，夏曰校，殷曰序，周曰庠。其勸善也，顯之朝廷；其懲惡也，加之刑罰。故教化之行也，建首善自京師始，由內及外。今陛下昭至德，開大明，配天地，本人倫，勸學修禮，崇化厲賢，以風四方，太平之原也。古者政教未洽，不備其禮，請因舊官而興焉。為博士官置弟子五十人，復其身。太常擇民年十八已上，儀狀端正者，補博士弟子。郡國縣道邑有好文學，敬長上，肅政教，順鄉里，出入不悖所聞者，令相長丞上屬所二千石，二千石謹察可者，當與計偕，詣太常，得受業如弟子。一歲皆輒試，能通一藝以上，補文學掌故缺；其高弟可以為郎中者，太常籍奏。即有秀才異等，輒以名聞。其不事學若下材及不能通一藝，輒罷之，而請諸不稱者罰。」太學的創建，採用公孫弘制訂的具體方案。《漢書》卷八八〈儒林傳〉：「為博士官置弟子五十人，復其身。太常擇民年十八以上儀狀端正者，補博士弟子。」漢昭帝時，「增博士弟子員滿百人，宣帝末增倍之」。漢元帝時，「更為設員千人」。「成帝末，或言孔子布衣養徒三千人，今天子太學弟子少，於是增弟子員三千人。」據《漢書》卷九九上〈王莽傳上〉，在王莽專政時代，長安曾經一次即「為學者築舍萬區」，又擴展經學研習和傳授名目，「立樂經，益博士員，經各五人。徵天下通一藝教授十一人以上。」其中「教化之行也，建首善自京師始，由內及外」的意見，值得我們重視。

漢武帝元朔五年（前一二四）創建太學。董仲舒認為太學可以作為教化天下的文化基地。他建議，「臣願陛下興太學，置明師，以養天下之士」，這樣則可以使有志於學者以盡其材，而朝廷也可以因此得天下之英俊。所謂「養天下之士」，展現出太學在當時有為國家培育人才和儲備人才的作用。

太學的興立，進一步助長民間積極向學的風氣，同時使大官僚和大富豪子嗣壟斷官位的情形有所改變，出身社會下層的「英俊」之士，也得到入仕的機會。東漢太學生運動受到較多關注。呂思勉還注意到，早在西

漢，已經發生過太學生請願運動。他寫道：「今世學校，有所謂風潮者，漢世即已有之。」並舉《漢書》卷七二〈鮑宣傳〉所見太學諸生為營救鮑宣，攔截丞相乘車，並守闕上書事（呂思勉《秦漢史》，上海古籍出版社，一九八三年，下冊第七一九頁）。田昌五、安作璋也對這個史事有所關注，指出：「由於太學生中不少人來自地主階級的下層，對外戚、宦官集團的橫行無忌和癰殘腐化十分不滿，因而不斷醞釀著反對當權集團和改良政治的運動。西漢哀帝時，他們曾聲援因反對丞相孔光而獲罪下獄的司隸校尉鮑宣。」（田昌五、安作璋《秦漢史》，人民出版社，一九九三年，第四八六頁）對漢哀帝時的這起政治變故，在《漢書》卷七二〈鮑宣傳〉的記述中可以看到如下情節：「丞相孔光四時行園陵，官屬以令行馳道中，(鮑)宣出逢之，使吏鉤止丞相掾史，沒入其車馬。摧辱宰相，事下御史，中丞侍御史至司隸官，欲捕從事，閉門不肯內。宣坐距閉使者，亡人臣禮，大不敬，不道，下廷尉獄。博士弟子濟南王咸舉幡太學下，曰：『欲救鮑司隸者會此下。』諸生會者千餘人。朝日，遮丞相孔光自言，丞相車不得行，又守闕上書。上遂抵宣罪減死一等，髡鉗。宣既被刑，乃徙之上黨，以為其地宜田牧，又少豪俊，易長雄，遂家於長子。」西漢長安的太學生運動是東漢洛陽太學生運動的先聲。以「王咸舉幡」為代表的這個事件，表現出青年知識分子身為執政集團的後備力量，在進入官場之前即主動參與政治活動的社會責任心。這種責任的正義性長期受到肯定和讚譽。事件發生的場地在長安太學，又是以經學為學術方向的學人們的表演，因此特別值得我們重視。

漢武帝時代，除了建立太學之外，還令天下郡國皆立學校官，初步建立地方教育系統。而長安的太學，是各地經學教育系統的領導和典範。

西漢長安：政治主導與文化中心

自西漢時代起，以儒學為主體的正統意識形態發揮政治主導作用。這是此前從來沒有出現過的政治文化現象。

此後這個形式經後世王朝繼續沿承，得以影響中國政治風貌和政治生活長達兩千年。

經學的興起，是這個歷史變化中最顯著的現象。「罷黜百家，表章《六經》」（《漢書》卷六〈武帝紀〉），「推明孔氏，抑黜百家」（《漢書》卷五六〈董仲舒傳〉），確立儒學在百家之學中的主導地位，是漢武帝時代影響最為久遠的文化政策。漢武帝貶抑黃老刑名等百家言，大力起用文學儒者，齊魯儒學之士紛紛西行，進入執政集團上層。儒學學者在文化史的舞臺上逐漸成為主角，「師異道，人異論，百家殊方」的局面結束，中國文化進程進入了新的歷史階段。值得注意的是，這個變化與以「漢」為代表的民族文化共同體的基本形成大致同步。現在總結漢武帝時代思想文化的格局，多使用「獨尊儒術」的說法，其實，這種表述方式出現較晚，不能準確地反映歷史事實。當時最高執政集團的統治方略，其實是「霸王道雜之」（《漢書》卷九〈元帝紀〉）。即使對漢武帝決策多所諮議的儒學大師董仲舒，終生也未能真正顯達。於是《藝文類聚》卷三〇引董仲舒〈士不遇賦〉有「嗚呼嗟乎，遐哉邈矣！時來曷遲，去之速矣」，以及「遑遑匪寧，祇增辱矣，努力觸藩，徒摧角矣」等感嘆。宋人詩句「追惜漢武世，仲舒道磽確」（〔宋〕石介〈安道登茂材異等科〉，《徂徠集》卷三），描繪了歷史的這一側面。當然，這個執政策略的靈活度，並不能動搖儒學作為主體意識形態理論基礎的地位。

西漢時期，長安作為政治都會和文化重心所在，成為經學發育的主要園地。西漢長安的文化地位，使中國政治文化格局的形成和政治體制發展的走向，大體得以確定。

就西漢長安經學的大體形態和發展趨勢進行研究，有學術史的意義，也有思想史和文化史的意義，對於從區域文化研究的角度說明長安的歷史地位，也是極有價值的工作。

第十九章
東方朔言「海上」、「仙人」

《資治通鑑》卷二〇「漢武帝元封元年」記載，漢武帝封禪泰山後「欲自赴海求蓬萊」，東方朔以「仙者，得之自然」，成功勸阻「至蓬萊見仙人」的行為。這是漢武帝時代對求仙狂熱直接諫止，而最終得以說服這位獨斷帝王僅見之史例，因而值得研究漢代思想史及海洋文化之學者充分重視。東方朔研究學者亦應有所關注。此事《史》、《漢》均無記載，司馬光當有所據。考察相關史事，應注意東方朔海濱出身，可能與燕齊方術之學有一定文化關聯的背景。注意後世東方朔神異傳說的形成和影響，或許可以在漢武帝時代發現早期淵源。透過傳東方朔撰《神異經》與《十洲記》，可以發現與東方朔相關的海洋文化現象。

《資治通鑑》諫止武帝「欲自赴海求蓬萊」記載

漢武帝東巡，封禪泰山，又有至「海上」欲「求蓬萊」的歷史記載。《資治通鑑》卷二〇「漢武帝元封元年」寫道：「其以十月為元封元年。行所巡至博、奉高、蛇丘、歷城、梁父，民田租、逋賦皆貸除之，無出今年算。賜天下民爵一級。又以五載一巡狩，用事泰山，令諸侯各治邸泰山下。」隨後又「東至海上」：「天子既已封泰山，無風雨，而方士更言蓬萊諸神若將可得，於是上欣然庶幾遇之，復東至海上望焉。上欲自浮海求蓬萊，群臣諫，莫能止。東方朔曰：『夫仙者，得之自然，不必躁求。若其有道，不憂不得；若其無道，雖至蓬萊見仙人，亦無益也。臣願陛下第還宮靜處以須之，仙人將自至。』上乃止。」所謂「靜處以須之」，胡三省注：「須，待也。」

《資治通鑑》又寫道：「會奉車霍子侯暴病，一日死。子侯，去病子也。上甚悼之；乃遂去，並海上，北至碣石，巡自遼西，歷北邊，至九原，五月，乃至甘泉。凡周行萬八千里雲。」（《資治通鑑》，中華書局，一九五六年，第六八〇頁）

關於封禪泰山後「方士更言蓬萊諸神若將可得，於是上欣然庶幾遇之」事，《史記》、《漢書》有所記載，然而都並未出現東方朔諫止情節。

《史記》卷二八〈封禪書〉寫道：「天子既已封泰山，無風雨災，而方士更言蓬萊諸神若將可得，於是上欣然庶幾遇之，乃復東至海上望，冀遇蓬萊焉。奉車子侯暴病，一日死。上乃遂去，並海上，北至碣石，巡自遼西，歷北邊至九原。五月，反至甘泉。」關於「奉車子侯暴病，一日死」，司馬貞《索隱》：「《新論》云：『武帝出璽印石，財有朕兆，子侯則沒印，帝畏惡，故殺之。』《風俗通》亦云然。顧胤案：《武帝集》帝與子侯家語云『道士皆言子侯得仙，不足悲』。此說是也。」《史記》卷一二〈孝武本紀〉：「天子既已封禪泰山，無風雨菑，而方士更言蓬萊諸神山若將可得，於是上欣然庶幾遇之，乃復東至海上望，冀遇蓬萊焉。奉車子侯暴病，一日死。上乃遂去，並海上，北至碣石，巡自遼西，歷北邊至九原。五月，返至甘泉。」裴駰《集解》:「駰案:《漢書音義》曰:『周萬八千里也。』」

《漢書》卷二五上〈郊祀志上〉:「天子既已封泰山，無風雨，而方士更言蓬萊諸神若將可得，於是上欣然庶幾遇之，復東至海上望焉。奉車子侯暴病，一日死。上乃遂去，並海上，北至碣石，巡自遼西，歷北邊至九原。五月，乃至甘泉，萬八千里雲。」裴駰引《漢書音義》「周萬八千里也」應據此。而《資治通鑑》對「凡周行萬八千裡雲」予以採用。

《史》、《漢》均於「復東至海上望」文後，接敘「奉車子侯暴病，一日死」,《通鑑》則插入東方朔進言事:「上欲自浮海求蓬萊，群臣諫莫能止。東方朔曰:『夫仙者，得之自然，不必躁求。若其有道，不憂不得;若其無道，雖至蓬萊見仙人亦無益也。臣願陛下第還宮靜處以須之，仙人將自至。』上乃止。」清人傅恆《通鑑輯覽》卷一六「漢武帝元封元年」將這段文字在上下文即《史》、《漢》記述「復東至海上望」與「奉車子侯暴病，一日死」之間特別用小字排出(文淵閣《四庫全書》本),以示區別，似有深意。

東方朔諫言可否信據

《資治通鑑》記載東方朔以所謂「夫仙者，得之自然，不必躁求。若其有道，不憂不得;若其無道，雖至蓬萊見仙人亦無益也」。諫止漢武帝「自浮海求蓬萊」事未見於《史》、《漢》,不免使人心存疑惑。

司馬光在《資治通鑑》有關戰國秦漢史的記述中採用未知出處之史料的情形還有其他例證。我們看到《資治通鑑》卷四「周赧王三十一年」記載:「樂毅修整燕軍，禁止侵掠，求齊之逸民，顯而禮之。寬其賦斂，除其暴令，修其舊政，齊民喜悅。」、「祀桓公、管仲於郊，表賢者之閭，封王蠋之墓。齊人食邑於燕者二十餘君，有爵位於薊者百有餘人。」楊寬《戰國史》中關於樂毅破齊故事的記述，先後版次不同，對《資治通鑑》這一記載的判斷曾經有重大改動。原版寫道:「樂毅為了拉攏齊國地主階級，在齊國封了二十多個擁有燕國封邑的封君，還把一百多個燕國爵位賞賜給齊人。」作者注明「根據《資治通鑑》周赧王三十一年」(楊寬《戰國史》，上海人民出版社，一九八一年，第三四九頁)。新版則不再保留這段文字，又特別在「緒論」中「戰國史料的整理和考訂」題下專門討論了「《資治通鑑》所載樂毅破齊經過的虛假」這一問題。作者論證《通鑑》所稱「齊人食邑於燕者二十餘君，有爵位於薊者百有餘人」事不可能發生，又指出「所有這些，都是後人誇飾樂毅為『王者之師』而虛構的」。「所有這些偽託的樂毅政績，符合於《通鑑》作者的所謂『治道』，因而被採納了。」並直接批評司馬光「竟如此輯錄杜撰歷史以符合作者宗旨」(楊寬《戰國史》(增訂本)，上海人民出版社，一九九八年，第一八至二十頁)。這樣的分析，有益於澄清戰國史的重要史實，但是所謂「偽託」的判定，仍不免顯得有點太簡單武斷。如果探求有關「後人誇飾」、「虛構」之淵源脈絡的明確實證，其論點自然會更有說服力。近來，辛德勇對田余慶《論輪臺詔》文中所引據《資治通鑑》紀錄的可信度提出質疑，認為「《通鑑》相關記載不見於《史記》、《漢書》等漢代基本史籍，而是出自南朝劉宋王儉著的小說《漢武故事》，完全不可信據」。論者稱司馬光的「重構」展現了「過分強烈的主觀價值取捨」(辛德勇〈漢武帝晚年政治取向與司馬光的重構〉，《清華大學學報》二〇一四年第六期)。論說顯示作者文獻學的深厚底工，讀來深獲教益。相關學術討論的正面意義應當肯定，但就此進行進一步的深層探究也許還有必要。比如，論者指出《漢武故事》「藉取前人相關行事，作為創作的原型」情形，舉顏駟故事可見《論衡．逢遇》中「更早的原型」，其說甚是。同樣的道理，似乎我們也不能排除《資治通鑑》和《漢武故事》分別採用了共同可以視為「原型」的早期史料的可能。

那麼，《資治通鑑》記載東方朔諫止漢武帝「自浮海求蓬萊」事是否可能來自可疑資料，而司馬光失考誤信，或甚至「虛構」、「偽託」、「杜撰」呢？正如辛德勇所說，「我們今天想盡知《通鑑》的史料來源，確實是無法做到的事情」(辛德勇〈漢武帝晚年政治取向與司馬光的重構〉，《清華大學學報》二〇一四年第六期)，但是，我們卻不能因不知曉東方朔諫言的「史料來源」，就簡單否定《通鑑》相關內容的可信度。

宋人魏了翁《古今考》卷一四〈漢武帝封禪祀明堂考〉說漢武帝準備親自「浮海」追尋蓬萊，為東方朔諫止：「元封元年，天子既已封泰山，無風雨，而方士更言蓬萊諸神於上，上忻然庶幾遇之，復東至海上，欲自浮海求蓬萊，以東方朔諫而止。」（文淵閣《四庫全書》本）與《資治通鑑》記載一致。宋人祝穆《事文類聚》前集卷三四〈仙佛部〉「漢武求仙」條寫道：「漢武帝時，方士言蓬萊諸神若將可，上欣然庶幾遇之，復至海上望焉。上欲自浮海求蓬萊，東方朔日：『陛下第還宮靜處以須之，仙人將自至。』乃止。遂去，並海上，凡周行萬八千里雲。」（文淵閣《四庫全書》本）又宋人謝維新《事類備要》前集卷五〇〈道教門〉「漢武求仙」條：「漢武帝時，方士言蓬萊諸神若將可得，上欣然庶幾遇之，復至海上望焉。上欲自浮海求蓬萊，東方朔日：『陛下第還宮靜處以須之，仙人將自至。』乃止。遂去，並海上，凡周行萬八千里雲。《本紀》。」（文淵閣《四庫全書》本）所謂出「《本紀》」說顯然不確實。看來與司馬光時代相近的這些學者，對漢武帝「欲自浮海求蓬萊」，東方朔諫「乃止」的說法予以取信。我們尚不能排除他們與司馬光看到了相同前代文獻資料的可能。

東方朔諫止漢武帝「自浮海求蓬萊」事的文化影響

元代詩人梁寅〈上之回〉寫道：「海波如白山，三山不可到。凌雲臺觀思仙人，金輿遠出回中道。回中道，何逶迤。朝旭照黃屋，靈飆捲鸞旗。青鳥西來集行殿，王母雲軿初降時。碧藕味逾蜜，冰桃甘若飴。笑飲九霞觴，侍女皆瑤姬。從臣羅拜稱萬歲，終不學穆天子，八駿無停轡。還宮靜處仙自來，願與軒轅同久視。」（《石門集》卷三，文淵閣《四庫全書》本）詩句「還宮靜處仙自來」，完全出自《資治通鑑》記載的東方朔諫止漢武帝「欲自浮海求蓬萊」言辭。

清人張貴勝《遣愁集》卷一〈一集韻談〉說到東方朔「仙人將自至」語：「漢武帝幸緱氏，禮祭中嶽太室，從官在山下聞有若呼萬歲者三。乃禪泰山，白雲出封中，群臣皆上壽頌功德。又欲自浮海至蓬萊山，求神仙

不死藥。東方朔曰：『陛下第還宮靜以須之，仙人將自至。』上悟乃止。」（清康熙二十七年刻本）對東方朔諫止漢武帝「欲自浮海至蓬萊山，求神仙不死藥」事有所宣揚。

清人易佩紳《通鑑觸緒》卷八〈漢〉就東方朔這一諫言有所討論：「是時武帝之愚蓋不可以理諭矣，故東方朔以滑稽動之而已。夏侯湛謂東方朔戲萬乘若僚友，吾直謂其戲之若嬰兒耳。」（清光緒刻本）其實，從東方朔言談，看不出「以滑稽動之」、「戲萬乘」、「若嬰兒」的跡象，讀來可以感覺到語氣誠懇，態度嚴肅。清人盛百二《柚堂筆談》卷二將東方朔此言與襄楷諫漢桓帝語相連比照，分析頗為中肯：「東方朔謂武帝曰：『夫仙者，得之自然，不必躁求。若其有道，不憂不得；若其無道，雖至蓬萊見仙人亦無益也。臣願第還宮靜處以須之，仙人將自至。』桓帝時襄楷上書曰：『聞宮中立浮屠之祠，此道清虛，貴尚無為，好生惡殺，省欲去奢。』又曰：『或言老子入夷狄為浮屠，浮屠不三宿桑下不欲久生恩愛精之至也。其守一如此，乃能成道。』二臣皆是因其主之所好而引誘之，即孟子好貨好色之對也。二君求仙奉佛，乃左右有真仙真佛而不能用，其葉公之好龍乎！」（清乾隆三十四年潘蓮庚刻本）

有漢武帝最終對方術產生清醒認知的說法。清人蔣伊《萬世玉衡錄》卷四「戒」條寫道：「漢武帝好神仙，信方士李少君，言可使丹砂化為黃金，於是始親祠灶，遣方士入海求蓬萊。方士欒大言往來海上，見安期、羨門之屬，不死之藥可得，仙人可致也。復因公孫卿言，親幸緱氏，觀大人跡，命郡國各除道繕治宮觀，以望幸焉。上欲自浮海求蓬萊，東方朔曰：『仙者得之自然，不必躁求，陛下第還宮靜處以須之，仙人將自至。』上乃還。後欒大等以誣罔伏誅。田千秋曰：『方士言神仙者甚眾，而無顯功。臣請罷之。』上感悟，悉罷方士候神人者，嘆曰：『天下豈有仙人？盡妖妄耳！節食服藥，差可少病而已。』」（清康熙刻本）認為漢武帝最終「感悟」方士宣揚之「妖妄」，有東方朔諫言啟示的作用。

應當注意，「田千秋曰」及「上感悟」諸記述，據《資治通鑑》卷二二「漢武帝征和四年」：「田千秋曰：『方士言神仙者甚眾，而無顯功，臣請皆罷斥遣之。』上曰：『大鴻臚言是也。』於是悉罷諸方士候神人者。是後上每對群臣自嘆：『向時愚惑，為方士所欺。天下豈有仙人，盡妖妄耳！節食服藥，差可少病而已。」辛德勇已有考論，認為「強自截取《漢武故事》」，「點竄而成」（辛德勇〈漢武帝晚年政治取向與司馬光的重構〉，《清華大學學報》二〇一四年第六期）。〔明〕王禕撰《大事記續編》卷一載〈解題〉曰：「《通鑑》載：『上每對群臣自嘆曰：鄉時愚惑，為方士所欺。天下豈有仙人？盡妖妄耳！節食服藥，差可少病而已。』此出《漢武故事》，其言絕不類西漢，《通鑑》誤取爾。」

此說值得注意。而「東方朔曰」與「田千秋曰」是否存在同樣的問題，也是我們應當警覺的。有所不同的似乎是，「田千秋曰」據辛德勇說已找到《漢武故事》的資訊源頭，而「東方朔曰」始出文獻，目前似乎並不明朗。而對於《漢武故事》為資訊源頭的判斷，如前所說，也許《資治通鑑》所依據的，還有比《漢武故事》更早的「原型」。

《太平御覽》卷八二五及卷九八四引《東方朔別傳》都說到東方朔勸阻求神仙而漢武帝終於「罷方士」故事。《太平御覽》卷八二五引《東方朔別傳》曰：「武帝求神仙，朔言能上天取藥。上知其譾，欲極其言，即遣方士與朔上天。朔曰：『當有神來迎我。』後方士晝臥，朔遽口呼：『若極真者，吾從天上還。』方士遽以聞。上以為面欺，下朔獄。朔泣曰：『臣幾死者再。天公問臣：下方何衣？朔曰：衣蠶。蠶若何？曰：喙呥呥類馬，色班班類虎。天公大怒，以臣為譾，繫臣司空。使使下問，還報有之，乃出臣。今陛下以臣為詐，願使使上問之。』上曰：『齊人多詐，欲以喻我止方士也。』罷方士。」《太平御覽》卷九八四引《東方朔別傳》曰：「孝武皇帝好方士，敬鬼神，使人求神仙不死之藥，甚至初無所得，天下方士四面蜂至，不可勝言。東方朔睹方士虛語以求尊顯，即云『上天』，欲以喻之。其辭曰：『陛下所使取神藥者，皆天地之間藥也，不能使人不死。獨天上藥能使人不死耳。』上曰：『然。天何可上也？』朔對曰：『臣能上天。』上知譾詑，極其語，即使朔上天，取其不死之藥。朔既辭去，出殿門，復還曰：『今臣上天，似譾詑者。願得一人為信驗。』上即遣方士與朔

俱往，期三十日而反。朔等既辭而行，日日過諸侯傳飲，往往留十餘日。期又且盡，無上天意。方士謂之曰：『期且盡，日日飲酒為奈何？』朔曰：『鬼神之事難豫言，當有神來迎我者。』於是方士晝臥良久，朔遽覺之曰：『呼君極久，不應我，今者屬從天上來。』方士大驚，還具以聞。上以為面欺，詔下朔獄。朔啼對曰：『朔頃幾死者再。』上曰：『何也？』朔對曰：『天公問臣：下方人何衣？臣朔曰：衣蟲。蟲若何？朔曰：蟲喙髯髯類馬，色邠邠類虎。天公大怒，以臣為謾言，繫臣。使下問，還報有之，名蠶。天公乃出臣。今陛下苟以臣為詐，願使人上問之。』上大驚曰：『善。齊人多詐，欲以喻我止方士也。』罷諸方士弗復用也，由此朔日以親近。」（第三六七六頁、第四三五七至四三五八頁。）「東方朔睹方士虛語以求尊顯」，文淵閣《四庫全書》本作「東方朔諳方士虛語以求尊顯」。所謂「諳」，展現對方士行為習慣的熟悉。關於《東方朔別傳》，《漢書》卷六五〈東方朔傳〉記錄東方朔「著論設客難己」及「設非有先生之論」，班固說：「朔之文辭，此二篇最善。其餘有〈封泰山〉，〈責和氏璧〉及〈皇太子生禖〉，〈屏風〉，〈殿上柏柱〉，〈平樂觀賦獵〉，八言、七言上下，〈從公孫弘借車〉，凡劉向所錄朔書具是矣。世所傳他事皆非也。」顏師古注：「謂如《東方朔別傳》及俗用五行時日之書，皆非實事也。」所謂「劉向所錄朔書」，《漢書》卷三〇〈藝文志〉「雜家者流」載錄「《東方朔》二十篇」。《漢書》卷五一〈枚皋傳〉：「武帝春秋二十九乃得皇子，群臣喜，故皋與東方朔作〈皇太子生賦〉及〈立皇子禖祝〉。」《漢書》卷六三〈武五子傳．戾太子據〉：「初，上年二十九乃得太子，甚喜，為立禖，使東方朔、枚皋作〈禖祝〉。」

看來，根據顏師古的判斷，《東方朔別傳》內容「非實事」，然而，此書漢代已經為「世所傳」，應當在班固之前，甚至在劉向時代已經成書。據《太平御覽經史圖書綱目》所見，《東方朔別傳》在六十四種「別傳」中列為第一種，這也是值得注意的。

即使東方朔諫止「武帝求神仙」事也被斷定為不足以憑信，相關文化現象的發生，也是研究者應予關注的問題。

東方朔成功諫止漢武帝「自浮海求蓬萊」的因由

導致漢武帝放棄「欲自浮海至蓬萊山」的原因，有兩種說法：第一，「奉車子侯暴病，一日死。上乃遂去……」。《史記》、《漢書》均用此說；第二，東方朔的諫言，司馬光《資治通鑑》採用此說。

如果《資治通鑑》言東方朔諫止漢武帝事記述可靠，人們還會提出這樣的問題：東方朔為什麼能夠諫止漢武帝？在「群臣諫，莫能止」的情況下，漢武帝何以能夠被東方朔說服？

《藝文類聚》卷八一引《東方朔記》記述了一則東方朔說服漢武帝「止方士」的故事：「武帝好方士。朔曰：『陛下所使取神藥者，皆天地之間藥，不能使人不死。獨使取神藥天上藥，能使人不死耳。』上曰：『天何可上？』朔曰：『臣能上天』。既辭去，出殿門。復還曰：『今臣上天，似謾誕者，願得一人為信驗。』上即遣方士與朔俱，期三十日而返。朔等辭而行，日日過諸侯傳飲。方士晝臥，朔遽呼之曰：『若極久不應我何耶？今者屬從天上來。』方士大驚，乃具以聞。上問朔，朔曰：『誦天上之物，不可稱原。』上以為面欺，詔朔下獄問之。左右方提去，朔啼泣對曰：『使須幾死者再。』上曰：『何也？』」東方朔回答：「天公問臣：下方人何衣？臣對曰：『衣蟲。』『蟲何若？』臣對曰：『蟲喙頫頫類馬，色邠邠類虎。』天公大怒，以臣為謾。使使下問，還報，名曰『蠶』。天公乃出臣。今陛下苟以為詐，願使人上天問之。」於是漢武帝大驚曰：「善。欲以喻我止方士也。」

《太平御覽》卷八二五及卷九八四引《東方朔別傳》皆曰：「上曰：『齊人多詐，欲以喻我止方士也。』」卷八二五引文隨後有「罷方士」字樣。卷九八四引文則曰：「罷諸方士弗復用也。由是朔日以親近。」這個故事中，東方朔「欲以喻」漢武帝「止方士」的這段話，似乎有「以滑稽動之」，「戲萬乘」、「若嬰兒」的意味。而雄才大略之漢武帝之所以為其所「動」，為其所「戲」，應當有值得深究的緣由。

故事可見先有「方士大驚」，而後有「上大驚」的情節，展現出東方朔

的智慧，對方術學者及其擁有最高權力的支持者，均形成強而有力的衝擊。漢武帝之所以稱「善」，最終並認同東方朔「止方士」的態度，「罷方士」，或曰「罷諸方士弗復用也」，當是因東方朔「能上天」及所說與「天公」間的故事生動具體，有感染力和說服力。

關於東方朔與天界和仙界的神祕關聯，曾經有多種傳說。《藝文類聚》卷一引《列仙傳》曰：「東方朔，楚人也。後賣藥五湖，知其歲星焉。」《太平御覽》卷五引《漢武故事》曰：「西王母使者至，東方朔死。上問使者，對曰：『朔是木帝精，為歲星，下游人中，以觀天下，非陛下臣也。』」《藝文類聚》卷二引《漢武帝內傳》曰：「東方朔乘雲飛去，仰望大霧覆之，不知所在。」《藝文類聚》卷四引《漢武故事》曰：「七月七日，上於承華殿齋，正中，忽有一青鳥從西方來，集殿前。上問東方朔。朔曰：『此西王母欲來也。』有頃，王母至。」《太平御覽》卷三一引《漢武帝故事》：「七月七日，上於承華殿齋。其日忽有青鳥從西方來，集殿前。上問東方朔，朔曰：『此西王母欲來也。』有頃，王母至。有二青鳥如鳳，夾侍王母旁也。」

又《藝文類聚》卷八六引《漢武故事》曰：「東郡獻短人，呼東方朔。朔至，短人因指朔謂上曰：『西王母種桃三千歲一為子，此兒不良也，已三過偷之矣。』《太平御覽》卷三七八引《漢武故事》曰：「東郡送一短人，長七寸，衣冠具足，疑其山精。常令在案上行。召東方朔問，朔至，呼短人曰：『巨靈，汝何忽叛來，阿母還未？』短人不對，因指朔謂上曰：『王母種桃，三千年一作子。此兒不良，已三過偷之矣。遂失王母意，故被謫來此。』上大驚，始知朔非世中人。」《太平御覽》卷九六七引《漢武故事》曰：「東郡獻短人，帝呼東方朔。朔至，短人指朔謂上曰：『王母種三千年桃結子，此兒不良，已三過偷之矣。後西王母下，出桃七枚，母自啖二，以五枚與帝。帝留核著前，王母問曰：『用此何為？』上曰：『此桃美，欲種之。』母嘆曰：『此桃三千年一著子，非下土所植也。』……後上殺諸道士妖妄者百餘人，西王母遣使謂上曰：『求仙信邪？欲見神人而殺戮，吾與帝絕矣。』又致三桃曰：『食此可得極壽。』」《太平御覽》卷一八八引《漢武故事》曰:「西王母降，東方朔於朱鳥牖中窺母。母謂帝曰:『此兒無賴，久被斥逐，原心無恙，尋當得還。』」

傳說中東方朔有神祕身世。《太平御覽》卷二二引《洞冥記》曰:「東方朔母田氏寡，夢太白星臨其上，因有娠。田氏嘆曰:『無夫而孕，人得棄我。』乃移向代郡之東方里。五月生朔，仍以所居為姓。」《太平御覽》卷三六〇引《洞冥記》曰:「東方朔母田氏寡居，夢太白星臨其上，因有娠。田氏嘆曰:『無夫而妊，人將棄我。』」乃移向代都東方里為居。五月旦生朔，因以所居里為氏，朔為名。」東方朔亦有神祕能力。《太平御覽》卷六引《風俗通》:「東方朔，太白星精，黃帝時為風后，堯時為務成子，周時為老子，越為范蠡，齊為鴟夷。言其變化無常也。」《太平御覽》卷一三引《漢武內傳》曰:「西王母曰:東方朔為太山仙官，太仙使至方丈助三天司命。朔但務山水遊戲，擅弄雷電，激波揚風，風雨失時。」《太平御覽》卷五一引《荊楚歲時記》曰:「張騫尋河源，得一石，示東方朔。朔曰:『此石是織女支機石，何至於此？』」

東方朔神祕身世與神祕能力，使其言行具有濃厚的神祕色彩。還應當注意到，東方朔「齊人」出身，「平原厭次人也」(《漢書》卷六五〈東方朔傳〉)。厭次縣治據譚其驤主編《中國歷史地圖集》，距當時的海岸約三十公里(《中國歷史地圖集》第二冊，地圖出版社，一九八二年，第四十四至四十五頁)。可以說，東方朔與自戰國至西漢上層在政治舞臺十分活躍的「燕齊海上之方士」們，曾經生活在以海洋為背景的相同文化生態之中。《史記》卷二八〈封禪書〉:「自齊威、宣之時，騶子之徒論著終始五德之運，及秦帝而齊人奏之，故始皇採用之。而宋毋忌、正伯僑、充尚、羨門高最後皆燕人，為方仙道，形解銷化，依於鬼神之事。騶衍以陰陽主運顯於諸侯，而燕齊海上之方士傳其術不能通，然則怪迂阿諛苟合之徒自此興，不可勝數也。」東方朔的思想不太可能不受到環渤海文化圈方術之學的影響。

可能正因東方朔與「燕齊海上之方士」有某種文化淵源上的神祕關係，「陛下所使取神藥者，皆天地之間藥，不能使人不死。獨使取神藥天

上藥，能使人不死耳」等意見可以被漢武帝真心傾聽。

東方朔思想確實具有「燕齊海上」方術色彩。

討論東方朔思想與方術之學是否存在某種內在關係，還可以參考以下例證。《漢書》卷六五〈東方朔傳〉言「劉向所錄朔書」，顏師古注：「謂如《東方朔別傳》及俗用五行時日之書，皆非實事也。」《後漢書》卷八二上〈方術列傳上〉序文說道：「……其流又有風角、遁甲、七政、元氣、六日七分、逢占、日者、挺專、須臾、孤虛之術，及望雲省氣，推處祥妖，時亦有以效於事也。」關於其中所謂「逢占」，李賢注：「《前書》班固曰：『東方朔之逢占、覆射。』《音義》云：『逢人所問而占之也。』」《漢書》卷六五〈東方朔傳〉的記載是這樣的：「朔之詼諧，逢占射覆……。」顏師古注：「如淳曰：『逢占，逢人所問而占之也。』師古曰：『此說非也。逢占，逆占事，猶云逆刺也。』」

在漢代人的知識體系中，「五行」、「雜占」都屬於「數術」之學（《漢書》卷三〇〈藝文志〉）。

題東方朔撰《神異經》、《十洲記》的海洋文化要素

《漢書》卷三〇〈藝文志〉「雜家」類有「《東方朔》二十篇」。《隋書》卷三三〈經籍志二〉「史志」有「〈東方朔傳〉八卷」，「《十洲記》一卷，東方朔撰」，「《神異經》一卷，東方朔撰，張華注」。《隋書》卷三四〈經籍志三〉「子經志」有「《東方朔歲占》一卷」、「《東方朔占》二卷」、「《東方朔書》二卷」、「《東方朔書鈔》二卷」、「《東方朔歷》一卷」、「《東方朔占候水旱下人善惡》一卷」。「《雜占夢書》一卷」條下注文寫道：「梁有《師曠占》五卷，《東方朔占》七卷……。」《隋書》卷三五〈經籍志四〉「集志」有「漢太中大夫《東方朔集》二卷」。《舊唐書》卷四六〈經籍志上〉有「《東方朔傳》八卷」、「《十洲記》一卷，東方朔撰」、「《神異經》一卷，東方朔撰」。《舊唐書》卷四七〈經籍志下〉有「《東方朔占書》一卷」、「《東方朔集》二卷」。《新唐書》卷五八〈藝文志二〉有「《東方朔傳》八卷」。《新

唐書》卷五九〈藝文志三〉有「東方朔《神異經》二卷」、「《東方朔占書》一卷」。《新唐書》卷六〇〈藝文志四〉有「《東方朔集》二卷」。

還有一些題署「東方朔」的論著，有的已被文獻學研究者關注（參看辛德勇〈記東方朔〈五嶽真形圖序〉存世最早的寫本〉，《九州》第五輯，商務印書館，二〇一四年）。

東方朔是海濱齊人。《太平御覽》卷六七四引《洞冥記》曰：「宜都崇臺，正紫泥之海，東方朔宴息之所也。」東方朔「宴息」之地在海上。他的著作中直接說到「海」的文字看起來卻似乎並不多。《漢書》卷六五〈東方朔傳〉載東方朔〈答客難〉：「語曰『以筦窺天，以蠡測海，以莛撞鐘』，豈能通其條貫，考其文理，發其音聲哉！」其中所謂「以蠡測海」，稱「語曰」。這種說法，其實對海沒有直觀感受的內陸人也可以發表。另一個可以曲折反映東方朔海洋情結的實例，即「陸海」之說。稱關中為「陸海」，見於《漢書》卷二八下〈地理志下〉：「（秦地）有鄠、杜竹林，南山檀柘，號稱陸海，為九州膏腴。」顏師古注：「言其地高陸而饒物產，如海之無所不出，故云『陸海』。」《文選》卷一班固〈西都賦〉有「陸海珍藏」語。李善注：「《漢書》：東方朔曰：『漢興，去三河之地，止灞滻以西，都涇渭之南北，謂天下陸海之地。』」濟曰：「海者，富有如海，故言『陸海珍藏』」。「陸海」一語的使用，可能最初還是始於東方朔。《漢書》卷六五〈東方朔傳〉記載，漢武帝行獵南山下，「乃使太中大夫吾丘壽王與待詔能用算者二人，舉籍阿城以南，盩厔以東，宜春以西，提封頃畝，及其賈直，欲除以為上林苑，屬之南山。又詔中尉、左右內史表屬縣草田，欲以償鄠杜之民。吾丘壽王奏事，上大說稱善。」東方朔進諫，說到農耕條件的可貴：「夫南山，天下之阻也，南有江淮，北有河渭，其地從汧隴以東，商雒以西，厥壤肥饒。漢興，去三河之地，止霸產以西，都涇渭之南，此所謂天下『陸海』之地，秦之所以虜西戎兼山東者也。」顏師古注：「高平曰陸，關中地高故稱耳。海者，萬物所出，言關中山川物產饒富，是以謂之『陸海』也。」「陸海」之稱，不太可能出於海洋知識相對貧乏，對海洋資源富饒缺少直接感受的關中人。所謂「海者，萬物所出」、「海者，富有

如海」，應當是對海洋有一定了解之人的知識。言關中「饒物產，如海之無所不出」，「言關中山川物產饒富，是以謂之『陸海』也」。身為東方朔這種對海有真切認知，對海有深厚感情的人，進行「陸海」這樣的語詞創制，是很自然的。

《太平御覽經史圖書綱目》列有題名「東方朔」的文獻四種：《東方朔別傳》、東方朔《客難》、東方朔《神異經》、東方朔《十洲記》。現在看來，《神異經》和《十洲記》都是對早期海洋學知識有所記錄的論著。

《後漢書》卷五九〈張衡傳〉李賢注：「東方朔《十洲記》曰『瀛洲，在東海之東，上生神芝仙草，有玉石膏出泉如酒味，名之為玉酒，飲之令人長生』也」。「東方朔《神異經》曰：『南方有火山，長四十里，廣四五里，晝夜火然。』」《十洲記》關於「東海之東」、「瀛洲」的文字，有濃厚方術之學的色彩，充分展現出神仙學說的「長生」嚮往。而《神異經》言「南方有火山」，似是對大洋中火山的描述。《太平御覽》卷九六六引《神異經》曰：「東方朔云：東南外有建春山，其上多美甘樹。」這應當是對東南方海島植被的記述。

《三國志》卷四〈魏書．齊王芳紀〉載西域獻火浣布事，裴松之注：「東方朔《神異經》曰：『南荒之外有火山，長三十里，廣五十里，其中皆生不燼之木，晝夜火燒，得暴風不猛，猛雨不滅。火中有鼠，重百斤，毛長二尺餘，細如絲，可以作布。常居火中色洞赤，時時出外而色白。以水逐而沃之，即死。續其毛，織以為布。」《後漢書》卷八六〈南蠻西南夷列傳〉李賢注引《神異經》：「南方有火山，長四十里，廣四五里。生不燼之木，晝夜火然，得烈風不猛，暴雨不滅。火中有鼠，重百斤，毛長二尺餘，細如絲，恆居火中，時時出外，而色白，以水逐沃之即死。績其毛，織以作布。用之若汙，以火燒之，則清潔也。」《太平御覽》卷八二〇引東方朔《神異經》曰：「南荒之外有火山，長四十里，廣五十里。其中皆生不燼之木，晝夜火燒，得暴風猛雨不滅。火中有鼠，重百斤，毛長二尺餘，細如絲。可以作布，恆居火中，色洞赤，時時出外而色白。以水逐而沃之，即死，織以為布。」火山活躍時期的存留生物，會使陸地居民深心驚異。所謂「火浣布」與石棉有關。東方朔《神異經》看來是記錄海外「神異」發現的著作。

東方朔《十洲記》也保存了若干珍貴的海外知識。所謂「洲」，即遠海陸地。《太平御覽》卷五三引東方朔《十洲記》曰：「長洲，一名青丘，在南辰巳地。地五千里，去岸二十五萬里。上饒山川，又多大樹，樹有二千圍者。一洲之上，專是林木。故一名『青丘』。仙草、靈藥、甘液、玉英，靡所不有。」當是指南洋資源。《太平御覽》卷六〇引東方朔《十洲記》曰：「祖洲，東海中，地方五百里。上有不死草生瓊田中。草似菰苗。人已死者，以草覆之，皆活。又曰：扶桑在碧海中，樹長數千尺，一千餘圍，兩兩同根，更相依倚，是以名『扶桑』。」這是關於「東海」的記述。而所謂「有不死草生瓊田中」，所謂「人已死者以草覆之，皆活」，展現了追求不死之藥所表露的方術文化風格。

我們現在看到的《神異經》和《十洲記》，都應當是託名東方朔，藉以擴大傳播幅度的論著。但由此或可得知東方朔的文化形象與海洋關係，也可以在獲得早期海洋學若干片段時，了解海洋文化對當時社會知識構成的影響。

第二十章
張騫「鑿空」事業

絲綢之路的正式開通，是中國史的一件大事，也是世界史的一件大事。雖然有前張騫時代的絲綢之路交通，但是司馬遷所謂「張騫鑿空」（《史記》卷一二三〈大宛列傳〉）對中原與中亞、西亞的文化交流，意義十分重要。

「鑿空」之旅

漢武帝建元年間，漢中人張騫以郎的身分應募接受聯絡大月氏的使命，率眾自長安出發西行。途中遭遇匈奴人，被拘禁十餘年方得逃脫。張騫繼續履行使命，又西越蔥嶺，行至大宛，抵達大月氏。後來在歸途中又被匈奴俘獲，一年後乘匈奴內亂，於元朔三年（前一二六）回到長安。張騫出行時隨從百餘人，最終只有兩人生還。他親身旅歷大宛、大月氏、大夏、康居諸國，又細心調查了附近國家的國情，向漢武帝做了匯報。張騫的西域之行，以前後十三年的艱難困苦為代價，使中原人得到前所未聞的西域知識，同時使漢王朝的聲威和漢文化的影響傳播到當時中原人世界觀中的西極之地。張騫又曾跟隨大將軍衛青出擊匈奴。因為了解地理情勢及水草資源，為遠征軍的勝利提供了交通條件的保障，功封博望侯。張騫又奉命出使烏孫。烏孫遣使送張騫歸漢，又獻馬報謝。後來與漢通婚，一起進軍擊破匈奴。此後，漢與西域的通使往來十分頻繁，民間商貿也得到發展。西域地區五十國接受漢帝國的封贈，佩帶漢家印綬的侯王和官員多達三百七十六人。而康居、大月氏、安息、罽賓、烏弋等絕遠之國也有使者與漢往來，據說一時諸國「莫不獻方奇，納愛質」（《後漢書》卷八八〈西域傳〉），於是「異物內流則國用饒」（《鹽鐵論．力耕》）。據《史記》卷一二三〈大宛列傳〉，張騫在大夏見到據說「得蜀賈人市」的「蜀布邛竹杖」，獲知巴蜀有通往身毒——即今印度——的道路。漢武帝「乃令騫因蜀犍為發間使，四道並出」，「皆各行一二千里」，探求更為便捷的聯絡西域道路。

《史記》卷一二三〈大宛列傳〉於「西北國始通於漢矣」句後寫道：「然張騫鑿空，其後使往者皆稱博望侯，以為質於外國，外國由此信之。」司馬遷以「鑿空」一語，高度讚揚張騫的歷史功績。

「鑿空」語義

關於「鑿空」的語義，唐代學者裴駰引用了蘇林的解釋：「鑿，開；

空，通也。騫開通西域道。」另一位唐代研究《史記》的專家司馬貞說：「謂西域險厄，本無道路，今鑿空而通之也。」都強調「開通」或者「通之」的意思。《史記》卷一二三〈大宛列傳〉說漢武帝指令張騫從蜀犍為（犍為郡治在今四川宜賓）派出使團「四道並出」，尋求通身毒的道路。這個努力是後來西南絲綢之路開通的歷史先聲。開通西南方向的國際道路與經營西南夷有直接的關係。《史記》稱之為「事西南夷」、「通西南夷」。《漢書》以及孫盛《蜀譜》又有「開西南夷」的說法。有學者說，「開西南夷」之「『開』字」可以理解為「開道、開通、開化」，「有文化交流的意思」，漢代文獻中可以看到「開……道」和「通……」的說法，「和司馬遷稱張騫的『鑿空』之舉都是同義」（龔偉〈漢武帝經略「西南夷」年際考述〉，《中華文化論壇》二〇一六年，第十一期）。《說文·門部》：「開，張也。」，「辟，開也。」段玉裁注：「引申為凡開祏之稱。古多假借辟字。」看來，「鑿空」大概有開通、開闢、開拓的含義。新疆拜城發現的漢代石刻《龜茲左將軍劉平國誦》記述開道治關工程，有「作孔」字樣，一些學者認為「作孔」就是「鑿空」。盛昱說：「『斫孔』即『鑿空』，見《漢書》顏注。」王仁俊也寫道：「『作孔』猶〈張騫傳〉之『鑿空』。」程頌萬題詩：「敦煌而外數沙南，更有龜茲鑿空譚」，也認為石刻所見「作孔」就是「鑿空」。（陶喻之〈東漢劉平國刻石研究資料彙編〉，《西域考古·史地·語言研究新視野：黃文弼與中瑞西北科學考查團國際學術研討會論文集》，科學出版社，二〇一四年）「鑿空」的文字表現方式有所不同，與漢代人「多假借」的習慣有關。明代學者楊慎《丹鉛總錄》卷一四〈訂訛類〉「空有四音」認為，「〈張騫傳〉『樓蘭、姑師小國當空道』」，「〈大宛傳〉曰『張騫鑿空』」，「空」的讀音都應當是「孔」。

明代學者徐應秋《玉芝堂談薈》卷三一也有大體一致的意見。認為「〈張騫傳〉『樓蘭、姑師，小國，當空道』」，「〈大宛傳〉曰『張騫鑿空』」，「空」的讀音都應當是「孔」的看法，可以幫助我們理解「作孔」與「鑿空」的關係。

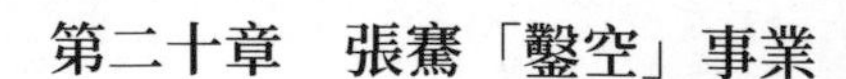

「『孔道』猶言大道」

司馬遷所謂「張騫鑿空」，又有「張騫鑿西域」之說。明人趙南星〈懷古〉詩：「少年盛意氣，閒居非所安。文墨稱儒雅，趚趄使人嘆。張騫鑿西域，介子殲樓蘭。斯人乃吾徒，長驅跨黃間。勒功萬里外，封侯何必還。威名震一世，光氣耀天端。白日度飛轂，不肯為盤桓。精消壯志頹，快事成悲酸。形骸不自振，寶刀寧忍看。惜哉班仲升，願入玉門關。昔日何其壯，今日何其孱。人生老舊林，豈必愧孔顏。」（〔明〕趙南星《趙忠毅公詩文集》卷二，明崇禎十一年范景文等刻本）所謂「張騫鑿西域」，是展現「意氣」、「壯志」的行為，亦成就「威名」的「快事」。亦有「張騫鑿匈奴」說。清人王鳴盛言：「《史記．大宛列傳》敘張騫鑿匈奴事。」（〔清〕王鳴盛《尚書後案》卷三〈虞夏書〉，清乾隆四十五年禮堂刻本）「張騫鑿匈奴」的說法，當然與張騫通西域的交通行為，兩次因匈奴拘禁受阻的情形相關。「張騫鑿西域」、「張騫鑿匈奴」，都是說張騫打通了與西域、匈奴的交通道路。

唐人柳宗元〈為安南楊侍御祭張都護文祭張舟〉有「空道北出」語。注：「空與孔同。〈張騫傳〉：『樓蘭、姑師小國，當孔道。』」（〔唐〕柳宗元《注釋音辨柳集》卷四〇〈祭文哭辭〉，元刻本）宋人楊侃《兩漢博聞》卷一「鑿空」條〈張騫傳〉「騫鑿空」，注文：「蘇林曰：『鑿，開也。空通也。騫始開通西域道也。』師古曰：『空，孔也。猶言始鑿其孔穴也。』故此下言『當空道』，而〈西域傳〉謂『孔道』也。」（文淵閣《四庫全書》本）明確認為「鑿空」就是「鑿孔」的，又有清人陳維崧〈寄董玉虬侍御秦中〉：「秦時明月，鑿空張騫，縋兵鄧艾」，「空」字下注：「音孔。」（〔清〕陳維崧《迦陵詞全集》卷一八，清乾隆二十八年陳宗石患立堂刻本）清人王筠《說文釋例》解釋「擊空聲」：「『空』，蓋即『孔』字。《考工記》『眡其鑽空』、《史記》『張騫鑿空』是也。」（〔清〕王筠《說文釋例》卷一六，清道光刻本）清人貝青喬〈穿石〉詩有「緬維漢張騫，鑿孔達西隩」句（〔清〕貝青喬《半行庵詩存稿》卷三，清同治五年葉廷管等刻本），也讀

「鑿空」為「鑿孔」。

朱駿聲《說文通訓定聲》「豐部弟一」之「空」條：「《漢書．張騫傳》『小國當空道』，注：『即孔也。』」又引《漢書．李廣利傳》注：「空，孔也」，〈張騫傳〉注：「空，通也。」，又說：「孔，通也。」（〔清〕朱駿聲《說文通訓定聲》，武漢市古籍書店據臨嘯閣本，一九八三年，影印版，第四十三頁）而王念孫《讀書雜誌．漢書雜誌》「孔道」條提出「『孔道』猶言大道」的說法：「『婼羌國，辟在西南，不當孔道。』師古曰：『辟』讀曰『僻』。『孔道』者，穿山險而為道，猶今言穴徑耳。念孫案：師古之說甚迂。『孔道』猶言大道。謂其國僻在西南，不當大道也。老子《道經》『孔德之容』，河上公注曰：『孔，大也。』《太元．羨次五》曰：『孔道夷如，蹊路微如。』『孔』字亦作『空』。〈張騫傳〉『樓蘭、姑師，小國當空道』是也。《說文》曰：『孔，通也。』故大道亦謂之通道。今俗語猶云『通衢大道』矣。」（〔清〕王念孫《讀書雜誌》，江蘇古籍出版社，據王氏家刻本，一九八五年影印版，第三九一頁）王先謙《漢書補注》引錄此說（王先謙撰《漢書補注》，中華書局，據清光緒二十六年虛受堂刊本，一九八三年影印版，第一六〇八頁）。徐松《漢書西域傳補注》卷上也採用這個意見（清道光九年刻本）。地灣漢簡可見如下簡文：「□當空道便處稟食如律」□□□□□□」（86EDT8:14A）（甘肅簡牘博物館、甘肅省文物考古研究所、出土文獻與中國古代文明研究協同創新中心中國人民大學中心《地灣漢簡》，中西書局，二〇一七年，第二十二頁）

「當空道便處稟食」應即於臨近大道的便利地方廩食。地灣漢簡「當空道」文字與《史記》卷一二三〈大宛列傳〉及《漢書》卷六一〈張騫傳〉「當空道」表述形式完全相同，可知符合漢代通行的語言習慣。

《龜茲左將軍劉平國作關城誦》「作孔」，義近司馬遷「張騫鑿空」之「鑿空」，指開闢了交通大道。曾經為《龜茲左將軍劉平國作關城誦》保留最早可靠拓本的施補華，曾於光緒十年（一八八四）出疆，經蘇巴什作行旅詩：「小驛蘇巴什，由來險莫倫。南山圍似幛，西域鑿為門。風熱蠅仍擾，泉枯草不繁。勞人自今古，石上認車痕。」（〔清〕施補華〈抵蘇巴什

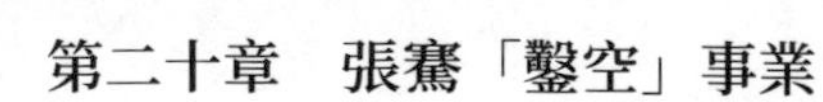

甚熱〉，《澤雅堂詩二集》卷一三，清光緒十六年兩研齋刻本）以所謂「西域鑿為門」稱頌劉平國的歷史功績，是得體的。「勞人自今古，石上認車痕」詩句，形容這個工程值得追懷紀念，也可以理解為對交通史重要成就的充分肯定。

關於《龜茲左將軍劉平國作關城誦》的內容與性質，或說「當日鑿岩以開道路」（〔清〕王仁俊、沈塘《〈劉平國作孔記〉題識》，上海圖書館吳江沈氏雙麓山舊藏本），或說「從字面理解推斷，可知劉平國是鑿斷博子克勒克峽岩石，首開通往伊犁之路」（〔日〕渡邊哲信《西域旅行日記》，載《新西域記》，東京：有光社，一九三七年，第三一五頁），或說「碑文言始斷岩云云，以字面而言，完全是一名軍人開通道路，刻石紀功」（〔日〕堀賢雄《堀賢雄西域旅行日記》，載《西域文化研究》第四《中央アジア古代語文獻》，第三十九頁）。徐樹鈞說「此碑當是為劉平國開山通道紀功而作。」（〔清〕徐樹鈞〈龜茲左將軍劉平國碑並釋文〉，《寶鴨齋題跋》卷上）羅振玉等命名為〈劉平國治路誦〉（羅振玉《〈漢劉平國治路誦〉題識》，上海圖書館劉鶚舊藏本；顧廷龍校閱《藝風堂友朋書劄》，上海古籍出版社，一九八一年，第九九八頁），端方等命名為〈劉平國開道記〉（端方《〈劉平國拓本陶齋題記東漢白山摩崖劉平國開道記〉題識》，北京故宮博物院一九六五年購藏本；田北湖《〈精拓劉平國開道記〉題識》，《神州國光集》第六集。吳湖帆《〈漢白山摩崖龜茲左將軍劉平國開道記〉題識》，上海博物館購藏本；吳湖帆《〈漢白山摩崖龜茲左將軍劉平國開道記原石精拓本〉題識》，上海博物館購藏本。陸和九《〈劉平國開道記〉題識》，北京大學圖書館陸和九舊藏本），或題〈劉平國治路記〉（王世仁《〈劉平國治路記〉題識》，上海圖書館潘飛聲舊藏本），〈劉平國治路頌〉（劉正成主編《中國書法鑑賞大辭典》，中國大地出版社，一九八九年，第九十八頁；劉正成主編《中國書法全集》七〈秦漢刻石一〉，榮寶齋出版社，一九九七年，第四八九頁；邵大箴主編《中國美術百科全書》，人民美術出版社，二〇〇九年，第八二二頁），〈劉平國修道記〉（陸和九《〈東漢白山摩崖漢劉平國修道記初拓本〉題識》，北京大學圖書館陸和九舊藏本）等。以上資訊，多參考陶喻之《東漢劉平國刻石研究資料彙編》（《西域考古．史地．語言研究新視野：黃文弼與中瑞西北科學考查團國際學術研討會論文集》，科學出版社，二〇一四年）。「劉平國開道記」之稱，又見於其他論著。如謝建華〈胡小石先生年表〉（南京博物院編《胡小石書法文獻》，榮寶齋出版社，二〇〇八年，第四三四頁）；劉正成主編《中國書法鑑賞大辭典》（中國大地出版社，一九八九年，第九十八頁）；柏克萊加州大學東亞圖書館編《柏克萊加州大學東亞圖書館藏碑帖》（上，《圖錄．碑石類》，上海古籍出版社，二〇〇八年，第三十一頁；下，《總目．一摩崖石刻》，第十三頁）。這些定名都強調劉平國主持這個交通建設工程「開道路」、「開通道路」、「開山通道」、「治路」、「開道」、「修道」的歷史貢獻。「作孔」，是劉平國功績的概括性表現，一如張騫「鑿空」。

「遙想漢人多少閎放」

後來被稱為「絲綢之路」的東西文化聯絡通道，其實有久遠的歷史。《左傳．昭公十二年》說到周穆王「周行天下」的事蹟。出於汲塚的《竹書紀年》也有關於周穆王西征的明確記載。《史記》卷五〈秦本紀〉和卷四三〈趙世家〉說到周穆王「西巡狩」、「見西王母」的故事。

考古工作的收穫已經證明，在張騫之前，中原經西北地方與外域的文化通路早已發揮促進文化溝通、文化交流、文化融匯的歷史作用。在阿勒泰地區發現西元前五世紀貴族墓中曾出土的中國絲織品。巴澤雷克五號墓出土來自中國有鳳凰圖案的刺繡。在這地區，西元前四世紀至前三世紀的墓葬中，還出土了典型關中文化風格的秦式銅鏡。

嚴文明曾經指出：「早先是西方的青銅文化帶著小麥、綿羊和冶金技術，不久又趕著馬匹進入新疆，而且繼續東進傳入甘肅等地；東方甘肅等地的粟和彩陶技術也傳入新疆，甚至遠播中亞。這種交互傳播的情況後來發展為著名的絲綢之路。」（〈新疆的青銅時代和早期鐵器時代文化〉序一，韓建業《新疆的青銅時代和早期鐵器時代文化》，文物出版社，

二〇〇七年，第一頁）儘管前張騫時代的絲綢之路史不宜忽視，然而張騫身為以中原大一統王朝官方使者的身分開拓域外交通通路的第一人，對發展中西交通的功績，確實有開創性的意義。

基於張騫的努力，西域與漢帝國建立了正式的聯繫。俄羅斯學者比楚林（Бичурин）曾經指出，西域絲綢之路開通「在中國史的重要性，絕不亞於美洲之發現在歐洲史上的重要」。以「鑿空」顯現張騫對正式開通絲綢之路的首功，是無法磨滅的。唐代名臣魏徵說，「張騫鑿空」之「開遠夷，通絕域」展現出「開」、「通」的成功，動機在「宏放」的文化追求（《隋書》卷八三〈西域傳〉）。新疆羅布泊地區出土的漢錦圖案中「登高明望四海」的文字，以及漢鏡銘文「宜西北萬里」等，都展現了當時漢文化面對世界雄闊的胸襟。理解張騫之「鑿空」，應當注意其歷史功業展現英雄主義和進取精神的正面意義。魯迅曾經寫道：「遙想漢人多少閎放」，「毫不拘忌」，「魄力究竟雄大」。他熱情肯定當時民族精神所謂「豁達閎大之風」（《墳．看鏡有感》），也可以透過張騫「鑿空」的事業有所體會。

第二十一章
合浦的海氣珠光

被稱為「銀灘」的地方，絕美的沙岸。遠看白色潮頭一浪一浪地推上前來，細雨浸溼的彩旗依然被勁風揚起，猛烈地拂動著。新聞充斥南國暴雨洪災的消息。海風得意地推進萬里烏雲，掃蕩了三伏的暑氣。風聲夾帶幾乎橫飛的雨滴，好像在問窗前寂寞的遠來北客：你在看什麼？你在想什麼？

我第一次來北海，第一次來合浦，拜謁這處絲綢之路史上聲名顯赫的出發港。面向窗外的海空，很自然地回想起秦漢帝國的南洋開拓，似乎看到雲氣霧色之中烈風挾送那兩千年前的帆影。

南海名港

兩千多年前，對海洋心懷特殊幻想的秦始皇東巡海濱，上泰山時遇暴風雨，但是他來到海上，「昭臨朝陽，觀望廣麗」時，應當是好天氣。

秦始皇在西元前二二一年實現統一後，第二年就有向西的巡行。隨後，次年又向東走到海濱。他在琅邪（今山東青島南）居留了三個月，據說「大樂之」，組織了以此為目的地的大規模移民。並且宣布，這些琅邪新居民享受十二年不必承擔賦稅徭役的特殊優遇。遠程出巡途中，留居三月，是極異常的舉動。這也是秦始皇在咸陽以外地方居留最久的紀錄。而「徙黔首三萬戶」，達到關中以外移民數量的極點。「復十二歲」的優遇，則是秦史僅見的一例。這種特殊的行政決策，應有特殊的動機。越王勾踐曾經遷都於琅邪，這裡成為越國後期的政治中心。而越人海上航行的強勢是眾所周知的。琅邪是著名的海港。我們在歷史文獻中看到，有移民從琅邪前往樂浪的記載。樂浪在朝鮮半島北部。上古地理知識有關東夷「君子之國」、「去琅邪三萬里」（《兩漢博聞》卷一一引《山海經》）、「亶洲去琅邪萬里」（《括地志》引吳人《外國圖》）等說法，展現琅邪作為「東海」大港的地位。

在秦始皇視察琅邪七年後，即秦始皇三十五年（前二一二），「立石東海上朐界中，以為秦東門。」在大致今天江蘇連雲港的位置設立標誌，確立為秦的「東門」。這裡的空間位置確實在秦都咸陽的正東方，但是「秦東門」的設定，也許還有其他的意義。似乎秦始皇熱切關注「東海」的中心觀點，從琅邪向南移動到了「朐」。這可能與秦帝國海岸線的延長有關。因為「南海」置郡，海岸的中心於是南移。

秦始皇三十七年（前二一〇）最後一次出巡，「上會稽，祭大禹，望於南海，而立石刻頌秦德」（《史記》卷六〈秦始皇本紀〉）。在浙江紹興附近望海，我們都知道應當是東海。這裡說「望於南海」，有可能展現秦始皇的海洋知識中，已經存留有關「南海」的資訊。他以「望於南海」表達對帝業成功的充足自信。

秦始皇對「南海」的認知始於何時呢？《史記》卷六〈秦始皇本紀〉在秦始皇二十六年（前二二一）記事內容中，已言「南至北向戶」，二十八年（前二一九）琅邪刻石有「皇帝之土……南盡北戶」語，可知向嶺南的開拓應當在兼併六國後隨即開始。《史記》卷七三〈白起王翦列傳〉的記載：「……平荊地為郡縣。因南征百越之君，而王翦子王賁與李信破定燕齊地。秦始皇二十六年，盡並天下。」也就是說，在「秦始皇二十六年」之前，秦軍在滅楚之後，隨即已經開始「南征百越之君」的軍事行動。我們可以認為，秦始皇對嶺南的征服是秦統一戰爭的重要主題。秦統一的規模其實並不限於所謂「六王畢，四海一」（〔唐〕杜牧〈阿房宮賦〉）指出的對六國的征服。秦的版圖擴展至珠江流域、南海之濱，超越了原先楚國的行政控制範圍。

根據〈秦始皇本紀〉的記載，秦始皇三十三年（前二一四）正式設桂林郡、象郡、南海郡。屬於象郡的合浦地方歸於秦帝國，開始承納北方移民遷入，也開始接受中原文化影響。而作為重要的出海口，也向秦帝國的執政者傳遞關於「南海」的知識。秦始皇「望於南海」，可以看成對「為桂林、象郡、南海」的炫耀，或許也可以理解為對「南海」世界積極探索欲望的表露。

《史記》卷一二九〈貨殖列傳〉說，嶺南地方便於得到「珠璣、犀、玳瑁、果、布」。《漢書》卷二八下〈地理志下〉也寫道：「（粵地）處近海，多犀、象、毒冒、珠璣、銀、銅、果、布之湊，中國往商賈者多取富焉。」看來，合浦等地方海路貿易的優勢很早已經得到開發。山東青州西辛戰國齊王墓曾經出土來自波斯地區的口沿有埃及文字的裂瓣紋銀盒，年代大約在西元前九世紀至西元前六世紀（國家文物局《二〇〇四年中國重要考古發現》，文物出版社，二〇〇五年，第七十七頁）。這件文物，有學者稱之為「銀豆盒」，認為具有「粟特藝術特點」，反映了「草原文化」的影響（王雲鵬、莊明軍〈青州西辛戰國墓出土金銀器對草原絲綢之路的佐證〉，《濰坊學院學報》二〇一二年第三期）。也有學者認為這個文物發現「證明了齊國的海外交通範圍很廣」（周運中〈先秦中國大陸與臺灣間的

航海新考〉，《國家航海》二〇一三年第三期）。後一種意見應當更符合歷史事實。臨淄戰國古墓還曾經出土來自地中海東岸地區的玻璃珠（淄博市博物館、齊故城博物館《臨淄商王墓地》，齊魯書社，一九九七年，第六八至六九頁；參看林梅村《絲綢之路考古十五講》，北京大學出版社，二〇〇六年，第一〇五頁）。這些文物資料可以視為反映齊地當時和極遙遠的南洋地方已經實現文化溝通的資訊。這種溝通，很可能是以航海事業的進步為條件的。南海地方作為外來文化進入中原的早期通路，相關資訊提供了考察的條件。了解南海大港合浦的開發與繁榮，應當注意南洋航路早期開通的歷史。

到了西漢時期，合浦作為南洋航路重要出發港的地位更加明確。班固撰寫的《漢書》卷二八下〈地理志下〉已經明確告知人們，合浦是遠航黃支國的出發港，也是東方海上航路的名港。

「合浦珠還」傳說

「珠璣」是粵地「近海」之處的特產。「合浦珠」，或說「南珠」，早已因地方品牌的形成而享有盛名。

宋代詩人程俱頌揚一位官員的仁心德政，使用「種德久彌芳」、「哀榮動故鄉」文句，還借用漢代古典，言「合浦珠還增氣象」（《北山集》卷一〇）。另一位宋代詩人陶弼的〈合浦還珠亭〉詩，直接回顧了漢代循吏孟嘗的故事：「合浦珠還舊有名，使君方似古人清。沙中蛤蚌胎常滿，潭底蛟龍睡不驚。」（《邕州小集》）《後漢書》卷七六〈循吏列傳．孟嘗〉記載，孟嘗任合浦太守，當地農耕生產未能充分發展，「郡不產穀實，而海出珠寶」，由於與交阯接境，「常通商販，貿糴糧食」。此前在合浦任職的地方官員「並多貪穢，詭人采求，不知紀極」，致使珍珠豐產優勢逐漸轉移到交阯郡地，合浦地方經濟因此走向蕭條，「於是行旅不至，人物無資，貧者餓死於道」。孟嘗到任之後，「革易前敝，求民病利」，不到一年，竟然「去珠復還」，合浦的總體形勢明顯改善，「百姓皆返其業，商貨流通」。孟嘗的行政風格所以一時「稱為神明」，「珠還」應當是明顯的表徵。後人所謂「美政新還合浦珠」（〔明〕顧璘〈壽易太守士美〉，《山中集》卷三），成為展現深刻歷史記憶的千百年歷代慣用文化典故。

孟嘗後來的故事，因病得到准許回歸中原的命令，但是合浦官吏和百姓「攀車請之」，期望挽留。孟嘗無法啟程，不得已，於是「乃載鄉民船夜遁去」。後來他「隱處窮澤，身自耕傭」，成就了「循吏」的模範。關於孟嘗「德」的表現，有介紹說：除「去珠復還」外，「且南海多珍，財產易積，掌握之內，價盈兼金，而嘗單身謝病，躬耕壟次，匿景藏采，不揚華藻」。與孟嘗「單身謝病，躬耕壟次」對應的，是「南海多珍，財產易積，掌握之內，價盈兼金」的「海出珠寶」財富優勢。類似多財與清心的對比，又見於《後漢書》卷三一〈張堪傳〉記述的故事：吳漢軍擊敗公孫述，成都占領之後，蜀郡太守張堪首先入城，他清點庫藏，收其珍寶，均仔細列出清單上報，「秋毫無私」。時人讚美道：「公孫述破時，珍寶山積，卷握之物，足富十世」，而張堪離職的時候，乘坐的是「折轅車」，攜帶的是「布被囊」。唐代學者李賢解釋說：「卷握」好比「掌握」，「謂珠玉之類也」。對照上文所引「南海多珍，財產易積，掌握之內，價盈兼金」，這些說法，都強調了「珍」、「珠」不過是「掌握」、「卷握」的數量，就可以有「價盈兼金」、「足富十世」的驚人價值。

《漢書》卷二八上〈地理志上〉說，以合浦為出發港，前往南洋的遠航貿易，追求的主要目的包括「珠」：「入海市明珠、璧流離、奇石異物，齎黃金雜繒而往。」「珠」的等級和規格較高，「大珠至圍二寸以下」。合浦本自盛產「珠」，而又引入外來的「珠」，「入海市明珠」，傳入的物資中「大珠至圍二寸以下」，「明珠」、「大珠」，都指規格等級較高的珍珠。《漢書》卷九六下〈西域傳下〉：「明珠、文甲、通犀、翠羽之珍盈於後宮。」說宮廷高等級消費生活內容，「明珠」居於前列。馬援故事「上書譖之者以為前所載還皆明珠、文犀」，指出「明珠」來自南海。《後漢書》卷六一〈黃瓊傳〉：「羽毛、齒革、明珠、南金之寶殷滿其室。」「羽毛、齒革」都是南國物產，「明珠」也是一樣，所謂「南金之寶」尤其明確地指出這些寶物

出產地的方位。

合浦「近海」多「珠璣」可以從兩個方面理解：第一，這裡是「珠」的重要出產地；第二，這裡是海外「明珠」、「大珠」進入中國市場的重要通道。

「神珠薏苡」

合浦漢墓出土「薏苡」。這種植物種實具有一定的食療效果。《後漢書》卷二四〈馬援傳〉記載，起初馬援在交阯時，經常食用「薏苡實」，據說有益於「輕身省欲，以勝瘴氣」。李賢注《後漢書》，引用《神農本草經》的說法：「薏苡味甘，微寒，主風溼痹下氣，除筋骨邪氣，久服輕身益氣。」由於「南方薏苡實大」，馬援「欲以為種」，移植北方，於是回軍時「載之一車」。然而因此導致誤會。當時人以為馬援車載「南土珍怪」，朝中權貴皆矚目。當時馬援受到皇帝恩寵，沒有人報告此事。但是馬援去世後，「有上書譖之者，以為前所載還，皆明珠文犀」。皇帝震怒，馬援妻子家人皆驚惶恐懼，不敢將馬援葬入家族墓地，賓客故人也不敢前往弔唁。

《後漢書》卷六四〈吳祐傳〉於是說「昔馬援以薏苡興謗」。此歷史記憶相當深刻。《舊唐書》卷七〇〈杜正倫傳〉：「……夫薏苡以謗，士大夫慎之」，《舊唐書》卷一七二〈蕭廩傳〉：「昔馬援以薏苡興謗」，以及《舊唐書》卷一九〇下〈文苑傳下．唐次〉「薏苡惑珠」，《明史》卷一七八〈項忠傳〉「昔馬援薏苡蒙謗」等，都說到馬援事蹟中「薏苡」曾經被誤認為「南土珍怪」，導致「譖」、「謗」的情形。

薏苡除了具有「主風溼痹下氣，除筋骨邪氣」的藥性，據說「久服輕身益氣」，似乎與漢代社會的成仙追求有某種神祕關聯。薏苡具有神力，又見於傳說時代的故事。據《史記》卷一〈五帝本紀〉司馬貞《索隱》引。《禮緯》的說法，禹的母親修己吞食了薏苡，因而有孕生禹，於是以「姒氏」為姓。《史記》卷二〈夏本紀〉張守節《正義》引〈帝王紀〉：「父鯀妻修己，見流星貫昴，夢接意感，又吞神珠薏苡，胸坼而生禹。」裴駰《集解》引《禮緯》也說：「祖以吞薏苡生。」而〈帝王紀〉「神珠薏苡」的說法，特別值得注意。「神珠」或許形容薏苡形狀圓潤，但是也使人聯想到「薏苡」與「珠」都屬於「南土珍怪」的情形。

「璧流離」—— 舶來的玻璃

《漢志》說，經由合浦的海運物產種類頗多，即所謂「入海市明珠、璧流離、奇石異物，齎黃金雜繒而往」。合浦漢墓出土金餅，使我們聯想到「齎金餅」的貿易行為。「雜繒」明確見於文獻記載，提示這條中外文化交流通道以「海上絲綢之路」的定位是準確的。斯里蘭卡 DelivalaStupa 遺址出土的一件中國絲綢，年代測定為西元前二世紀，即這條絲綢貿易通路的文物實證（查迪瑪〈斯里蘭卡藏中國古代文物研究 —— 兼談中斯貿易關係〉，山東大學博士學位論文，二〇一一年）。所謂「璧流璃」，作為外來珍品，為中國上層社會所傾心追求，同時也具有政治文化象徵意義。《漢書》卷九六上〈西域傳上〉關於「罽賓」的記述中，說到當地出產「珠璣、珊瑚、虎魄、璧流離」。「珠璣」上文已經說到；「珊瑚」是熱帶海洋腔腸動物珊瑚蟲的石灰質骨骼遺存；「虎魄」就是一般所說的「琥珀」，合浦漢墓多有出土。合浦風門嶺二三號漢墓和鹽堆一號漢墓出土的琥珀獅子飾件，基於獅子出產地的知識，都可以確定透過南洋海路輸入（廣西壯族自治區文物工作隊、合浦縣博物館《合浦風門嶺漢墓 —— 二〇〇三至二〇〇五年發掘報告》，科學出版社，二〇〇六年，第一三五頁）。那麼，什麼是「璧流離」呢？顏師古注釋《漢書》，引錄孟康的說法：「流離，青色如玉。」又說：「《魏略》云：大秦國出赤、白、黑、黃、青、綠、縹、紺、紅、紫十種流離。」以為孟康只說「青色」，知識有所局限，「不博通也」。他說：「此蓋自然之物，采澤光潤，踰於眾玉，其色不恆。」指出「璧流離」的光潤色澤超越各種「玉」，只是「其色不恆」，大概是說，其色彩的深沉與恆久，則不如「玉」。又說：「今俗所用，皆銷冶石汁，加以眾藥，灌而為之，尤虛脆不貞，實非真物。」強調「璧流離」的製作加工，

採用高溫燒煉方式，又加入多種化學成分。其品質，有「虛脆不貞」，即容易破碎的特點。有人說，「璧流離」就是「琉璃」。宋代學者王觀國說，揚雄〈羽獵賦〉、左思〈吳都賦〉等言「流離」，「本用『琉璃』，亦借用『流離』耳。」（《學林》卷五）孫奕也持這種看法（《示兒篇》卷二〇〈字說〉）。這種所謂「璧流離」，很可能與外來玻璃器有關。

合浦漢墓出土玻璃器數量很多，樣式紛繁，色彩明麗。有些玻璃串珠，在考古報告中或被記錄為「琉璃串珠」（廣西壯族自治區文物工作隊、合浦縣博物館《合浦風門嶺漢墓——二〇〇三至二〇〇五年發掘報告》，科學出版社，二〇〇六年，第一三三至一三四頁）。合浦紅嶺頭三四號墓出土的湖藍色玻璃杯、合浦黃泥崗一號墓出土的湖藍色玻璃杯，文昌塔七十號墓出土的淡青色玻璃杯，都是晶瑩明澈、華美精緻的絕品。有學者曾經認為，「璧流離」可能是來自印度、阿富汗的綠寶石、藍寶石、青金石。季羨林說，「璧流離」是梵文的音譯，「今天的『玻璃』就是。」（季羨林《中印文化交流史》，中國社會科學出版社，二〇〇八年，第十七頁）考古學者熊昭明指出：「從合浦漢墓出土的眾多玻璃器來看，『璧流離』應是漢代對玻璃的一種稱謂。」（熊昭明《漢代合浦港考古與海上絲綢之路》，文物出版社，二〇一五年，第五十九頁）這樣的見解，我們是同意的。

《宋書》卷二九〈符瑞下〉，說到作為祥瑞現象的「璧流離」：「璧流離，王者不隱過則至。」說政治權力的掌握者，即「王者」，如果「不隱過」，即對自己的罪過、過失，不掩飾、不隱瞞、不否認，則這種異常的祥瑞就會出現。山東嘉祥武氏祠漢代石刻劃像資料中也出現「璧流離，王者不隱過則至」的榜題，可知這是漢代已經流行的認知。而圖像畫面中，「璧流離」顯現為「璧」的形象，大概是因為玻璃器具「其色不恆」，不好表現，於是畫工依照多數人比較熟悉的「璧」加入到形象史學的資訊中。當然也可能是因石刻的製作者一樣「不博通」，沒有親自見識過這種遠洋舶來的寶物。

南洋航路上的「蠻夷賈船」

合浦已經發掘的上千座漢代墓葬，出土文物非常豐富。從形制來看，均為典型的漢式墓葬。但是葬品構成，卻展現出諸多外來文化元素。除了《漢志》所言「珠璣、珊瑚、虎魄、璧流離」，上文已經有所討論外，我們還看到合浦凸鬼嶺汽齒廠六號墓出土的石榴子石獅子飾件，合浦第二毛紡廠四號墓出土的石榴子石串飾，合浦北插江十號墓、合浦北插江四號墓、合浦凸鬼嶺汽齒廠三十 B 號墓出土的肉紅石髓串飾等。合浦風門嶺二六號墓出土的肉紅石髓獅子飾件，也應來自南洋。又有瑪瑙串飾、戒指、劍璇等。合浦發現的水晶製品，包括白水晶、紫水晶、黃水晶、茶晶等，據考古學者推斷也應當來自印度（熊昭明《漢代合浦港考古與海上絲綢之路》，文物出版社，二〇一五年，第六十八至七十頁、第七十八頁、第七十一頁、第九十五頁）。這些文物，使人聯想到《漢志》所謂「入海市明珠、璧流離、奇石異物」中與「明珠、璧流離」並列的「奇石異物」。所謂「南海多珍」，應當是包括這些「奇石異物」的。被稱為「缽生蓮花器」的文物，出土於合浦風門嶺一號東漢晚期墓。在合浦三國墓中，同類器物出土十二件。就現有資料看，這類器物僅發現於合浦。研究者注意到，蓮花造型與佛教有密切關係，判斷這種器形的發現反映了海洋絲綢之路與佛教傳播的關係（熊昭明《漢代合浦港考古與海上絲綢之路》，文物出版社，二〇一五年，第一四一頁）。

除犀角杯、象牙模型、乳香等許多學者認為來自南洋的文物外，廣州漢墓出土展現南海交通路線暢通的實物證明，又有胡俑托燈形象。合浦寮尾十三 B 號墓出土的「胡人俑座燈」性質相同。合浦堂排一號墓出土的懷抱印度弓形豎琴的胡人俑，「面相明顯是胡人」，但「纏頭綰結」似乎表現出「漢式」風格。合浦寮尾十三 B 號墓出土的波斯陶壺，是展現海上絲綢之路文化連結作用的典型器物。

《漢書》卷二八上〈地理志上〉說，從合浦出發的南洋航行，有些船隊是非中原人駕駛的，即所謂「蠻夷賈船，轉送致之」。既然稱「蠻夷賈

船」，則這類商船的主人、船長和水手，應當是外族人。合浦漢代墓葬的主人，是否有來自南洋的「蠻夷」，即外族商人和航海家的可能呢？以往發現的合浦漢墓人骨遺存，考古學者認為不具備進行族屬鑑定的條件。或許現今 DNA 提取和比對技術，可以為學界增進相關知識提供有意義的資訊。

絲綢之路的開通和經營，是多民族合作的歷史文化成就。便利中西文化交往，在這條草原東西通路上，有草原民族活躍的身影。「胡商」、「胡賈」們促進絲綢之路交通的歷史貢獻，值得關心經濟史、交通史、民族史和文化交流史的人們注意。對南洋航路上「蠻夷賈船」的歷史考察，也將獲得有意義的發現。

「伏波」南征

東漢初年，合浦附近發生過一次大規模的戰爭。漢光武帝建武十八年，也就是西元四二年的夏季，名將馬援受命以伏波將軍名義，率軍平定徵側、徵貳武裝暴動，又進而南下九真，到達上古時代中原王朝軍事力量南進的極點。這次成功的遠征，由海陸兩道並進。樓船軍經海路南下，戰爭規模、進軍效率以及與陸路部隊的配合，都超過漢武帝時代樓船軍浮海擊南越、擊東越、擊朝鮮故事，成為戰爭史中新的航海紀錄。南海海面馬援軍「樓船」「伏波」的成功，有漢武帝時代數次海上遠征經驗，以及不同民族、不同身分的南海航行者艱險的海洋探索，所提供的技術基礎。這個軍事行為對合浦地方的震盪，應當是強烈的。

西漢帝國的版圖在漢武帝時代得以空前擴張。東北征服了朝鮮半島北部；西南至於雲貴；東南則滅南越，建南海、蒼梧、郁林、合浦、日南、九真、交趾、儋耳、珠崖九郡，在海南島首次設置行政管理機構，「合浦」也正式置郡。但是當時最突出的推進，是在西北方向。河西四郡的設立，使通往西域地方的道路安全有所保障。一九六三年八月出土於湖北鄂城的漢鏡，銘文可見「宜西北萬里」，展現漢代社會對西北方向特別的關注。

「宜西北萬里」語，透露出對以「西北」為方向的「萬里」行程可能經歷艱險的樂觀態度。長江流域出土主題涉及「西北」的鏡銘文字，反映絲綢交通之路對當時漢文化風貌之英雄主義與進取精神的正面影響。鏡銘文字所見「宜西北萬里」前程的「富昌長樂」預想，或許展現了向西北方向的「萬里」行旅與社會經濟生活的廣泛關聯。

兩漢之際的歷史變化有多種跡象。其中，移民方向展現社會對東南方的傾心值得注意。透過對西元二年和西元一四〇年兩個戶口統計數字的比較可以得知，這一百三十八年間，全國戶口數字呈負增長趨勢，戶數和口數分別為負百分之二十點七和負百分之十七點五。而今天江西、湖南諸郡國的戶口卻迅速增長。豫章郡（郡治在今江西南昌）戶數增長了百分之五〇二點五六，口數增長了百分之三七四點一七。而零陵郡的增長幅度，戶數達到百分之九〇六點五，口數達到百分之六一八點六。當時，位於今湖南的零陵郡和位於今江西的豫章郡都接納了大量的南遷人口。這兩個地區當時均處於中原向江南大規模移民通道的要衝。

自兩漢之際開始中原往江南的移民熱潮，即所謂「大規模的自發人口遷移」，「導致中國人口的地理分布在一段時間裡出現南增北減的變化」（石方《中國人口遷移史稿》，黑龍江人民出版社，一九九〇年，第一四七頁），又經歷六朝繁華，江南地區逐漸成為全國經濟的重心。

對外戰略方向的判斷和選擇，西漢雄主漢武帝和東漢政權的創立者漢光武帝是有所不同的。

漢武帝政治軍事的主要關注方向在西北。而劉秀對西北方向的政策有所變化。兩漢之際，匈奴囂張。而莎車王強勢，也使西域局勢陷於危局。鄯善王上書請求漢王朝派遣都護，出兵安定西域。劉秀卻回答道：「今使者、大兵未能得出。如諸國力不從心，東西南北自在也。」（《後漢書》卷〈西域傳〉）對於劉秀的答覆，清代學者何焯以「堅忍」二字評判（《義門讀書記》卷二四〈後漢書〉）。劉秀對西北方的危局以「堅忍」態度表現出大政治家的寬懷與鎮定，但畢竟透露了對西北經營趨於保守的消極傾向。然而另一方面，對東南方的進取，卻鮮明地表現出積極的態度。馬援遠征交

阯、九真，正是典型的歷史跡象。《後漢書》卷二四〈馬援傳〉記載這次軍事行為的啟動和早期動向：「璽書拜援伏波將軍，以扶樂侯劉隆為副，督樓船將軍段志等南擊交阯。軍至合浦而志病卒，詔援並將其兵。遂緣海而進，隨山刊道千餘里。十八年春，軍至浪泊上，與賊戰，破之，斬首數千級，降者萬餘人。」樓船將軍段志在「軍至合浦」時去世，其部眾由馬援直接統率，全軍勝利挺進，「援將樓船大小二千餘艘，戰士二萬餘人，進擊九真」，最終「嶠南悉平」。合浦作為戰事發起的重要地點，不僅在軍事史上留下威名，在航海史上的地位也因此顯赫。

《漢書》卷六〈武帝紀〉記載漢武帝元封五年（前一〇六）出巡事：「五年冬，行南巡狩，至於盛唐」，在九嶷山望祀舜帝，又登天柱山，「自尋陽浮江，親射蛟江中，獲之」。隨行船隊浩蕩，據說「舳艫千里」，「遂北至琅邪，並海，所過禮祠其名山大川。春三月，還至泰山，增封」。武帝出巡，「自尋陽浮江，親射蛟江中，獲之」，其事蹟頗類同秦始皇海中「自以連弩候大魚出射之」，終於「見巨魚，射殺一魚」（《史記》卷六〈秦始皇本紀〉）。漢武帝「夏四月」詔對此「巡狩」行程有所回顧，其中寫道：「朕巡荊揚，輯江淮物，會大海氣，以合泰山。上天見象，增修封禪。」對於「會大海氣」，顏師古注引鄭氏語，認為「會大海氣」就是「會合海神之氣，並祭之」。漢武帝「會大海氣」的說法，賦予「大海」崇高的神性，特別值得注意。這篇小文標題使用「海氣」字樣，借取漢武帝詔文用語，試圖使自己的文氣也能與漢代人的海洋意識與積極面對海外往來的文化理念有所接近。

第二十二章
究天人之際，
通古今之變

司馬遷在致任少卿的信中自敘撰寫《史記》的心志，有「欲以究天人之際，通古今之變，成一家之言」的話。這個說法影響非常深遠，不少人以此作為人生格言，或以標示學術追求的鵠的。

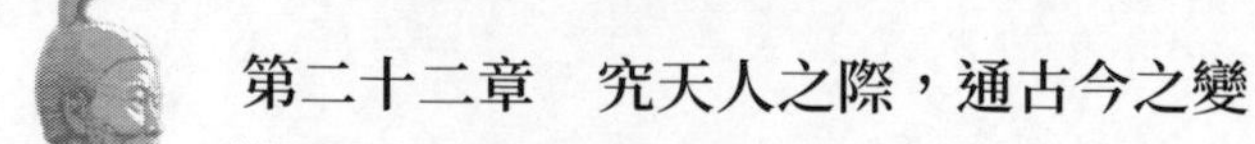

「天人」、「古今」

班固把這段文字記錄在《漢書》卷六二〈司馬遷傳〉中。然而《史記》卷一三〇〈太史公自序〉裡，我們只看到所謂「成一家之言」，並沒有「究天人之際，通古今之變」這十字。不過，司馬遷在他的史學實踐中，是切實堅持這個學術理念的。《史記》卷二七〈天官書〉寫道：「為國者必貴三五。上下各千歲，然後天人之際續備。」按照司馬貞《索隱》的解釋，「三五」指的是「三十歲一小變，五百歲一大變」，仍然說到了「古今之變」。在〈太史公自序〉中介紹「八書」的撰述主題，也說「天人之際，承敝通變」，這裡「通變」，也許可以理解為「通古今之變」。關於《禮書》的內容，司馬遷也有「略協古今之變」的說法。這些表述，其實都包含「究天人之際，通古今之變」的深意。有人評價《史記》，認為正是因為追求這個境界，於是成就輝煌，「七十列傳，各發一義，皆有明於天人古今之數」。而〈貨殖列傳〉「亦天人古今之大會也」（〔清〕惲敬《大雲山房文稿》初集卷二〈讀貨殖列傳〉，四部叢刊景清同治本）。

所謂「通古今之變」，指出歷史學者的學術責任是考察古今歷史演變的進程，並進而洞察歷史、理解歷史，總結關於歷史規律的體會。對於進行這樣的學術工作路徑，司馬遷的做法是「網羅天下放失舊聞，考之行事，稽其成敗興壞之理」。考察、了解中國的歷史文化，應當進行這樣的努力。對於經歷艱苦探索，終於獲得歷史新知的內心欣慰，他的表述是：「則僕償前辱之責，雖萬被戮，豈有悔哉！」如此堅定的學術信念，今天的讀書人，依然可以藉以自勉。

「敬天」理念

理解「究天人之際」的文意，當然不能脫離當時的文化背景，關注人們對「天」具有濃厚神祕色彩的深切崇敬。曾經就《公羊春秋》的研讀對司馬遷有所指導的董仲舒，對「天人之應」多所討論（《漢書》卷五六〈董仲舒傳〉），他的思想可能對司馬遷有一定的影響。《史記》卷一〈五帝本紀〉

說堯「敬順昊天」。張守節《正義》解釋為「敬天」。後世注家對《史記》文字的解說，也可見「敬天常」（《史記》卷一一七〈司馬相如列傳〉司馬貞《索隱》）、「嚴敬天威」（《史記》卷四〈周本紀〉裴駰《集解》）等說法。

如果理解秦漢社會的「敬天」理念，包含對自然的尊重、對生態的愛護，應當珍視其中值得繼承的文化因素。《韓詩外傳》卷七寫道：「善為政者循情性之宜，順陰陽之序，通本末之理，合天人之際，如是則天氣奉養而生物豐美矣。」從這角度看「天人之際」的「合」，可以發現接近現今科學的生態環境保護意識。

還應當注意，司馬遷「究天人之際」的「究」，強調對未知規律的探索追求，與董仲舒「道之大原出於天，天不變，道亦不變」（《漢書》卷五六〈董仲舒傳〉）的僵化偏執傾向有所不同。

時代話題

司馬遷生活的時代，是英雄主義、進取精神和開放風格凸顯，文明大幅進步的歷史階段。思維活潑、創造、積極，導致文化豐收。當時的思想者有比較寬廣的視野和比較高遠的追求，「天人」和「古今」的關係，似乎是許多人共同關心的文化命題。

漢武帝說：「善言天者必有徵於人，善言古者必有驗於今。」董仲舒說：「天人之徵，古今之道也。」（《漢書》卷五六〈董仲舒傳〉）公孫弘也曾經言及「明天人分際，通古今之義」（《史記》卷一二一〈儒林列傳〉）。《淮南子．泰族》寫道：「明於天人之分，通於治亂之本。」《淮南子．要略》也有「埒略衰世古今之變」、「通古今之論」、「經古今之道」，以及「觀天地之象，通古今之事」之說。

看來，司馬遷所謂「究天人之際，通古今之變」，代表一種具有強烈時代特徵的歷史文化意識。而這位偉大學者的思考多有歷史證明，確實展現了真知灼見。不過，因為與決策者的文化立場和政治判斷有所不同，因李陵之禍爆發，終於激怒漢武帝，以陷腐刑。他從對歷史的感悟中提供的

認知，是否對漢武帝這種就「天」、「人」、「古」、「今」也曾有所關注的執政者產生影響，屬於另一個層面的問題，大概需要透過更細緻的學術考察才能說明。

第二十三章
史家的「童心」：《史記》閱讀體驗

《左傳》有「昭公十九年矣，猶有童心」的說法。《史記》沿承這個記載。〈魯周公世家〉：「昭公年十九，猶有童心。」也可以說是較早使用「童心」這個詞語的文獻。不過，《左傳》以批評的口氣言「童心」。《史記》卻沒有明顯的否定性傾向。裴駰《集解》引東漢學者服虔對「有童心」的解釋是「言無成人之志，而有童子之心」。現在我們回顧歷史，似乎「有童子之心」恰是許多有文化貢獻的人們共同值得肯定的特質。閱讀《史記》這部中國史學童蒙時期的傑作，是可以透過其氣質與筆法的樸實、清純、天真，深切體會作家「童心」的。

「天真」、「好奇」

司馬遷與《史記》研究的名家李長之在《司馬遷之人格與風格》一書中，對司馬遷於他所處時代的另一代表性人物漢武帝進行過比較。他注意到這兩位歷史名人有共同之處：「漢武帝之求才若渴，欣賞奇才，司馬遷便發揮在文字上。漢武帝之有時幼稚，可笑，天真，不實際，好奇，好玩，好幻想，司馬遷也以同樣的內心生活而組織成了他的書。」所謂「幼稚」、「天真」、「好奇」、「好幻想」，正是「童子之心」的表現。

對於司馬遷的「好奇」，西漢揚雄《法言．君子》早有評價：「多愛不忍，子長也。」、「子長多愛，愛奇也。」因此才獲得「《太史公》，聖人將有取焉」的非常成就。揚雄所謂「愛奇」，後人或直接稱讚其「好奇」。歐陽脩《帝王世次圖序》說：司馬遷「博物好奇之士，務多聞以為勝者」。徐孚遠《史記測議序》也寫道：「太史公志大而好奇」，「包舉廣矣」。

「好奇」而務求「多聞」，首先表現在對歷史資料蒐集的求之「若渴」，對其中富有「奇」意味的資訊深心「欣賞」。司馬遷對歷史現象「包舉」之「廣」，可以說達到極致。就透過實地考察豐富歷史經驗、充實歷史識見而言，王國維《觀堂集林》卷一一曾說：「史公足跡殆遍宇內，所未至者，朝鮮、河西、嶺南諸初郡耳。」司馬遷勇敢寫敘「當代史」被許多評論家所讚許。顧頡剛肯定對於「武帝之世」歷史的紀錄，是「《史記》一書，其最精彩及價值最高部分」。又說，「武帝時事為遷所目睹，其史料為遷所蒐集，精神貫注」，因而實現了「光照千古」的文化成就。

「永遠帶有生命」的「寂寞和不平」

「好奇」還表現在歷史觀察視角之新異的追求。有學者評價：「《史記》記載與他有來往的，他常從他們談吐中尋取這種便利，……最可貴的，他還把這種關係深入到野人田父身上……」（盧南喬《論司馬遷及其歷史編纂學》）。《史記》避開一般史書「不載民事」、「未睹社會之全體」的痼疾，能夠「大抵詳察社會，精言民事」（朱希祖《中國史學通論》）。於是梁啟超《中國史學革命案》寫道：「（《史記》其書）常有國民思想，如項羽而列諸本紀，孔子、陳涉而列諸世家，儒林、游俠、刺客、貨殖而為之列傳，皆有深意存焉。」他關注司馬遷此奇異之「深意」，於是感嘆：「太史公誠史界之造物主也！」

「好奇」表現在歷史探索之創意，使歷史革新、歷史推進的真實得以發現。正如有學者指出，「司馬遷使他筆下的人類活動永遠常新，使他筆下的人類情感，特別是寂寞和不平，永遠帶有生命」（李長之《司馬遷之人格與風格》）。

天下「奇氣」，古今「至文」

基於「童心」的「好奇」，還使《史記》的文獻形制和語言風格超越以往的歷史典籍。

陳繼儒曾為黃嘉惠所刻《史記定本》作序，其云：「余嘗論《史記》之文，類大禹治水，山海之鬼怪畢出，黃帝張樂，洞庭之魚龍怒飛，此當值以文章論，而儒家以理學掯束之，史家以體裁義例掎摭之，太史公不受也。」司馬遷突破舊有史書的記述風格，使其「文章」呈現全新氣象。俞正燮說《史記》可以視為司馬談與司馬遷合著，然而，「至其馳騁議論，談無與焉」（《癸巳類稿》卷一一〈太史公釋名義〉）。蘇轍〈上樞密韓太尉書〉讚美《史記》「其文疏蕩，頗有奇氣」。所謂「馳騁」、「疏蕩」顯現的「奇氣」，無疑也是「好奇」追求的收穫。人們公認《史記》成就了中國史學和文學共同的經典。班彪曾讚譽這部名著「今之所以知古，後之所以視前，聖人之耳目也」（《後漢書》卷四〇上〈班彪傳上〉）。班固也說《史記》「貫穿經傳，馳騁古今」（《漢書》卷六〈司馬遷傳〉）。梁啟超肯定「《史記》自是中國第一部史書」（梁啟超《要籍解題及其讀法．史記》）。崔適也稱《史記》為「群史之領袖」（崔適《史記探源》卷一〈序證．要略〉）。然而又多有學者指出，《史記》不僅在史學建設多所創制，還展現

出全面的文化優勝。朱熹說「《太史公書》疏爽」（《朱子語類》卷一三〇〈歷代史〉）。章學誠也有「深於《詩》者也」，「千古之至文」的稱譽（《文史通義・內篇五・史德》）。魯迅也說《史記》不僅是「史家之絕唱」，亦「無韻之〈離騷〉」（魯迅《漢文學史綱要》）。讀《史記》，正是高級的美學享受。從司馬遷著寫的這部名著中，可以品味真實的美、充沛的美、深沉的美。

李長之《司馬遷之人格與風格》寫道：「漢武帝之有時幼稚，可笑，天真，不實際，好奇，好玩，好幻想，司馬遷也以同樣的內心生活而組織成了他的書。」說到與「幼稚」、「天真」、「好奇」並列的「好玩」的「內心生活」，也許有人會聯想到與漢武帝頻繁出巡類似的司馬遷長途旅行。

蘇轍〈上樞密韓太尉書〉說，《史記》的「奇氣」，由自「太史公行天下，周覽四海名山大川，與燕趙間豪俊交遊」。馬存說，「其文奔放而浩漫」，「其文停蓄而淵深」，「其文妍媚而蔚紆」，「其文感憤而傷激」，「其文雄勇猛健，使人心悸而膽慄」，都與司馬遷廣泛遊歷，對不同地理景觀與人文遺跡的親身體驗有關。他說：「子長平生喜遊，方少年自負之時，足跡不肯一日休，非直為景物役也，將以盡天下大觀以助吾氣，然後吐而為書，觀之，則其平生所嘗遊者皆在焉。」（淩稚隆《史記評林》卷首引馬存語）這裡所說的「方少年自負之時，足跡不肯一日休」，可以與我們討論的「童心」相互對照理解。

「山川」、「雲物」、「鳥獸」、「草木」：漢賦的關心

對自然的親近，也是「童心」的表現。《史記》以較多篇幅引錄漢賦文字，曾受到一些《史記》、《漢書》比較研究者的批評。比如明代學者王鏊《震澤長語》卷下說，《史記》沒有載錄賈誼的〈治安策〉和董仲舒的〈天人三策〉，是「疏略」於《漢書》。梁啟超《中國歷史研究法補編》也曾寫道，對於賈誼，「專載他的〈鵩鳥賦〉、〈弔屈原賦〉，完全當文學家看待，沒有注意他的政見，未免太粗心了。」其實，司馬遷重視漢賦作品，除了

內心的文學偏愛之外，可能還因漢賦對自然景觀的細緻描繪，亦切合他熱愛自然的心理。

《文心雕龍．比興》說，漢賦有「圖狀山川，影寫雲物」的優長。有學者甚至說：「漢賦有繪形繪聲的山水描寫，是山水文學的先聲。」（康金聲《漢賦縱橫》）有的學者分析漢賦「所鋪陳的事物內容」，首先指出「山川、湖澤、鳥獸、草木」（萬書閣《漢賦通義》）。

司馬相如〈上林賦〉有關草色林光「延曼太原，麗靡廣衍，應風披靡，吐芳揚烈，鬱鬱斐斐，眾香發越」等文句被收容在《史記》中，展現了司馬遷特別的情趣，也為我們保留了寶貴的生態史料。

「得意」：秦漢政治表情

特別注意對事物細節的觀察並有所思考，是兒童心理的特徵之一。《史記》對歷史人物表情的細緻描繪，也與作者的「童心」有關。例如《史記》關於秦史，有一個特殊的語匯值得注意，這就是「得意」。

秦始皇二十八年琅邪刻石：「立石刻，頌秦德，明得意。」又說：「普天之下，摶心揖志。器械一量，同書文字。日月所照，舟輿所載。皆終其命，莫不得意。」秦二世回顧先帝事業，言「作宮室以章得意」（《史記》卷六〈秦始皇本紀〉）。李斯以述職表功為主題的上書，也說道「治馳道，興遊觀，以見主之得意」（《史記》卷八七〈李斯列傳〉）。《史記》卷一五〈六國年表〉寫道：「秦既得意，燒天下《詩》、《書》。」賈誼〈過秦論〉中秦「得意於海內」的辭句為司馬遷所重視，《史記》卷一三〇〈太史公自序〉也使用了這個說法。

對「得意」的關注，從這個政治表情分析政治心態，是《史記》政治史紀錄的獨到之處。

類似的例子，又如項羽看到秦皇帝時言「彼可取而代也」（《史記》卷七〈項羽本紀〉）。劉邦則感嘆「嗟乎，大丈夫當如此也」（《史記》卷八〈高祖本紀〉），鴻門宴歷史記憶之深刻，主要因《史記》所記述項羽、

范增、項莊、劉邦、張良、樊噲等人物表情之生動（《史記》卷七〈項羽本紀〉）。

童年「耕牧」生活

對兒童生活的關注，是《史記》超越諸多史書的獨有特點。扁鵲為「小兒醫」的故事（《史記》卷一〇五〈扁鵲倉公列傳〉），劉盈兄妹幼時隨呂后參與田間勞作的故事（《史記》卷八〈高祖本紀〉），竇太后的弟弟竇少君「年四五歲」被拐賣從事苦工的故事（《史記》卷四九〈外戚世家〉），童年漢景帝與吳太子遊戲時發生爭執，以博局擲擊對方致死的故事（《史記》卷一〇六〈吳王濞列傳〉），張湯兒時審鼠處刑，「其文辭如老獄吏」，後來成為司法名臣的故事（《史記》卷一二二〈酷吏列傳〉），以及匈奴「兒能騎羊，引弓射鳥鼠」情形（《史記》卷一一〇〈匈奴列傳〉）等，都為司馬遷所關注，一一載入史籍，成為我們研究漢代未成年人生活的重要史料。

我們在考察漢代的兒童勞動與勞動兒童時還注意到，司馬遷在《史記》卷一三〇〈太史公自序〉中回顧自己早年經歷時，說到在「年十歲則誦古文」之前，他曾經「耕牧河山之陽」。司馬遷童年親身從事「耕牧」的勞動生活，使他與「野人田父」能夠情感融匯，心靈相通。《史記》注重下層社會的物質生產與物質生活，也理解勞動階級的精神體驗，自然與這樣的童年生活有關。《史記》於是如梁啟超所說，能夠「以社會全體為史的中樞，故不失為國民的歷史」（梁啟超《中國歷史研究法》）。我們思考漢代社會史、漢代未成年人生活史，乃至漢代文化史和漢代史學史，都不能不關注這樣的事實。

第二十四章
「好會」:《史記》記述的和平外交

透過政治文化視角，觀察國家治理層面，《史記》保留了許多行政史紀錄。《史記》又專有卷一四〈十二諸侯年表〉「譜十二諸侯，自共和訖孔子，表見《春秋》、《國語》學者所譏盛衰大指著於篇」，記述春秋時期列國「盛衰」的歷史。所考察和記述的內容，包括「興師」、「討伐」、「強乘弱」、「威而服」的戰爭場景，也包括「會盟」等外交形式。《史記》又有卷一五〈六國年表〉，同樣載錄戰國時期七雄兼併，「征伐會盟」，即戰爭史和外交史兩方面的競爭。在「海內爭於戰攻」之戰場角逐的另一面，更有國際外交方面的智慧展現，即所謂「從衡短長之說起」，包括「置質剖符」等形式的運用。「從衡」之說，就是合縱連橫之說。「短長之說」，也指論辯技能。《史記》卷九四〈田儋列傳〉，「太史公曰」:「蒯通者，善為長短說，論戰國之權變，為八十一首。」司馬貞《索隱》解釋說:「言欲令此事長，則長說之;欲令此事短，則短說之。故《戰國策》亦名曰『短長書』是也。」所謂「從衡短長之說起」，也是戰國外交史的特徵之一。「長短」、「短長」之說，往往顯現高明的智謀和精彩的辯才。

《史記》「會」的史跡

我們看到，在「春秋無義戰」（《孟子．盡心下》），「五霸更盛衰」（《史記》卷一三〇〈太史公自序〉）的東周前期，已經多有「會」、「盟」、「會盟」的史事紀錄。如《史記》卷五〈秦本紀〉記載：「（秦桓公）十年，楚莊王服鄭，北敗晉兵於河上。」隨即有「會盟」行為，「當是之時，楚霸，為會盟合諸侯。」「會盟」，經常是成就霸業的象徵。隨後，秦桓公二十四年（前五八〇），「晉厲公初立，與秦桓公夾河而盟。歸而秦倍盟，與翟合謀擊晉」。秦桓公與晉人「夾河而盟」之後，隨即撕毀盟約，「倍盟」，即背棄外交約定，會同「翟」人合力「擊晉」，致使晉軍反擊。「二十六年，晉率諸侯伐秦，秦軍敗走，追至涇而還。」所謂「晉率諸侯伐秦」，也應當是經過「盟」的形式的。

正是在戰爭競爭激烈的年代，「會盟」的紀錄也最為頻繁。春秋時期，據說「秦僻在雍州，不與中國諸侯之會盟，夷翟遇之」，而戰國時期，卻成為中原會盟的積極參與者。《史記》卷五〈秦本紀〉記載，西元前三〇八年，秦武王表示「寡人欲容車通三川，窺周室，死不恨矣」的願望。事又見《史記》卷七一〈樗里子甘茂列傳〉及《戰國策．秦策二》。秦武王於是與甘茂有息壤之盟，促成甘茂艱苦攻伐，占領宜陽。這是秦史中僅見的君臣之盟史例。

自秦武王時代至戰國時期結束，「以至於秦，卒並諸夏」（《史記》卷一三〇〈太史公自序〉），《史記》記載各國間以「會」為基本形式的外交活動多達十九次。這是「會盟」活動最密集的歷史時期。十九例中，十八例都是秦與其他國家「會盟」。如西元前三一三年秦魏會於臨晉。《史記》卷五〈秦本紀〉記載：「（秦惠文王更元十二年）王與梁王會臨晉。」《史記》卷一五〈六國年表〉寫道：「（魏哀王六年）與秦王會臨晉。」《史記》卷四四〈魏世家〉：「（魏哀王六年）與秦會臨晉。」據《史記》卷五〈秦本紀〉和《史記》卷一五〈六國年表〉記載，秦國與其他國家的「會」，在西元前三一三年之後，又有西元前三一〇年秦魏會臨晉，西元前三〇八年秦韓會臨晉外，秦魏會應，西元前三〇四年秦楚會黃棘，西元前三〇二年秦魏會臨晉應亭，秦韓會臨晉，西元前二八五年秦楚會宛，秦趙會中陽，西元前二八四年秦魏會西周宜陽，秦韓會西周新城，西元前二八三年秦楚會鄢，秦楚會穰，西元前二八二年秦韓會新城，秦魏會新明邑，秦韓會兩週間，西元前二七九年秦趙會澠池，西元前二七八年秦楚會襄陵。秦國在列國外交行為中的活躍，展現出與征戰一樣的積極性。

對於這些國君「會」的外交紀錄的理解，與《史記》卷四三〈趙世家〉所謂趙武靈王九年（前三一七）「楚、魏王來，過邯鄲」及趙惠文王十六年（前二八三）「王與趙王遇」等一般性會面或許不同，多有學者稱之為「會盟」。如楊寬、吳浩坤主編《戰國會要》將這些歷史現象放於《禮十一．賓禮．會盟》題下（上冊，上海古籍出版社，二〇〇五年，第一九二至一九四頁）。這樣的認知應當是可以成立的。

河洛地區：戰國會盟中心

戰國晚期河洛地區成為會盟中心，是值得重視的歷史現象。

此現象發生的重要原因之一，是強大的秦國在向東方擴張的進程中，將這個地區視為首先侵吞的目標，並隨即進而以河洛為兵員和作戰物資的中繼基地，向趙、楚、齊、燕等強國進軍。河洛地區成為會盟中心，很可能也與周王朝政治權力雖然衰敗，然而依然餘威殘存，有一定的政治影響有關。（王子今〈論戰國晚期河洛地區成為會盟中心的原因〉，《中州學刊》二〇〇六年第四期）

《史記》記錄秦國以戰國競爭中的強勢地位，成為河洛地區國際會盟主角的情形。前引《史記．秦本紀》「秦僻在雍州，不與中國諸侯之會盟」，以及《史記》卷三二〈齊太公世家〉所謂「秦穆公辟遠，不與中國會盟」的傳統已經完全改變。秦國國君頻繁出沒於河洛地區，成為引人注目的歷史現象。（參看王子今《秦國君遠行史跡考述》，《秦文化論叢》第八輯，陝西人民出版社，二〇〇一年）秦王積極的會盟行為，可以視為秦國

在實施戰爭打擊的同時，採用外交方式分化瓦解敵國，同時以「會」作為強化政治威懾，進行心理征服的手段。

「唐且」故事

《後漢書》卷五二〈崔駰傳〉有「唐且華顛以悟秦」文句，回顧了秦史故事。唐且就是唐雎。李賢注引《戰國策》說：「齊、楚伐魏，魏使人請救於秦，不至。魏人有唐雎者，年九十餘矣，西見秦王。秦王曰：『丈人忙然乃遠至此，魏來者數矣，寡人知魏之急矣。』唐且曰：『夫魏，萬乘之國也。稱東藩者，以秦之強也。今齊、楚之兵以在魏郊矣，大王之救不至，魏急，且割地而約從。是王亡一萬乘之魏，而強二敵之齊、楚。』秦王悟，遽發兵救魏。」魏國面臨齊楚聯軍強攻，求救於秦。秦救兵不至。魏人唐雎見秦王，說以利害關係，秦王被說服，於是發兵救魏。《史記》卷四四〈魏世家〉有關唐雎見秦王的紀錄：「齊、楚相約而攻魏，魏使人求救於秦，冠蓋相望也，而秦救不至。」於是唐雎主動請命前往秦國。「魏人有唐雎者，年九十餘矣，謂魏王曰：『老臣請西說秦王，令兵先臣出。』魏王再拜，遂約車而遣之。唐雎到，入見秦王。秦王曰：『丈人芒然乃遠至此，甚苦矣！夫魏之來求救數矣，寡人知魏之急已。』」唐雎答道：「大王已知魏之急而救不發者，臣竊以為用策之臣無任矣。夫魏，一萬乘之國也，然所以西面而事秦，稱東藩，受冠帶，祠春秋者，以秦之強足以為與也。」他強調了魏國和秦國相重相倚的關係，指出魏國之「大急」將增益齊、楚之強，而不利於秦國：「今齊、楚之兵已合於魏郊矣，而秦救不發，亦將賴其未急也。使之大急，彼且割地而約從，王尚何救焉？必待其急而救之，是失一東藩之魏而強二敵之齊、楚，則王何利焉？」警告如果「秦救不發」，將導致秦失「東藩之魏」而「齊、楚」「二敵」得「強」。於是秦昭王緊急發兵救魏，「魏氏復定」。唐雎以九十高齡出使秦國。他和秦王的對話，展現出堅定而靈活的外交家風範。《史記》的相關文字，可以視為上古外交史紀錄中光輝的一頁。

《戰國策．魏策四》也有關於唐且使「秦王喟然愁悟，遽發兵，日夜赴魏」，使「齊、楚聞之，乃引兵而去」，於是「魏氏復全」的記載。唐且另一次和秦王的對話，也記錄在《戰國策．魏策四》裡。這個故事，題為〈唐且不辱使命〉，列入《古文觀止》，為人們所熟悉。

《戰國策》中的原文，題〈秦王使人謂安陵君〉。說秦王派人對安陵君說，我要以五百里地方交換安陵，希望安陵君同意。然而被安陵君拒絕：「秦王使人謂安陵君曰：『寡人欲以五百里之地易安陵，安陵君其許寡人。』安陵君曰：『大王加惠，以大易小，甚善。雖然，受地於先生，願終守之，弗敢易。』秦王不說。」於是，安陵君派遣唐且出使秦國。

「安陵君因使唐且使於秦。秦王謂唐且曰：『寡人以五百里之地易安陵，安陵君不聽寡人，何也？且秦滅韓亡魏，而君以五十里之地存者，以君為長者，故不錯意也。今吾以十倍之地，請廣於君，而君逆寡人者，輕寡人與？』唐且對曰：『否，非若是也。安陵君受地於先生而守之，雖千里不敢易也，豈直五百里哉？』」

對於這樣的回答，秦王惱怒，以「天子之怒」為恐嚇語，「秦王怫然怒，謂唐且曰：『公亦嘗聞天子之怒乎？』唐且對曰：『臣未嘗聞也。』秦王曰：『天子之怒，伏屍百萬，流血千里。』」唐且則以「布衣之怒」回應，「唐且曰：『大王嘗聞布衣之怒乎？』秦王曰：『布衣之怒，亦免冠徒跣，以頭搶地爾。』唐且曰：『此庸夫之怒也，非士之怒也。夫專諸之刺王僚也，彗星襲月；聶政之刺韓傀也，白虹貫日；要離之刺慶忌也，倉鷹擊於殿上。此三子者，皆布衣之士也，懷怒未發，休祲降於天，與臣而將四矣。若士必怒，伏屍二人，流血五步，天下縞素，今日是也。』挺劍而起。」

「秦王色撓，長跪而謝之曰：『先生坐，何至於此，寡人諭矣。夫韓、魏滅亡，而安陵以五十里之地存者，徒以有先生也。』」秦王言「天子之怒」威脅，可能是外交語言表達的常態。而唐且所謂「布衣之怒」、「士之怒」，針鋒相對，表現出勇敢抗擊強權的英雄主義氣勢。應當注意到，秦王和唐且的對話中，都說到「伏屍」、「流血」，前者說「天子之怒，伏屍百萬，流血千里」，後者說「若士必怒，伏屍二人，流血五步，天下縞

素」。這種激切的語言方式，可能是符合當時外交對話的通常氣氛。

唐且故事列入《說苑．奉使》，被視為「出境可以安社稷利國家者」的外交史典型範例。

關於「好會」

值得我們特別注意的，是戰國時期的「會」中，有特別稱為「好會」者。這應當是展現雙方友好，會見主題、會談環境、會話言辭都比較親切和緩的「會」。

《史記》中說到幾次「好會」。

《史記》卷三二〈齊太公世家〉記載：「（齊景公）四十八年，與魯定公好會夾谷。」關於這次「好會」，由於與孔子事蹟直接相關，《史記》卷四七〈孔子世家〉也有所記錄。太史公寫道：「定公十年春，及齊平。夏，齊大夫黎鉏言於景公曰：『魯用孔丘，其勢危齊。』乃使使告魯為好會，會於夾谷。魯定公且以乘車好往。孔子攝相事，曰：『臣聞有文事者必有武備，有武事者必有文備。古者諸侯出疆，必具官以從。請具左右司馬。』定公曰：『諾。』具左右司馬。會齊侯夾谷，為壇位，土階三等，以會遇之禮相見，揖讓而登。」「會」的正式進程中，出現了爭執。

「獻酬之禮畢，齊有司趨而進曰：『請奏四方之樂。』景公曰：『諾。』於是旍旄羽袚矛戟劍撥鼓噪而至。孔子趨而進，歷階而登，不盡一等，舉袂而言曰：『吾兩君為好會，夷狄之樂何為於此！請命有司！』有司卻之，不去，則左右視晏子與景公。景公心怍，麾而去之。有頃，齊有司趨而進曰：『請奏宮中之樂。』景公曰：『諾。』優倡侏儒為戲而前。孔子趨而進，歷階而登，不盡一等，曰：『匹夫而營惑諸侯者罪當誅！請命有司！』有司加法焉，手足異處。」「好會」進行時，竟然發生了流血事件。

「景公懼而動，知義不若，歸而大恐，告其群臣曰：『魯以君子之道輔其君，而子獨以夷狄之道教寡人，使得罪於魯君，為之奈何？』有司進對曰：『君子有過則謝以質，小人有過則謝以文。君若悼之，則謝以質。』於是齊侯乃歸所侵魯之鄆、汶陽、龜陰之田以謝過。」這是一次著名的外交會見。由於孔子有突出的表現，被視為具有代表性意義的外交之「會」。孔子以看來頗為偏執矯情的言辭宣揚「君子之道」，強調這個原則在禮儀形式方面的約束作用。他在「會遇之禮」、「獻酬之禮」之外，就「樂」、「戲」表演的風格和形式提出強烈抵制的意見，改變了「會」的氣氛環境，致使齊景公「懼而動，知義不若，歸而大恐」。齊景公自以為「有過」，甚至退還了侵占魯國的領土以「謝過」。

《漢語大詞典》（第四卷）解釋「好會」：「指諸侯間友好的會盟」（羅竹風主編，漢語大詞典出版社，一九八九年，第二九一頁），《大辭海》解釋為「諸侯間友好的會盟」（夏徵農、陳至立主編，上海辭書出版社，二〇一五年，第一二七五頁），又《中文大辭典》謂「和好之會也」（中文大辭典編纂委員會編纂，中國文化研究所，一九六八年，三五四二頁），書證都是《史記》卷四七〈孔子世家〉以及晚於《史記》的《說苑・奉使》。

從「以會遇之禮相見，揖讓而登」以及「謝酬之禮」等儀程以及「奏四方之樂」、「奏宮中之樂」等安排來看，「好會」通常應當營造親和的氣氛。「魯定公且以乘車好往」，大概在孔子建議「請具左右司馬」之前，準備以更隨意的方式赴會。由於孔子對「君子之道」的堅持，竟然令「好會」的發起者齊景公「懼」、「恐」不安。「好會」的效應看來並沒有實現。史家記述此事，肯定孔子堅守自己的文化原則。但我們對「好會」本來的情境，只能透過片段的紀錄推想。孔子斥責「旍旄羽袚矛戟劍撥鼓噪而至」的「四方之樂」：「吾兩君為好會，夷狄之樂何為於此！」對於「奏宮中之樂」，「優倡侏儒為戲而前」，孔子更激憤而言：「匹夫而營惑諸侯者罪當誅！」於是在「會」的現場執法，致「手足異處」。

《史記》記載的齊景公與魯定公「好會夾谷」史事，《春秋・定公十年》只說「會」。《左傳・定公十年》也沒有出現「好會」一語。孔子言辭所謂「好會」，《左傳・定公十年》孔子只有「兩君合好」語。《論語・八佾》也僅見「邦君為兩君之好」的說法。連《孔子家語》也沒有此說。孔子言「吾兩君為好會」，僅見於《史記》卷四七〈孔子世家〉，是值得注意的。《論

語・八佾》「邦君為兩君之好」，朱熹集注：「好，謂好會。」宗福邦、陳世鏡、蕭海波主編《故訓匯纂》用此說。所列注項：「好，謂好會。」引證書例即《論語・八佾》朱熹集注（商務印書館，二〇〇三年，第五〇八頁）。而朱熹理解《論語・八佾》「邦君為兩君之好」之「好」，即「好會」，應當是參考了《史記・齊太公世家》和《史記》卷四七〈孔子世家〉相關「好會」文字。

《史記》卷四〇〈楚世家〉還記錄兩次楚王與秦王的「好會」：「十四年，楚頃襄王與秦昭王好會於宛，結和親。」兩年之後，「（楚頃襄王）十六年，與秦昭王好會於鄢」。

《說苑・奉使》：「晉楚之君相與為好會於宛丘之上。」此事不見於《史記》。這是《史記》之後的歷史文獻使用「好會」一語的典型例證。所謂晉楚「好會於宛丘」事未見於可靠史籍記載，清人陳厚耀《春秋戰國異辭》卷二六「雜錄」條引錄《說苑・奉使》這個故事，與多例「宋人善辯」等「宋之愚人」傳說並列（文淵閣《四庫全書》本，第四〇五至四〇七頁），或可視作寓言。王利器輯「歷代笑話」，在《歷代笑話集續編》中列入〈宋人愚事錄〉。在《歷代笑話集續編》前言中，王利器指出「笑話這種文藝形式」之「濫觴」，即「戰國以來諸子中有關宋人的諷刺小品」，亦有見於「典籍記載」者。清人王棠《燕在閣知新錄》卷二七「打碟」條說：「《宛丘》曰『坎其擊缶』，秦趙會澠池，秦王擊缶擊甌，蓋『擊缶』之遺事也。」（清康熙刻本，第五四九頁）《詩・陳風・宛丘》：「坎其擊缶，宛丘之道。」孔穎達疏已經與「《史記》藺相如使秦王鼓缶」相連結（《十三經注疏》，第三七六頁）。這一聯想，也支持我們《說苑・奉使》晉楚「好會於宛丘」事只是寓言的推定。

大致可以說，「好會」語詞很可能是《史記》創制，也為太史公慣用。所謂「好會」，透露出太史公的和平意識。作為對戰國時期復雜的軍事外交形勢非常熟悉的史學家，「好會」一語的使用，也展現出他對成熟的外交理念、深度的外交智慧和靈活的外交技巧的肯定。

澠池「好會」

《史記》中記錄的另一次著名的「好會」，是秦王與趙王間的澠池之會。以此為背景，發生了藺相如機智維護國家聲譽的故事。

在藺相如「完璧歸趙」的生動故事發生之後，「秦伐趙，拔石城。明年，復攻趙，殺二萬人」。隨後，秦王主動提出與趙王「好會」。《史記》卷八一〈廉頗藺相如列傳〉記載：「秦王使使者告趙王，欲與王為好會於西河外澠池。」趙王心懷畏懼，不願意赴會。而朝中文武重臣廉頗、藺相如商議道：「王不行，示趙弱且怯也。」趙王於是啟程，藺相如隨行。廉頗送至邊境，與趙王訣別。廉頗說：「王行，度道裡會遇之禮畢，還，不過三十日。三十日不還，則請立太子為王。以絕秦望。」商定接應回程的時間，並提出萬一「不還」，則立太子為王的預案，得到趙王贊同。

「遂與秦王會澠池。秦王飲酒酣，曰：『寡人竊聞趙王好音，請奏瑟。』趙王鼓瑟。秦御史前書曰『某年月日，秦王與趙王會飲，令趙王鼓瑟』。藺相如前曰：『趙王竊聞秦王善為秦聲，請奏盆缻秦王，以相娛樂。』」秦王惱怒，不許。「於是相如前進缻，因跪請秦王。秦王不肯擊缻。相如曰：『五步之內，相如請得以頸血濺大王矣！』左右欲刃相如，相如張目叱之，左右皆靡。於是秦王不懌，為一擊缻。」藺相如隨即要求趙國御史當作史實予以記錄，「相如顧召趙御史書曰『某年月日，秦王為趙王擊缻』」。藺相如的機智和強硬，還表現在後來的爭辯中。「秦之群臣曰：『請以趙十五城為秦王壽。』藺相如亦曰：『請以秦之咸陽為趙王壽。』」一直到會面結束，「秦王竟酒，終不能加勝於趙」。而同時廉頗的高戒備防衛，也發揮保障君臣安全和國家的作用。「趙亦盛設兵以待秦，秦不敢動。」

會見的約定，「秦王使使者告趙王，欲與王為好會於西河外澠。」而澠池之會的細節，告知我們「好會」的通常形式，有「會飲」、「飲酒酣」情節。而「鼓瑟」、「擊缻」的音樂演奏，可能也是慣常節目。澠池「好會」或許可以視為一件外交史的標本。大概所謂「怒」，所謂「欲刃」，所謂「張目叱之」等情感動作表現，只是「好會」進行的異常情態。

所有的外交之「會」，可能雙方都一心追求「加勝於」對方。面對秦國的軍事強勢，藺相如智勇兼備，捍衛了國家尊嚴，也維護了國家利益。

當然，秦王發起「好會」，「欲與王為好會於西河外澠池」，然而「秦御史前書曰『某年月日，秦王與趙王會飲，令趙王鼓瑟』」，顯現欺凌行為，然而為藺相如機智應對，「竟酒，終不能加勝於趙」，這些臉譜化的歷史形象的生成，或許與秦短祚，因而後世批評秦的歷史聲響甚高有關。

史學用語中「好會」的淡出

「好會」一語的使用，在後來的正史紀錄中罕見其例。

在《史記》之後浩瀚如海的正史文獻中，僅《晉書》一見，《明史》一見。

《晉書》卷九二〈文苑傳．應貞〉：「順時供職，入覲天人。備言錫命，羽蓋朱輪。貽宴好會，不常厥數。」「發彼互的，有酒斯飫。」這是在晉武帝「於華林園宴射」時所賦詩句，與作為外交方式的「會」全然無關。此「好會」，《漢語大詞典》（第四卷）解釋為「泛指盛會」（羅竹風主編，漢語大詞典出版社，一九八九年，第二九一頁）。而《明史》卷三二〇〈外國列傳一．朝鮮〉：「將士分道進兵，劉綎進逼行長營，約行長為好會。」「好會」一語的使用看來大致與《史記》相同。《明史》文例，可以視為對《史記》行文習慣的繼承。

但是，在海量的主流史學記敘中，「好會」語匯長期的冷遇似乎已經表明被排斥出史學通行語的事實。「好會」，或許可以視為太史公帶有鮮明獨特意識傾向、風格新異的專門用語，可以視為太史公史學個性的一個象徵。

《說苑．奉使》：「晉楚之君相與為好會於宛丘之上。」或讀作：「晉、楚之君，相與為好，會於宛丘之上。」（趙善詒《說苑疏證》，華東師範大學出版社，一九八五年，第三三五頁）「好會」已經被釋讀者拆解。我們還看到，「好會」，一些常用工具書，如上海辭書出版社《辭海》（二〇〇九年）、商務印書館《辭源》（二〇一五年）、三民書局《大辭典》（二〇〇〇年）等均不列此辭條。可知已退出社會應用，人們對這語匯逐漸生疏。這麼說來，關注《史記》中使用「好會」一語的寶貴文獻史料，對從外交史的視角考察和理解司馬遷的思想和《史記》的內涵，應當是有特別的正面意義的。

第二十五章
司馬遷的行旅

太史公的史學名著《太史公書》，按照陳直《太史公書名考》的說法，「據東漢的碑刻及其他可靠文獻資料，互參考證」，論定「於東漢桓帝之時」，「已改稱《史記》，與今名符合」（陳直《文史考古論叢》，天津古籍出版社，一九八八年，第一八五頁、第一八三頁）。魯迅《漢文學史綱要》以「史家之絕唱，無韻之〈離騷〉」肯定了《史記》在史學界與文學界受到共同尊崇的文化地位。《史記》成功實現了司馬遷「欲以究天人之際，通古今之變，成一家之言」（《漢書》卷六二〈司馬遷傳〉）的志向。《史記》的偉大成就，有當時的時代精神為條件，而司馬遷的文化理想、學術資質、歷史理念與人生意志，也都有重要的作用。他的行旅實踐，以行跡之遙遠，旅程之漫長，特別是與史學考察的合理結合，在史學史紀錄中顯現出特別的光輝。與歷代史家比較，司馬遷身為特別重視行走的歷史學者，對歷史現場有親近、真切的體驗，其歷史感覺逸致超絕，歷史紀錄具體直質，歷史理解也最為準確高明。司馬遷的行旅生活與他的學術努力及文化貢獻的特殊關係，能夠為我們的讀書思考與學術進取提供正面的啟示。

司馬遷「二十」出遊

司馬遷自述生平，回顧自己最初的文化之旅：「遷生龍門，耕牧河山之陽。年十歲則誦古文。二十而南游江、淮，上會稽，探禹穴，窺九疑，浮於沅、湘；北涉汶、泗，講業齊、魯之都，觀孔子之遺風，鄉射鄒、嶧；戹困鄱、薛、彭城，過梁、楚以歸。」這次長途行走，司馬遷從秦地出發，向東方與東南方遊歷考察。中華文明早期形成的重心地帶均一一旅歷。依循水系而言，「脈其枝流之吐納，診其沿路之所躔」（《水經注原序》），司馬遷「南游江、淮」，「浮於沅、湘」，又「北涉汶、泗」。對各地文化名城，歷史勝跡，則「齊、魯之都」，以及「鄒、嶧」，「鄱、薛、彭城」，「梁、楚」地方，均千里尋訪。

《太平御覽》卷六〇四引錄《西京雜記》這段記述：「漢承周史官，至武帝置太史公。太公司馬談，世為太史。子遷年十三，使乘傳行天下，求諸侯史記，續孔氏古文，序世事，作傳百三十卷，五十萬字。」此說「年十三」、「行天下」，與《史記》不同。如果所謂「子遷年十三，使乘傳行天下……」符合歷史事實，那麼誰是「使」的主體呢？也就是說，是誰策劃並安排司馬遷「乘傳行天下，求諸侯史記」呢？從前句「子遷」理解，應當是司馬談。分析司馬遷獲得史學成就的因素，不能忽略司馬談用心引導的作用。如果不取《西京雜記》之說，而《史記》卷一三〇〈太史公自序〉中說到的司馬遷「二十而南游江、淮，上會稽，探禹穴，窺九疑，浮於沅、湘；北涉汶、泗，講業齊、魯之都，觀孔子之遺風，鄉射鄒、嶧；戹困鄱、薛、彭城，過梁、楚以歸」的史學考察實踐，當然也是由司馬談設計，也是得到司馬談的支持的。

司馬遷自己說到此行曾經「戹困鄱、薛、彭城」，可知長途行旅，途中曾經遇到嚴重的困難。所謂「鄱」，按照梁玉繩《史記志疑》卷三六的說法，就是《漢書》卷二八下〈地理志下〉記載「魯國」的「蕃」縣。當然，司馬遷行旅中途經歷怎樣的「戹困」，具體情形現在已經難以考索。

「奉使」西南之行

司馬遷在《史記》卷一三〇〈太史公自序〉回顧「二十而南游江、淮」，長途輾轉，最終「彭城，過梁、楚以歸」之後，又寫道：「於是遷仕為郎中，奉使西征巴、蜀以南，南略邛、笮、昆明，還報命。」司馬遷的這次行程體驗，使他對巴蜀以及西南方更遙遠的地方，有了切身的了解。秦兼併巴蜀，建設關中與蜀中兩處「天府」，獲得向東擴張的堅實經濟後援。特別是與楚國的對抗，因此占有優勝地位。巴蜀在戰國後期以及秦代和楚漢相爭年代的經濟作用顯著。而漢初又滋養了富有的工商經濟。漢武帝時代從這裡起始，開始探尋絲綢之路的「西夷西」方向（王子今〈漢武帝「西夷西」道路與向家壩漢文化遺存〉，《四川文物》二〇一四年第五期）。這些歷史現象在《史記》中都有明確具體的記述，展現出司馬遷對巴蜀及「西南夷」歷史文化的熟悉。這應當與他「奉使」西南的交通實踐有關。

對於司馬遷「奉使西征巴、蜀以南，南略邛、笮、昆明」，裴駰《集解》引徐廣曰：「元鼎六年，平西南夷，以為五郡。其明年，元封元年是也。」而司馬遷「還報命」，與司馬談相見於「周南」，有一次影響中國史學史和中國文化史的重要交談。據《史記》卷一三〇〈太史公自序〉記述：「是歲天子始建漢家之封，而太史公留滯周南，不得與從事，故發憤且卒。而子遷適使反，見父於河洛之間。」相見場景氣氛悲切。「太史公執遷手而泣曰：『余先周室之太史也。自上世嘗顯功名於虞夏，典天官事。後世中衰，絕於予乎？汝復為太史，則續吾祖矣。』」司馬談以先祖的光榮鼓勵司馬遷。他又感嘆道：「今天子接千歲之統，封泰山，而余不得從行，是命也夫，命也夫！」又囑託司馬遷：「余死，汝必為太史；為太史，無忘吾所欲論著矣。」他說：「且夫孝始於事親，中於事君，終於立身。揚名於後世，以顯父母，此孝之大者。」在回顧周文化的成就之後，言及孔子的文化貢獻：「幽厲之後，王道缺，禮樂衰，孔子修舊起廢，論《詩》、《書》，作《春秋》，則學者至今則之。」然而其事業有所中斷，「自獲麟以來四百有餘歲，而諸侯相兼，史記放絕。今漢興，海內一統，明主賢君忠臣死義之士，余為太史而弗論載，廢天下之史文，余甚懼焉，汝其念哉！』」司馬談陳說了史家的責任。司馬遷則誠懇地接受父親的囑命。「遷俯首流涕曰：『小子不敏，請悉論先人所次舊聞，弗敢闕。』」所謂「太史公執遷手而泣曰」，而「遷俯首流涕曰」，記述父子淚灑「周南」，兩代歷史學者之間的文化使命，完成了莊嚴的接遞。

司馬遷「奉使」西南之行後，「河洛之間」的父子相見，司馬談的囑咐和司馬遷的承諾，是後來《太史公書》撰述完成的精神基點。

司馬遷是在「元鼎六年，平西南夷，以為五郡」之後，即「奉使西征巴、蜀以南，南略邛、筰、昆明」而「還報命」，「見父於河洛之間」的時刻，完成了他人生的重要轉折。

王國維：「史公足跡殆遍宇內」

對司馬遷在〈太史公自序〉中所說到的「二十」之游，王國維《太史公行年考》有所分析。他寫道：「史公此行，據衛宏說，以為奉使乘傳行天下，求古諸侯之史記也。然史公此時尚未服官，下文云於是遷始『仕為郎中』，明此時尚未仕，則此行殆為宦學而非奉使矣。」王國維還整體評價了司馬遷的出行：「是史公足跡殆遍宇內，所未至者，朝鮮、河西、嶺南諸初郡耳。」（《觀堂集林》卷一一）

王國維注意到，「史公足跡殆遍宇內」，漢帝國所有疆土，他大致都已經踏行。還沒有來得及實地考察，即所謂「所未至者」，只是「朝鮮、河西、嶺南諸初郡」，也就是漢武帝新擴張版圖中剛剛開始初步經營的「初郡」。

「初郡」，是司馬遷在《史記》中曾經使用的語匯，用以作為新占領區的行政地理符號。《史記》卷一一六〈西南夷列傳〉記述張騫策劃的絲綢之路中，一條重要線路的開發：「及元狩元年，博望侯張騫使大夏來，言居大夏時見蜀布、邛竹、杖，使問所從來，曰『從東南身毒國，可數千里，得蜀賈人市』。或聞邛西可二千里有身毒國。騫因盛言大夏在漢西南，慕中國，患匈奴隔其道，誠通蜀，身毒國道便近，有利無害。於是天子乃令王然於、柏始昌、呂越人等，使間出西夷西，指求身毒國。」《史記》卷一二三〈大宛列傳〉寫道：「是時漢既滅越，而蜀、西南夷皆震，請吏入朝。於是置益州、越巂、牂柯、沈黎、汶山郡，欲地接以前通大夏。乃遣使柏始昌、呂越人等歲十餘輩，出此初郡抵大夏，皆復閉昆。」所謂「初郡」，司馬貞《索隱》：「謂越巂、汶山等郡。謂之『初』者，後背叛而並廢之也。」這樣的意見可能是不正確的。「初郡」，應是指僅獲得早期開發條件及初步經營政策的地方，包括漢武帝新「置益州、越巂、牂柯、沈黎、汶山郡」。

歷史的實地訪問

司馬遷走了那麼多的地方，他在萬里行途中，卻並不是一般的旅行遊覽。他的每一步行程，都是學術生命的一部分。司馬遷遊蹤萬里的實行，實際上可以說是與現代文化人類學的田野工作有某些相似之處的。

除了《史記》卷一三〇〈太史公自序〉有關「二十」出遊的回顧以外，司馬遷曾經在《史記》的很多篇章以「太史公曰」的形式說到透過行旅實踐艱苦的史學考察歷程。

例如，在《史記》的第一篇，卷一〈五帝本紀〉最後，司馬遷寫道：「余嘗西至空桐，北過涿鹿，東漸於海，南浮江淮矣，至長老皆各往往稱黃帝、堯、舜之處，風教固殊焉，總之不離古文者近事。」他在傳說中「皆各往往稱黃帝、堯、舜之處」，對當地「長老」進行口述史學為形式的訪古調查。

關於對數術文化的考察，司馬遷在《史記》卷一二八〈龜策列傳〉最後也以「太史公曰」的口吻說道：「余至江南，觀其行事，問其長老，云龜千歲乃游蓮葉之上，蓍百莖共一根。又其所生，獸無虎狼，草無毒螫。江傍家人常畜龜飲食之，以為能導引致氣，有益於助衰養老，豈不信哉！」所謂「觀其行事，問其長老」，透過對「江南」「長老」言行的採訪，增益文

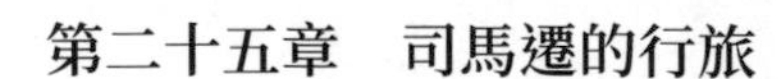

化識見。

《史記》卷七五〈孟嘗君列傳〉說「薛」地民風自有區域文化特性，於是「問其故」。此外，《史記》卷四四〈魏世家〉說「秦之破梁」，「墟中人」、「說者」有自己的理解。這些都是實地訪問得到的資訊。「問其故」以及對「說者」言辭的記錄與分析，是司馬遷史學行旅的重要任務。《史記》卷九五〈樊酈滕灌列傳〉所謂「吾適豐沛，問其遺老」，《史記．淮陰侯列傳》所謂「吾如淮陰，淮陰人為余言」，也是這樣的訪問。

歷史的現場考察

上文說到司馬遷曾經進行「南游江、淮」，「浮於沅、湘」，又「北涉汶、泗」的水系考察。這是對重視水資源條件，積極開發水利的農耕文明之歷史研究的基礎。在《史記》卷二九〈河渠書〉最後，他寫道：「太史公曰：余南登廬山，觀禹疏九江，遂至於會稽太湟，上姑蘇，望五湖；東窺洛汭、大邳，迎河，行淮、泗、濟、漯洛渠；西瞻蜀之岷山及離碓；北自龍門至於朔方。曰：甚哉，水之為利害也！余從負薪塞宣房，悲〈瓠子〉之詩而作〈河渠書〉。」《史記》卷二九〈河渠書〉作為最早的水利史文獻，是在現場考察的基礎上撰述完成的。「余從負薪塞宣房」，是親身參加抗洪搶險工程的實踐。

除了《史記》卷一二八〈龜策列傳〉「太史公曰」說到「余至江南，觀其行事」的數術文化考察之外，對於執政集團神往的「方術」之學、「鬼神」信仰、「祠祀」禮俗、「封禪」理想，司馬遷也有透過親身體驗獲得的史學認知。《史記》卷二八〈封禪書〉最後寫道：「太史公曰：余從巡祭天地諸神名山川而封禪焉。入壽宮侍祠神語，究觀方士祠官之意，於是退而論次自古以來用事於鬼神者，具見其表裡。後有君子，得以覽焉。」所謂「余從巡祭天地諸神名山川而封禪焉」，是行旅實踐的回顧。

古來英雄名士遺跡，包括古都城、古戰場，司馬遷的實地考察融入了他的歷史理解，完善了他的歷史記述，提升了他的歷史說明。如《史記》

卷六一〈伯夷列傳〉：「太史公曰：余登箕山，其上蓋有許由塚云。孔子序列古之仁聖賢人，如吳太伯、伯夷之倫詳矣。余以所聞由、光義至高，其文辭不少概見，何哉？」登箕山弔荒陵，得到了特殊的文化感知。《史記》卷三二〈齊太公世家〉：「吾適齊，自泰山屬之琅邪，北被於海，膏壤二千里，其民闊達多匿知，其天性也。以太公之聖，建國本，桓公之盛，修善政，以為諸侯會盟，稱伯，不亦宜乎？洋洋哉，固大國之風也！」這裡進行了對「齊」地的區域文化分析。對孔子這樣的文化巨人，司馬遷除了前引「北涉汶、泗，講業齊、魯之都，觀孔子之遺風，鄉射鄒、嶧」，考察其事蹟，體會其精神外，《史記》卷四七〈孔子世家〉還寫道：「太史公曰：《詩》有之：『高山仰止，景行行止。』雖不能至，然心鄉往之。余讀孔氏書，想見其為人。適魯，觀仲尼廟堂車服禮器，諸生以時習禮其家，余祗回留之不能去云。天下君王至於賢人眾矣，當時則榮，沒則已焉。孔子布衣，傳十餘世，學者宗之。自天子王侯，中國言六藝者折中於夫子，可謂至聖矣！」身為歷史學者，對孔學的深刻理解和崇高景仰，應當因現場考察有所增益。所謂「至聖」的讚美，後世得以繼承。

戰國爭雄的歷史，在司馬遷筆下特別真切生動。這些記述，各有歷史場景的親身感覺以為條件。《史記》卷七七〈魏公子列傳〉寫道：「太史公曰：吾過大梁之墟，求問其所謂夷門。夷門者，城之東門也。天下諸公子亦有喜士者矣，然信陵君之接岩穴隱者，不恥下交，有以也。名冠諸侯，不虛耳。高祖每過之而令民奉祠不絕也。」在「大梁」故城，考察之具體，至於「求問其所謂夷門」。《史記》卷七八〈春申君列傳〉寫道：「太史公曰：吾適楚，觀春申君故城，宮室盛矣哉！初，春申君之說秦昭王，及出身遣楚太子歸，何其智之明也！後制於李園，旄矣。語曰：『當斷不斷，反受其亂。』春申君失朱英之謂邪？」相關歷史評議，或許是「適楚，觀春申君故城」時現場獲得的體會。《史記》卷七五〈孟嘗君列傳〉寫道：「太史公曰：吾嘗過薛，其俗閭里率多暴桀子弟，與鄒、燕殊。問其故，曰：『孟嘗君招致天下任俠，奸人薛中蓋六萬餘家矣。』世之傳孟嘗君好客自喜，名不虛矣。」《史記》對孟嘗君有較多的關注，如雞鳴狗盜故事，新鮮生動如小說家言。太史公落筆處所展現對這位人物的重視，也許與「吾嘗過薛」的行旅經歷有關。

對於歷史文化資訊之「世之傳」者，司馬遷有所採納，但是也進行認真考量和思索。如《史記》卷四四〈魏世家〉寫道：「太史公曰：吾適故大梁之墟，墟中人曰：『秦之破梁，引河溝而灌大梁，三月城壞，王請降，遂滅魏。』說者皆曰魏以不用信陵君故，國削弱至於亡，余以為不然。天方令秦平海內，其業未成，魏雖得阿衡之佐，曷益乎？」可知司馬遷的實地調查，在傾聽當地民間聲音之外，自己是有深刻思考的。

有關戰國文化名人如屈原者，《史記》的記述遠遠超過其他歷史文獻。《史記》卷八四〈屈原賈生列傳〉寫道：「太史公曰：余讀〈離騷〉、〈天問〉、〈招魂〉、〈哀郢〉，悲其志。適長沙，觀屈原所自沉淵，未嘗不垂涕，想見其為人。」《史記》的情感表露，透露出有關太史公心理傾向與文化立場的重要資訊。《史記》卷八四〈屈原賈生列傳〉還寫道：「自屈原沉汨羅後百有餘年，漢有賈生，為長沙王太傅，過湘水，投書以弔屈原。」有關賈誼「弔屈原」的深切情思，司馬遷是引為同調的。《史記》卷一三〇〈太史公自序〉寫道：「作辭以諷諫，連類以爭義，〈離騷〉有之。作〈屈原賈生列傳〉第二十四。」賈生與太史公情感的「連類」，可以透過「適長沙，觀屈原所自沉淵，未嘗不垂涕，想見其為人」得以了解。

司馬遷行旅感念涉及秦王朝史跡的，有《史記》卷八八〈蒙恬列傳〉所說：「太史公曰：吾適北邊，自直道歸，行觀蒙恬所為秦築長城亭障，塹山堙谷，通直道，固輕百姓力矣。」司馬遷還寫道：「夫秦之初滅諸侯，天下之心未定，痍傷者未瘳，而恬為名將，不以此時強諫，振百姓之急，養老存孤，務修眾庶之和，而阿意興功，此其兄弟遇誅，不亦宜乎！何乃罪地脈哉？」對蒙恬等人的嚴肅歷史批評，是在考察秦始皇長城和秦始皇直道之後產生的真知。這裡所發布的重要史論，有長久的影響。胡亥明確取得地位繼承權後，蒙恬被迫吞藥自殺，臨終有關主持修築長城與直道「絕地脈」，可能「罪於天」的感嘆。對於所謂「絕地脈」，司馬遷發表的否定性意見，展現出清醒的歷史認知（王子今〈蒙恬悲劇與大一統初期的「地脈」意識〉，《首都師範大學學報》二〇一六年第四期）。

漢初英雄，即劉邦建國戰友們的早期活動，行旅中的司馬遷亦多有關心。《史記》卷九五〈樊酈滕灌列傳〉最後可以看到這樣的話語：「太史公曰：吾適豐沛，問其遺老，觀故蕭、曹、樊噲、滕公之家，及其素，異哉所聞！方其鼓刀屠狗賣繒之時，豈自知附驥之尾，垂名漢廷，德流子孫哉？余與他廣通，為言高祖功臣之興時若此云。」在《史記》卷九二〈淮陰侯列傳〉文末也寫道：「太史公曰：吾如淮陰，淮陰人為余言，韓信雖為布衣時，其志與眾異。其母死，貧無以葬，然乃行營高敞地，令其旁可置萬家。余視其母塚，良然。」劉邦的功臣集團多「鼓刀屠狗賣繒」者，清代歷史學者趙翼總結西漢初期政治結構，曾經稱此為「漢初布衣將相之局」。他同時指出，這種打破貴族政治傳統定式「前此所未有」的新政治格局的形成，具有重要的歷史意義，由此可以說明，「蓋秦漢間為天地一大變局」。歷史表象告知人們，新王朝之格局大變，似乎「天意已另換新局」，新的政治體制得以開創，「天之變局，至是始定」（《廿二史劄記》卷二）。歷史的變化，司馬遷在書寫這些文字時，可能已經有所體悟：「吾適豐沛，問其遺老，觀故蕭、曹、樊噲、滕公之家，及其素，異哉所聞！方其鼓刀屠狗賣繒之時，豈自知附驥之尾，垂名漢廷，德流子孫哉？」

山川旅歷與「文氣」養成

司馬遷遠端行旅的意義，文論家和史論家多以為有益於其精神與文氣的涵養。《史記》非凡文化品質的形成，可能確實與作者的行旅體驗有關。

蘇轍曾經寫道：「文者，氣之所形，然文不可以學而能，氣可以養而致。」「太史公行天下，周覽四海名山大川，與燕趙間豪俊交遊，故其文疏蕩，頗有奇氣。」（〈上樞密韓太尉書〉）凌稚隆《史記評林》卷首引馬存語，又是這樣評價司馬遷出遊的：「子長平生喜游，方少年自負之時，足跡不肯一日休。」他說，司馬遷的出行，並不是簡單的為出行而出行，而有更高的文化追求：「非直為景物役也，將以盡天下大觀以助吾氣，然

後吐而為書。」他竟然從司馬遷的文字中讀出了他的行旅體驗：「觀之，則其平生所嘗遊者皆在焉。南浮長淮、溯大江，見狂瀾驚波，陰風怒逆，號走而橫擊，故其文奔放而浩漫。望雲夢、洞庭之陂彭蠡之瀦，含混太虛，呼吸萬壑，而不見介量，故其文停蓄而淵深。見九疑之芊綿，巫山之嵯峨，陽臺朝雲，蒼梧暮煙，態度無定，靡蔓綽約，春妝如濃，秋飾如薄，故其文妍媚而蔚紆。泛沅渡湘，弔大夫之魂，悼妃子之恨，竹上猶有斑斑，而不知魚腹之骨尚無恙者乎？故其文感憤而傷激。北過大梁之墟，觀楚漢之戰場，想見項羽之喑啞，高帝之嫚罵，龍跳虎躍，千萬兵馬，大弓長戟，俱游而齊呼，故其文雄勇戟健，使人心悸而膽慄。世家龍門，念神禹之大功，西使巴蜀，跨劍閣之鳥道，上有摩雲之崖，不見斧鑿之痕，故其文斬絕峻拔，而不可攀躋。講業齊魯之都，睹夫子之遺風，鄉射鄒嶧，彷徨乎汶陽洙泗之上，故其文典重溫雅，有似乎正人君子之容貌。」

根據這樣的總結，司馬遷的行跡均有助於他的「文章」：「凡天地之間，萬物之變，可驚可愕，可以娛心，使人憂，使人悲者，子長盡取而為文章，是以變化出沒如萬象供四時而無窮，今於其書而觀之，豈不信矣！」

司馬遷遠遊，百千路徑，萬里山川，四方傳統，九州民風，當然有益於《史記》這部巨著文采神韻的煥發，但是這位偉大史學家的辛苦行旅，其文化意義是複雜的，其文化作用也是多方面的。

交通史體驗·交通史記憶·交通史解說

行旅，首先是交通行為。行旅實踐最直接的文化收益，就是對交通地理的感覺，對交通條件的體驗，對交通文化的理解。

秦漢時期是交通建設獲得重要進步的時期。秦統一的第二年，秦王朝「治馳道」，《史記》卷六〈秦始皇本紀〉和卷一五〈六國年表〉就此都有記載。《史記》卷八七〈李斯列傳〉還透過李斯「上書」告知讀者，「治馳道」是秦王朝最高執政集團主持的事業。《史記》中有關「馳道」的紀錄凡十二見。司馬遷的行旅，應當多循行秦「馳道」。在中國早期交通建設的歷史紀錄中，由九原通往關中「雲陽」的秦「直道」建設，是首屈一指的重要工程。尤其是在陸路交通建設中，其規劃、選線、設計和施工，顯現出空前的技術水準和組織效率。秦直道的開通和應用，在中國古代交通史上具有非常重要的地位。對軍事交通的發展歷程而言，秦直道也表現出里程碑式的意義。秦直道，可以視為秦政的紀念。

秦直道工程，僅見於太史公的記載。關於秦始皇直道修築的起始時間，《史記》卷六〈秦始皇本紀〉寫道：「三十五年，除道，道九原抵雲陽，塹山堙谷，直通之。」《史記》卷一五〈六國年表〉也記載：「（秦始皇）三十五年，為直道，道九原，通甘泉。」司馬遷又寫道：「三十七年十月，帝之會稽、琅邪，還至沙丘崩。子胡亥立，為二世皇帝。殺蒙恬。道九原入。」關於所謂「道九原入」，《史記》卷六〈秦始皇本紀〉的記述與帝位繼承的政治史事件相關聯：「行從直道至咸陽，發喪。太子胡亥襲位，為二世皇帝。」如果沒有《史記》的相關記載，我們對秦直道的知識可能會有缺失。

司馬遷在《史記》卷八八〈蒙恬列傳〉中以「太史公曰」的形式說到自己有關直道交通的親身行走經驗：「吾適北邊，自直道歸，行觀蒙恬所為秦築長城亭障，塹山堙谷，通直道，固輕百姓力矣。」所謂「固輕百姓力矣」，是展現民生關心的深刻感嘆。其中透露的民本意識，以及對政治強權的否定和批判，特別值得敬重。

揚雄《法言・淵騫》寫道：「或問：『蒙恬忠而被誅，忠奚可為也？』曰：『塹山堙谷，起臨洮，擊遼水，力不足而死有餘，忠不足相也。』」對於「力不足而死有餘」，有人說：「力者，功也。《周官・司勳》『治功曰力』，是也。言蒙恬為秦築長城，無救於秦亡，以論功則不足，以致死則有餘矣。故曰『力不足而死有餘』。」如此，則揚雄的態度與司馬遷「此其兄弟遇誅，不亦宜乎」之說顯然不同。但是也有人這樣理解：「力不足而死有餘，謂用民之力而不惜民之死，民力匱而死者多耳。」太史公曰「固輕百姓力矣……此其兄弟遇誅，不亦宜乎」，「即此文之義。」（汪榮寶撰，

陳仲夫點校《法言義疏》，中華書局，一九八七年，第四三一頁）如此，則揚雄實際上在申發司馬遷的觀點。曾國藩的評議，尤為重視司馬遷所謂「固輕百姓力矣」之語義：「〈始皇紀〉曰：二十七年治馳道。〈六國表〉曰：三十五年為直道，道九原，通甘泉。是直道與馳道不同也。蒙恬未治馳道，止治直道、築長城二事，子長責其輕民力，可謂定論。」（《求闕齋讀書錄》卷三〈史上〉，清光緒二年傳忠書局刻本，第三十九至四十頁）而《史記》的讀者都會注意到，司馬遷這樣的感嘆，是「適北邊，自直道歸」，親自經行秦直道，目睹這個非凡交通工程的集大規模和堅實品質之後發表的。

第二十六章
楚風與海氣：漢史考察視野中的楚文化

楚國是漢帝國成立初期即存在的東方封國。在漢史的若干關鍵節點，楚國的政治建置與文化面貌都曾經有過醒目的表現。在釐清漢帝國歷史脈絡的基礎上解讀楚國史，自有學術意義。在體會漢帝國文化風格的基礎上理解楚地文化，也可以獲得有價值的發現。回顧漢代歷史文化進程，關注海洋環境與外來文化元素，對楚文化的影響，或許可以提出有正面意義的學術認知。

楚國作為諸侯封國，兩漢時期疆域與地位發生多次變化。我們對楚國史與楚國文化的討論，以楚地重心區域的宏觀考察為任務，不就其版圖與人口的歷史變化進行具體論說。對楚國並不存在的年代，我們的分析只是期望就楚地的區域文化面貌有所說明。

劉邦的建國史與楚風之盛起

在秦統一的進程中，楚人的抵抗最為強勁。「楚雖三戶，亡秦必楚」（《史記》卷七〈項羽本紀〉）的說法，也被理解為得到歷史驗證的政治預言。從陳勝起義到劉邦在垓下決戰時擊滅「西楚霸王」項羽的軍隊，雖然只有七年時間，但是在這時期，歷史卻有極其生動的變化。諸多英雄智士有聲有色的歷史表演，使秦漢之際戰火之中的社會文化風貌，依然顯得活潑而豐實。當時政治舞臺的主角，以楚人居多。司馬遷稱這個時期為「秦楚之際」（《史記》卷一六〈秦楚之際月表〉）。這是因為反秦暴動由楚人發起，陳勝建立的政權號為「張楚」，滅亡秦帝國的主力，是楚復國後集結的強而有力武裝力量，其名義上的領袖是楚懷王。西漢帝國的建立，代表以劉邦、項羽兩位楚人為領袖的軍事強權集團間，激烈軍事競爭的結束。雖然史稱「漢承秦制」（《後漢書》卷四〇上〈班彪傳〉載班彪對隗囂語，又《續漢書·輿服志上》，《續漢書·輿服志下》），但由於劉邦出身楚地，及其功臣集團構成大多為楚人，故楚文化對漢文化的影響是深刻的。

李學勤《東周與秦代文明》在總結東周時期的區域文化時，曾將黃河流域和長江流域劃分為七個文化圈。關於楚文化的發展空間與歷史影響，李學勤指出：「長江中游的楚國是另一龐大文化圈的中心，這就是歷史、考古學界所稱的楚文化。隨著楚人勢力的強大和擴張，楚文化的影響殊為深遠。在楚國之北的好多周朝封國，楚國之南的各方國部族，都漸被囊括於此文化圈內。」他又指出：「楚文化的擴展，是東周時代的一件大事。春秋時期，楚人北上問鼎中原，楚文化也向北延伸。到了戰國之世，楚文化先是向南大大發展，隨後由於楚國政治中心的東移，又向東擴張，進入長江下游以至今山東省境。說楚文化影響所及達半個中國，並非誇張之詞。」「楚文化的擴展」和「向北延伸」，「又向東擴張」的突出表現，是都城逐步向東北方的遷徙。李學勤強調的另一個歷史事實也是許多學者所公認的：「楚文化對漢代文化的醞釀形成有過重大的影響」（李學勤《東周與秦代文明》，文物出版社，一九八四年，第十一至十二頁）。

漢初宮廷歌詩展現出當時社會上層對「楚風」的喜好。宋人王灼《碧雞漫志》寫道：「劉項皆善作歌。西漢諸帝如武、宣類能之。趙王幽死，諸王負死罪，臨絕之音，曲折深迫。廣川王通經好文辭，為諸姬作歌，尤奇古。而高祖之戚夫人、燕王旦之容華夫人所歌，又不在諸王下。蓋漢初古俗猶在也。」（文淵閣《四庫全書》本）項王垓下「夜聞漢軍四面皆楚歌」，於是「乃悲歌慷慨，自為詩」，「歌數闋，美人和之」（《史記》卷七〈項羽本紀〉），其「歌」、「詩」，應當也是「楚歌」。題宋朱子集注《楚詞後語》卷一錄此歌詩，題〈垓下帳中之歌〉，又寫道：「〈垓下帳中之歌〉，西楚霸王項羽之所作也。」「羽固楚人，而其詞慷慨激烈，有千載不平之餘憤，是以著之。」（文淵閣《四庫全書》本）明梅鼎祚編《古樂苑》卷三〇〈琴曲歌辭〉錄虞美人「漢兵已略地，四面楚歌聲。大王意氣盡，賤妾何聊生」，即題〈答項王楚歌〉。（文淵閣《四庫全書》本）而劉邦為戚夫人歌，《史記》明確說是「楚歌」。《史記》卷五五〈留侯世家〉：「戚夫人泣，上曰：『為我楚舞，吾為若楚歌。』」

魯迅《漢文學史綱要》第六章題「漢宮之楚聲」，言「楚漢之際」，「民間多樂楚聲」，劉邦〈大風〉之歌「亦楚聲也」。「高帝姬唐山夫人作樂詞，以從帝所好，亦楚聲。」「楚聲之在漢宮」，甚為「見重」（《魯迅全集》第九卷，人民文學出版社，二〇〇五年，第三九八至四〇一頁）。《漢書》卷二二〈禮樂志〉記載了「漢興」之後「樂家」制度的變化。其中這樣寫道：「高祖時，叔孫通因秦樂人制宗廟樂。」繼承了「古降神之樂」，「古〈采薺〉、〈肆夏〉」以及「古〈清廟〉之歌」、「〈永安〉之樂」等，可知多方面沿襲古來傳統，其中有淵源不同的文化因素。還說：「又有〈房中祠樂〉，高祖唐山夫人所作也。周有〈房中樂〉，至秦名曰〈壽人〉。凡樂，樂其所生，禮不忘本。」又特別強調：「高祖樂楚聲，故〈房中樂〉楚聲也。孝惠二年，使樂府令夏侯寬備其簫管，更名曰〈安世樂〉。」大概「楚聲」確是西漢早期宮廷音樂的主流風格。

漢併天下後，劉邦以齊王韓信「習楚風俗」，於是「徙為楚王」（《史記》卷八〈高祖本紀〉）。王灼《碧雞漫志》所謂「漢初古俗猶在」之「古俗」，應當就是說「楚風俗」。

「因楚之罪而奪之東海」：削藩強勁動作

漢初曾經被迫實行分封。因具體的歷史條件，如何茲全所說，「劉邦沒有像秦始皇那樣徹底地廢除分封制度，而是在統一帝國之下，部分的恢復了封國制度。」（何茲全《秦漢史略》，上海人民出版社，一九五五年，第三十三頁）

起初，中央政權實際控制的地域在劉邦時代僅二十四郡。沿海地域除濟北、臨淄、膠東、琅邪外，盡為異姓諸侯所有。漢高帝末年，高帝自領地不過十五漢郡，漢王朝中央機構連一寸海岸線也沒有控制。漢文帝後期，中央直接管理的沿海郡也只有琅邪郡和勃海郡（參看周振鶴《西漢政區地理》，人民出版社，一九八七年，第七至十三頁）。

《史記》卷五〇〈楚元王世家〉：「王戊立二十年，冬，坐為薄太后服私奸，削東海郡。」《史記》卷一〇六〈吳王濞列傳〉：「罰削東海郡。」《漢書》卷三五〈吳王劉濞傳〉：「削東海郡。」《漢書》卷三六〈楚元王傳〉：「王戊稍淫暴，二十年，為薄太后服私奸，削東海、薛郡。」漢景帝二年（前一五五）將楚國的東海郡收歸中央，是特別值得重視的一項政治舉措。秦始皇「立石東海上朐界中，以為秦東門」（《史記》卷六〈秦始皇本紀〉）的地方，曾置東海郡，治郯。楚漢之際曾經稱郯郡。漢初則屬楚國，高帝五年（前二〇二）又曾歸於中央，後來仍屬楚國。漢景帝二年「以過削」。《漢書》卷二八上〈地理志上〉「東海郡」條：「高帝置。」顏師古注引應劭曰：「秦郯郡。」漢帝國以此為據點，楔入吳楚之間，與親中央的梁國東西彼此對應，實現了北方諸侯和南方諸侯的隔離。同時使漢帝國重新據有「東門」，開啟直通東海的口岸（參看周振鶴《西漢政區地理》，人民出版社，一九八七年，第十四頁，〈景帝三年初吳楚七國叛亂前形勢圖〉）。

《鹽鐵論．晁錯》載文學的政論，說到漢景帝因晁錯的建議施行削藩的動作：「晁生言諸侯之地大，富則驕奢，急即合從。故因吳之過而削之會稽，因楚之罪而奪之東海，所以均輕重，分其權，而為萬世慮也。」削藩戰略的重要主題之一，或者說削藩戰略的首要步驟，就是奪取諸侯王國的沿海地方。而楚國的東海郡首當其衝。

有學者指出吳楚七國之亂前後削藩的對象齊、楚、趙等國行政控制區域的損失，首先說到漢景帝削奪楚國的「東海郡」：「吳楚七國之亂前，景帝削楚之東海郡……」（董平均《西漢分封制度研究 —— 西漢諸侯王的隆替興衰考略》，甘肅人民出版社，二〇〇三年，第一二八至一二九頁），而這動作直接激怒楚王劉戊，導致楚國參與七國之亂。《漢書》卷一〇〇下〈敘傳下〉顏師古注：「楚王戊為薄太后服奸，削東海郡，遂與吳共反而誅。」在吳楚七國之亂平定後對沿海區域的控制，創造了對高度集中的中央集權空前有利的形勢。按照《史記》卷一七〈漢興以來諸侯王年表〉的說法，當時實現了「強本幹，弱枝葉之勢」，一時「名山陂海咸納於漢」。強幹弱枝固然是鞏固中央集權政治格局的行政主題，而「海」「咸納於漢」，即海岸和近海的控制權完全歸於中央，意義尤為重要。

漢武帝巡狩「會大海氣」

《漢書》卷六〈武帝紀〉記載元封五年（前）漢武帝出巡事，涉及旅歷楚地的旅程：「五年冬，行南巡狩，至於盛唐，望祀虞舜於九嶷。登灊天柱山，自尋陽浮江，親射蛟江中，獲之。舳艫千里，薄樅陽而出，作〈盛唐樅陽之歌〉。遂北至琅邪，並海，所過禮祠其名山大川。春三月，還至泰山，增封。甲子，祠高祖於明堂，以配上帝，因朝諸侯王列侯，受郡國計。」漢武帝出巡，「自尋陽浮江，親射蛟江中，獲之」，其事蹟頗類似秦始皇海中「見巨魚，射殺一魚」（《史記》卷六〈秦始皇本紀〉）。漢武帝「夏四月」詔對此「巡狩」行程有所回顧：「夏四月，詔曰：『朕巡荊揚，輯江淮物，會大海氣，以合泰山。上天見象，增修封禪。其赦天下。所幸縣毋出今年租賦，賜鰥寡孤獨帛，貧窮者粟。』」隨後，「還幸甘泉，郊泰時」。對於「輯江淮物」，顏師古注：「如淳曰：『輯，合也。物猶神也，〈郊祀志〉所祭祀事也。』師古曰：『輯與集同。』」對於「會大海氣」，顏師古注：「鄭氏曰：『會合海神之氣，並祭之。』」就「以合泰山」，顏師古注提供的解釋也涉及「輯江淮物，會大海氣」：「集江淮之神，會大海之氣，合致於太山，然後修封，總祭饗也。」顏師古引鄭氏語，認為「會大海氣」就是「會合海神之氣，並祭之」，理解為「海神」之「祭」。對於「海氣」，也有「海氣蔽日」（《文選》卷一一孫綽〈游天臺山賦〉劉良注），「海氣將寒」（〔南北朝〕徐陵〈天臺山徐則法師碑〉，《徐孝穆集箋注》），「海氣昏昏水拍天」（〔唐〕韓愈〈題臨瀧寺〉，〔宋〕李昉等編《文苑英華》卷二三七），「海氣侵肌涼」（〔唐〕李白〈上清寶鼎詩〉，《唐宋詩醇》卷八〈隴西李白詩八〉），「海氣之鴻濛」（〔元〕王禮〈歐陽海旭字說〉，《麟原後集》卷一一），「大海氣氤氳」（〔清〕湯右曾〈登角山寺〉，《懷清堂集》卷一二），「海氣散為三伏雨，天風吹落九華雲」（〔明〕佘翔〈題鄭氏秀遠樓〉，《薜荔園詩集》卷四）等氣象學的理解，推想漢武帝所謂「會大海氣」隨後說「以合泰山」，確實有所不同。

「大海」這一語匯的使用，秦漢時期似乎尚不普遍。《史記》只出現一次，即卷六〈秦始皇本紀〉關於秦始皇陵地宮設計的介紹中所謂「以水銀為百川江河大海，機相灌輸」。應是司馬遷的記述。《漢書》所見「大海」，除漢武帝詔文「會大海氣」外，又有〈武帝紀〉關於太始三年（前九四）的出巡紀錄：「二月，令天下大酺五日。行幸東海，獲赤雁，作《朱雁之歌》。幸琅邪，禮日成山。登之罘，浮大海。山稱萬歲。冬，賜行所過戶五千錢，鰥寡孤獨帛人一匹。」又：「（征和）四年春正月，行幸東萊，臨大海。」此外，又見於《漢書》卷二二〈禮樂志〉載《安世房中歌》十七章之六：「大海蕩蕩水所歸，高賢愉愉民所懷。大山崔，百卉殖。民何貴？貴有德。」對於「大海蕩蕩水所歸，高賢愉愉民所懷」，顏師古注：「李奇曰：『愉愉，懌也。』師古曰：『蕩蕩，廣大貌也。愉愉，和樂貌也。懷，思也。言海以廣大之故，眾水歸之；王者有和樂之德，則人皆思附也。』」

又《郊祀歌》十九章之「〈天門〉十一」：「天門開，詄蕩蕩，穆並騁，以臨饗。……月穆穆以金波，日華耀以宣明。假清風軋忽，激長至重觴。神裴回若留放，殣冀親以肆章。函蒙祉福常若期，寂謬上天知厥時。泛泛滇滇從高斿，殷勤此路臚所求。佻正嘉吉弘以昌，休嘉砰隱溢四方。專精厲意逝九閡，紛雲六幕浮大海。」最後一句「紛雲六幕浮大海」，顏師古解釋道：「紛雲，興作之貌。六幕，猶言六合也。」

《史記》卷二八〈封禪書〉：「後五年，復至泰山修封。」《漢書》卷二五下〈郊祀志下〉還記載：「後五年，復至泰山修封。東幸琅邪，禮日成山，登之罘，浮大海，用事八神延年。」「後五年，上復修封於泰山。東游東萊，臨大海。」漢元帝時，賈捐之就珠崖政策回答皇帝的詰問，也說到「大海」。《漢書》卷六四下〈賈捐之傳〉：「今天下獨有關東，關東大者獨有齊楚，民眾久困，連年流離，離其城郭，相枕席於道路。人情莫親父母，莫樂夫婦，至嫁妻賣子，法不能禁，義不能止，此社稷之憂也。今陛下不忍悁悁之忿，欲驅士眾擠之大海之中，快心幽冥之地，非所以救助饑饉，保全元元也。」王莽建議置西海郡的奏言中，也出現「大海」字樣：「太后秉統數年，恩澤洋溢，和氣四塞，絕域殊俗，靡不慕義。越裳氏重譯獻白雉，黃支自三萬里貢生犀，東夷王度大海奉國珍，匈奴單于順製作，去二名，今西域良願等復舉地為臣妾，昔唐堯橫被四表，亦亡以加之。今謹案已有東海、南海、北海郡，未有西海郡，請受良願等所獻地為西海郡。」（《漢書》卷九九上〈王莽傳上〉）所謂「東夷王度大海奉國珍」，言及海外交往。

「大海」語匯的使用，在西漢文獻可以發現明確的例證。《管子・地數》：「夫善用本者，若以身濟於大海，觀風之所起。天下高則高，天下下則下。天高我下，則財利稅於天下矣。」馬非百引戴望云：「『身』疑『舟』字之誤。」而此篇著作年代，據馬非百說，「它是西漢末年王莽時代的人所作」（《管子輕重篇新詮》，中華書局，一九七九年，第四二四至四二五頁、第四頁）。現在看來，在《史記》卷六〈秦始皇本紀〉寫成年代尚不明確的情況下，很可能漢武帝元封五年（前一〇六）詔以及《安世房中歌》、《郊祀歌》說到「大海」的辭句是「大海」這個語匯較早集中出現的例證。

而漢武帝元封五年詔「朕巡荊揚，輯江淮物，會大海氣，以合泰山」語，賦予「大海」崇高的神性，特別值得注意。而這位對大海深懷敬意的帝王，是在巡視楚地之後發表這些言辭的。他對「大海」的感受，無疑也與行經楚國地方的體驗有關。

楚地的「海賊」

西漢時期海洋航運發展已經有突出的進步。當時也出現了海上反政府武裝。《史記》卷一一四〈東越列傳〉記載，閩粵王弟餘善面對漢王朝軍事壓力，曾與宗族相謀：「今殺王以謝天子。天子聽，罷兵，固一國完；不聽，乃力戰；不勝，即亡入海。」據《史記》卷一〇六〈吳王濞列傳〉，吳楚七國之亂發起時，劉濞集團中也有骨幹分子謀劃：「擊之不勝，乃逃入海，未晚也。」漢武帝破南越，「呂嘉、建德已夜與其屬數百人亡入海，以船西去」（《史記》卷一一三〈南越列傳〉）。漢軍以南越降人引導入海追捕，方得呂嘉等：「伏波又因問所得降者貴人，以知呂嘉所之，遣人追之。以其故校尉司馬蘇弘得建德，封為海常侯；越郎都稽得嘉，封為臨蔡侯。」又如西漢末年琅邪呂母起義即以「海上」作為活動基地（《漢書》卷九九下〈王莽傳下〉）。東漢則出現了「海賊」名號。這是漢史紀錄展現社會危局新動向的重要資訊。

史籍有「海賊」、「寇略緣海九郡」（《後漢書》卷五〈安帝紀〉），「寇濱海九郡」（《後漢書》卷三八〈法雄傳〉）的記載。「緣海九郡」或「濱海九郡」，自遼東起，有遼西、右北平、漁陽、勃海、樂安、北海、東萊、琅邪。而右北平、漁陽海岸線甚短，如果不計入「緣海」、「濱海」郡中，則「九郡」可以包括屬於「徐方」，即楚地的東海郡。《漢書》卷一七〈景武昭宣元成功臣表〉：「昔《書》稱『蠻夷帥服』，《詩》云『徐方既來』，《春秋》列潞子之爵，許其慕諸夏也。」顏師古注：「《大雅．常武》之詩曰：『王猷允塞，徐方既倈。』言周之王道信能充實，則徐方、淮夷並來朝也。倈，古來字。」東漢歷史文獻又可見「渤海賊」（〔清〕姚之駰《後漢書補逸》卷二一〈司馬彪續後漢書〉「渤海賊」條）、「南海賊」（《後漢書》卷七桓帝紀〉）稱謂。而居延漢簡「☐書七月己酉下∨一事丞相所奏臨淮海賊∨樂浪遼東」，「☐得渠率一人購錢卌萬詔書八月己亥下∨一事大」(33.8)，反映「臨淮海賊」的活動區域幅員之廣闊，竟然可以至於「樂浪遼東」，衝擊遼東半島和朝鮮半島的社會生活。通緝文書傳遞至河西邊地，購賞金額也遠遠高於一般額度。顯然，以楚地為基地，可以稱為「東海賊」的「臨淮海賊」，可能因機動性之強，造成對漢王朝的嚴重威脅。這自然是由楚地航海條件的優越所決定的，也與楚地面向東部海岸中心位置的空間條件有關。

可能視「東海」為最熟悉海域之楚地「海賊」的活躍，展現自秦始皇「立石東海上朐界中，以為秦東門」（《史記》卷六〈秦始皇本紀〉）之後，這裡可能已經實現了海洋航運的進步，形成中原人海洋探索的一個重要起點。

從歷代正史資料看，「海賊」稱謂見於《後漢書》、《三國志》、《晉書》、《魏書》、《隋書》、《北史》、《舊唐書》、《新唐書》、《舊五代史》、《新五代史》、《宋史》、《金史》、《元史》，直到《明史》、《清史稿》依然在使用。有關「海賊」活動記載密度之集中，年代之長久，展現史家對這種海上武裝群體的表現，有持續將近兩千年的高度關注。而歷代使用的通行稱謂「海賊」，最初見於文獻與漢簡共同出現的活躍於楚地海面的史跡，是值得區域文化研究者及海洋史學者注意的。

浮屠登陸與「楚王英始信其術」

漢代思想文化史演進的一個重要跡象，是佛教的傳入。佛教在西元初年傳來東土，有經行西北草原通道的路徑。但是，也不能排除由東方海洋通路傳入的可能。孔望山佛教摩崖造像的發現，提示佛教文化影響自海上東來的方向。

據《後漢書》卷四二〈光武十王傳．楚王英〉記載，楚王劉英晚年「學

為浮屠齋戒祭祀」。永平八年（六五），詔令天下死罪皆入縑贖。劉英遣郎中令奉黃縑白紈三十匹，自稱「托在蕃輔，過惡累積」，表示願「奉送縑帛，以贖愆罪」。漢明帝詔報曰：「楚王誦黃老之微言，尚浮屠之仁祠，潔齋三月，與神為誓，何嫌何疑，當有悔吝？其還贖，以助伊蒲塞桑門之盛饌。」可知劉英「尚浮屠」的信仰與言行，為社會熟知，也得到積極引進佛學的最高執政者的認可。《後漢書》卷八八〈西域傳〉記載佛教傳入中土的歷史：「世傳明帝夢見金人，長大，頂有光明，以問群臣。或曰：『西方有神，名曰佛，其形長丈六尺而黃金色。』帝於是遣使天竺問佛道法，遂於中國圖畫形像焉。楚王英始信其術，中國因此頗有奉其道者。後桓帝好神，數祀浮圖、老子，百姓稍有奉者，後遂轉盛。」由所謂「楚王英始信其術」以及「後桓帝好神，數祀浮圖」記述的「始」與「後」時序關係，可知楚國有可能是最早接受佛教的地方，在佛教傳布「中國」的文化進程初期，曾經居於先導地位。

據《三國志》卷四九〈吳書．笮融傳〉：「謙使督廣陵、彭城運漕，遂放縱擅殺，坐斷三郡委輸以自入。乃大起浮圖祠，以銅為人，黃金塗身，衣以錦采，垂銅盤九重，下為重樓閣道，可容三千餘人，悉課讀佛經，令界內及旁郡人有好佛者聽受道，復其他役以招致之，由此遠近前後至者五千餘人戶。每浴佛，多設酒飯，布席於路，經數十里，民人來觀及就食且萬人，費以巨億計。」當時這裡「浮圖」崇拜的狂熱，留下了深刻的歷史記憶。我們回顧中國古代社會文化史，不能忽略這一情景。

發表「海洋和草原是傳播語言的工具」論點。他認為，草原和海洋都可以「為旅行和運輸提供更大的方便」。在「波利尼西亞人、愛斯基摩人和游牧民族」一節，湯因比也曾寫道：「到處是野草和碎石的草原與可以耕種的大陸相比，倒不如說它和『未經耕犁的海洋』（荷馬常常使用的稱呼）更為相近。草原的表面和海洋的表面有這個共同點，就是對人類的關係來說，人類到這裡來或是為了朝拜聖跡，或是只能暫時的留住。除了島嶼和綠洲以外，它們的廣闊面積完全不能為人類提供定居生活的資料。它們對旅行和交通運輸來說，都比人類社會所習慣定居的大地表面提供方便得多的條件……」，湯因比寫道：「海洋和草原的這種相似之處，可以從它們作為傳播語言工具的職能來說明。大家都知道航海的人們很容易把他們的語言傳播到他所居住的海洋周圍。古代的希臘航海家們曾經一度把希臘語變成地中海全部沿岸地區的流行語言。馬來亞勇敢的航海家們，把他們的馬來語傳播到西至馬達加斯加，東至菲律賓的廣大地方，在太平洋上，從斐濟群島到復活節島、從紐西蘭到夏威夷，幾乎到處都使用一樣的波利尼西亞語言，雖然從波利尼西亞人的獨木舟在隔離這些島嶼的廣大洋面上定期航行的時候，到現在已經過去許多世代了。此外，由於『英國人統治了海洋』，在近年來英語也就變成世界流行的語言了。」湯因比指出：「在草原的周圍，也有散布著同樣語言的現象。」「由於草原上游牧民族的傳布，在今天還有四種這樣的語言：柏柏語、阿拉伯語、土耳其語和印歐語。」這幾種語言的分布，都與「草原上游牧民族的傳布」有密切關係。湯因比指出：「柏柏語是今天撒哈拉沙漠上的游牧民族所使用的語言，也是撒哈拉沙漠北部和南部邊緣一帶定居人民所使用的語言。」「阿拉伯語在今天不但通行於阿拉伯草原的北面一帶……而且還通行於南面一帶。」「土耳其語也傳播在歐亞草原的許多邊緣地區。」「印歐語系在今天（像它的名字所指的那樣）很奇特地分散在兩塊彼此隔絕的地區裡，一塊在歐洲，一塊在伊朗和印度。」「所以呈現這種現象，大概是因為在土耳其語的傳播者還沒有在這裡定居下來之前，歐亞草原上的印歐語傳播者曾在這一帶傳播過這種語言。歐洲和伊朗都靠近歐亞草原，而這一大片無水的海洋便成了彼此之間交通的天然媒介。這種語言分布現狀和上述三種語言的不同之處只在於它失去了從前傳播過的中間那一大片草原地方。」（〔英〕湯因比著，〔英〕索麥維爾節錄，曹未風等譯《歷史研究》，上海人民出版社，一九六六年，第二三四至二三五頁、第二〇八頁）後一段文字另一種譯本譯文如下：「確實，歐亞草原比任何其他乾旱地區更接近另一種非常難以相處的自然成分 —— 海洋。草原的表面與海洋的表面有一個共同點，就是人類只能以朝聖者或暫居者的身分才能接近它們。除了海島和綠洲，它們那廣袤的空間未能賦予人類任何可供歇息、落腳和定居的場所。

二者都為旅行和運輸明顯提供了更多的便利條件，這是地球上那些有利於人類社會永久居住的地區所不及的。」（〔英〕阿諾德·湯因比著，劉北成、郭小凌譯《歷史研究》（修訂插圖本），上海人民出版社，二〇〇〇年，第一一三頁）

佛教的傳入，一由草原絲路，一由海洋絲路。楚地，正是佛教自海上登陸最先傳布的地方。

楚王山丘與徐州漢畫

周振鶴《西漢政區地理》論「高帝十五國地區沿革」，首先考察「楚國沿革」，說到「韓信之楚國」、「劉交之楚國」，以及「景帝三年以後楚國沿革」（周振鶴《西漢政區地理》，人民出版社，一九八七年，第二十五至二十八頁）。李曉傑《東漢政區地理》也在第四章〈徐州刺史部所轄郡國沿革〉中，討論了「楚郡（楚國、彭城國）沿革」（李曉傑《東漢政區地理》，山東教育出版社，一九九九年，第七十四至七十五頁）。在以現今徐州為中心的地方，曾經有許多代楚王進行了數百年的經營。他們在這裡控制行政，領導經濟，體驗文化生活，享受奢華消費，最終也安葬在這裡。

楚王的陵墓，埋藏著楚文化物質層面和精神層面共同的財富。

關於漢代考古的總結性論著中寫道：「（一九）八〇年代發掘了江蘇徐州的多座楚王墓。」所列資料包括徐州獅子山漢墓，徐州馱籃山一號、二號墓，徐州北洞山漢墓，徐州龜山二號墓，徐州石橋一號

墓，江蘇徐州石橋二號墓等。西漢諸侯王陵墓中的崖洞墓共二十三座，其中梁國和楚國最多，均為八座。研究者指出：「諸侯王較早使用崖洞墓埋葬形式的是梁國和楚國。」徐州楚王山漢墓可能是已知最早的西漢諸侯王崖墓（中國社會科學院考古研究所編著《中國考古學·秦漢卷》，中國社會科學出版社，二〇一〇年，第三三九頁、第三四四頁、第三五二至三五三頁）。

徐州楚王陵墓群形成比較集中的漢代諸侯王陵區。其形制也有特別的

意義。發掘獲得數量豐富的精彩文物，展現了楚國經濟實力的雄厚以及區域文化的優越。

漢畫像石是反映漢代社會風貌、生活方式、審美情趣和藝術手法的重要文化遺存。通常認為，漢畫像石「發現數量較多，而又比較集中的有山東省、江蘇徐州地區、河南漢畫像石是反映漢代社會風貌、生活方式、審美情趣和藝術手法的重要文化遺存」。通常認為，漢畫像石「發現數量較多而又比較集中的有山東省、江蘇徐州地區、河南南陽地區、四川中部以及陝西北部」。「整個徐州地區（相當於漢代彭城國的全部以及沛國、東海郡的一部分）都發現過漢畫像石」（吳曾德《漢代畫像石》，文物出版社，一九八四年，第四頁）。對「蘇北的徐州地區」出土的漢畫像石，漢代考古學者予以共同的重視（趙化成、高崇文《秦漢考古》，文物出版社，二〇〇二年，第一三三頁）。也有在分析漢畫像石的分布時，將「山東、蘇北地區」一併敘說（李發林《戰國秦漢考古》，山東大學出版社，一九九一年，第四三一至四三二頁）。有學者說：「山東、南陽、川渝、陝北、徐州這五個地區的畫像石，除它們共有的一些特點外，還各自有本地區的獨特之處。」「徐州畫像石已具有別的地區所沒有的重要形式。」論者指出，徐州漢畫像石「畫面生動有致，熱鬧非凡」，「達到結構與直觀、科學與藝術、分解與組合、陳列與描述的統一」，「形式多樣，手法獨特，形成獨特的建築系列」（顧森《秦漢繪畫史》，人民美術出版社，二〇〇〇年，第一七四頁、第一六九至一七〇頁）。這些分析未必切實反映徐州漢畫像石真正的文化價值和藝術特徵。但指出徐州漢畫像石與山東、南陽、重慶、陝北的漢畫像石比較，自有獨特的個性，無疑是正確的。研究和說明徐州漢畫像石的藝術風格和文化內涵，思考與楚風的繼承關係以及海洋文化的影響，也許是有益的。

有學者指出：「漢賦源於楚騷，漢畫亦莫不源於楚風也。何謂楚風？即別於三代之嚴格圖案式，而為氣韻生動之作風也。」（鄧以蟄〈辛巳病餘錄〉，《鄧以蟄美術文集》，人民美術出版社，一九九三年）也有學者認為：「楚國繪畫的形式、題材與表現方法，都給予漢代繪畫直接影響。」這樣

的論點也許需要實證性說明。而對楚地藝術風格具體繼承關係的介紹，大概更有說服力。比如以下的分析即值得我們特別注意：「江蘇連雲港海州西漢墓出土漆奩用黑漆勾繪人物形象，線條流暢，採用平塗法，填以紅、黃、綠等色彩漆。色彩鮮豔調和，與出土楚車馬、人物漆奩風格相似。」（王勇《楚文化與秦漢社會》，湖南大學出版社，二〇〇九年，第三二四頁、第三三〇頁）

第二十七章
海昏侯墓發掘的意義

江西南昌墎墩漢墓的發掘，引起學界的關注，也形成了社會影響。有評價認為其價值已經超越馬王堆漢墓。這可能是從出土文物數量和部分文物品質得出的判斷。其實，發現文物數量從來不是考古工作判定古代遺存價值的主要標準；而出土文物的形制、性質以及文化內涵，就現有發現看，墎墩漢墓與馬王堆一號漢墓以及二、三號漢墓比較，恐怕尚難斷言全面「超過」。不過，發掘工作尚在進行，特別是已經出土數以千計的簡牘，經清理、保護後進入釋讀研究程序，我們期待會有驚人的發現。如果簡牘資料內容充實，保存良好，或許可以獲得資訊量超過以往各處秦漢墓葬出土隨葬文書的新豐收。現在已經基本確定，墎墩漢墓墓主身分與海昏侯家族有關，很可能是第一代海昏侯劉賀。因劉賀曾經捲入上層政爭，有短暫踐帝位的經歷，相關發現或可為我們考察當時歷史開啟一扇新的視窗。海昏侯封國南昌，考古收穫也有益於深化區域文化研究。墎墩漢墓的保護與發掘實踐，也可以為文物保護與考古學的進步提供可貴的經驗和多方面的正面啟示。

劉賀際遇：霍光時代政治史的寫真

漢武帝晚年曾有被班固稱作「仁聖之所悔」的政策轉變，即所謂「末年遂棄輪臺之地，而下哀痛之詔」，「深陳既往之悔」。史稱《輪臺詔》者，明確表態「當今務在禁苛暴，止擅賦，力本農」，詔文內容顯然並非僅僅限於對西域局部地區軍事規劃的調整，而具有全面轉換政策導向的意義。《漢書》卷九六下〈西域傳下〉載錄此詔文之後，言「由是不復出軍」，隨即寫道：「封丞相車千秋為富民侯，以明休息，思富養民也。」所謂「以明休息」的「明」，告知我們「富民」二字是指義明朗的政治訊號。《新序．善謀下》曾寫道：「孝武皇帝後悔之」，下詔拒絕桑弘羊輪臺軍屯建議，認為「非所以慰民也，朕不忍聞」，宣布「當今之務，務在禁苛暴，止擅賦」，於是「封丞相號曰『富民侯』，遂不復言兵事，國家以寧」。可見，《輪臺詔》所宣示的政策轉變，很早就被史家和政論家所了解。司馬光說，漢武帝具有的政治才能和政治表現，包括「晚而改過，顧托得人」，使漢王朝「有亡秦之失而免亡秦之禍」（《資治通鑑》卷二二「漢武帝後元二年」）。此「顧托得人」，主要肯定霍光的作用。漢武帝晚年「禁苛暴，止擅賦，力本農」的政策原則，在霍光執政時代得到了切實推行。

霍光在漢武帝身邊服務二十餘年，「小心謹慎，未嘗有過，甚見親信」。武帝臨終，「受遺詔輔少主」。漢昭帝即位時年僅八歲，政事全由霍光主宰。霍光雖「政自己出」，但「資性端正」，沉靜穩重，據說言行「不失尺寸」。他多次支持漢昭帝下詔削減國家的財政支出，減免田租和賦稅，對貧民開放禁苑以救濟，並賑貸種子和口糧。昭帝時代政局的穩定和經濟的進步，霍光發揮正面的作用。漢昭帝執政十三年去世，由於沒有後嗣，執政集團面臨確定帝位繼承人的問題。霍光否定群臣所議廣陵王劉胥，借「承皇太后詔」的名義，迎昌邑王劉賀入長安。劉賀「既至，即位，行淫亂」，霍光召集群臣相議未央宮：「昌邑王行昏亂，恐危社稷，如何？」朝會中使用「昌邑王」稱謂，實際已經不承認劉賀「帝」的身分。霍光的決定得到了「所親故吏大司農田延年」的強力支持，議者都表示「唯大將軍令」。霍光安排拘捕劉賀從昌邑國帶來的「故群臣從官」，在武士執兵器陳列殿下的情況下，宣布劉賀罪責，以其「荒淫迷惑，失帝王禮誼，亂漢制度」，確定「當廢」。「皇太后詔曰：『可。』」劉賀就車，被霍光「送之昌邑邸」。嚴格說來，霍光是以政變的方式變更了最高執政者的人選。事後「昌邑群臣」被誅殺二百餘人。丞相張敞等向皇太后的報告中說：「陛下未見命高廟，不可以承天序，奉祖宗廟，子萬姓，當廢。」仍稱劉賀為「陛下」。而皇太后斥責之辭，言「為人臣子當悖亂如是邪」，已經明指為「人臣子」。劉賀被指控的罪行主要在於消費生活和娛樂生活方面，如「鼓吹歌舞」、「弄彘鬥虎」、「湛沔於酒」、「敖戲」、「淫亂」等（《漢書》卷六八〈霍光傳〉），並不涉及執政傾向。《漢書》卷一〇〈諸侯王表〉、卷六三〈武五子傳．昌邑王劉髆〉以及卷八九〈循吏傳．龔遂〉也都說他因「淫亂」廢。《漢書》卷二六〈天文志〉則說他被廢的緣由是「行淫辟」。有人說，劉賀在當皇帝的二十七天裡據說做了一千一百二十七件荒唐失禮的事情。此說應當依據《漢書》卷六八〈霍光傳〉：「受璽以來二十七日，使者旁午，持節詔諸官署徵發，凡千一百二十七事」的記載。這句話原本意思是，劉賀在位二十七天，頻繁派遣使者以皇帝名義向朝廷各部門調發物資或要求服務，共計一千一百二十七起。《三國志》卷六〈魏書．董卓傳〉裴松之注引〈獻帝紀〉載盧植的說法，也可見「昌邑王立二十七日，罪過千餘」。其實劉賀的「罪過」，具體而言，應當不僅僅是「千一百二十七事」。而主要的問題，是「行淫亂」、「行淫辟」。

隨後霍光等選定即位的是漢武帝的曾孫，戾太子劉據的孫子，曾經因巫蠱之禍在襁褓中即入獄中的劉詢，這就是漢宣帝。漢宣帝有儒學修養，「亦喜游俠」，由於曾經有平民生活經歷，「具知閭裡奸邪，吏治得失」（《漢書》卷八〈宣帝紀〉），熟悉一般貴族難以知曉的下層社會生活，多少了解一些民間疾苦。因此使他具有一般「生於深宮之中，長於婦人之手，未嘗知憂，未嘗知懼」（《漢書．景十三王傳》贊引《荀子》）的皇族子弟皆不可及的政治素養。漢宣帝的名言「漢家自有制度，本以霸王道雜之」（《漢書》卷九〈元帝紀〉），就展現出相當高明的執政理念。漢宣帝在位二十五年，對西漢後期的歷史進步貢獻很大。《漢書》卷一〇〇下〈敘傳下〉讚揚他「丕顯祖烈，尚於有成」。或許可以說，劉賀遭遇了人生悲劇，但歷史因此發生的走向變化，提供了成就昭宣中興的重要條件。

冷靜有為的漢宣帝與權勢空前的霍光之間有或明或暗的博奕。秉政前後二十年，可以「立帝廢王，權定社稷」（《漢書》卷一〇〇下〈敘傳下〉）的霍光死後不過四年，其家族因罪被處置，與霍氏相連坐誅滅者數千家。時在漢宣帝元康二年（前六四）。五年之後，即漢宣帝神爵三年（前五九），劉賀去世。也就是說，劉賀看到了霍光的去世，也看到了霍氏家族的敗亡。不過，這時他已經被安置在距離政治中心非常遙遠的地方。

海昏侯墓出土文獻的整理和研究，很可能會發現，記錄劉賀政治經歷和政治體驗的文字，或許有助於深化對這階段情節複雜政治史的認知。

海昏侯墓發現反映昭宣時代的社會經濟文化

正如國家文物局專家組所指出，海昏侯墓園是中國迄今發現保存最好，結構最完整，功能布局最清晰，擁有最完備祭祀體系的西漢列侯墓園。海昏侯墓是江西迄今發現出土文物中數量最多，種類最豐富，工藝水準最高的墓葬。

海昏侯墓現已發現的重要文物之歷史文化價值，有很多值得關注的重點。如精緻的組合樂器與伎樂俑，反映了當時貴族生活的藝術情調。漆器文字或許有益於說明漆器製作工藝流程與原料配方。偶樂車和實用安車、軺車，可以反映當時的出行方式和車輿制度。蟲草等物品的發現，可以增進我們對當時醫藥史和養生史的了解。形制特異的被稱作「蒸餾器」的青銅器，其真實用途值得考察。有人稱「火鍋」的炊具，也是可以深化飲食史研究的重要發現。青銅器銘文中「昌邑食官」、「籍田」、「南昌」字樣，可以幫助我們理解相關制度史和地方史。精緻的包金、鎏金銀、錯金銀器具和華美的漆器，均展現出設計者的審美情趣和製作者的高超工藝。江西省文物考古研究所所長徐長青研究院對有的出土器物「算得上是最頂級的工藝」評價，是符合實際的。《漢書》卷八〈宣帝紀〉這樣讚美漢宣帝時代的成就：「孝宣之治，信賞必罰，綜核名實，政事文學法理之士咸精其能，至於技巧工匠器械，自元、成間鮮能及之，亦足以知吏稱其職，民安其業也。」所謂「吏稱其職，民安其業」，展現了一定程度的和諧。以「技巧工匠器械」，即產業工藝全面的品質水準作為說明社會「治」的重要條件之一，這樣的意見，我們是同意的。而海昏侯墓出土文物，或許可以為「孝宣之治」提供相當充備的具體實證。

海昏侯墓出土五銖錢數量甚多，估計達二百萬枚。麟趾金、馬蹄金、金餅的發現，也展現直接隨葬大量金錢的厚葬形式。西漢其他高等級墓葬也有類似發現。相關現象反映當時社會追逐富貴、講究富貴、炫耀富貴的意識有廣泛的影響。而海昏侯墓的這種埋葬方式，也是以當時社會經濟比較富足為背景。

出土屏風與孔子故事有關的圖像和文字，應當受到儒學史學者的重視。同類性質的孔子畫面，這是最早的發現。圖像史學、美術考古研究者也可以從中發現重要的資訊。從社會思想史、社會意識史的視角考察，這個資料可以視為自漢武帝「罷黜百家，表章《六經》」（《漢書》卷六〈武帝紀〉）、「推明孔氏，抑黜百家」（《漢書》卷五六〈董仲舒傳〉）以來，儒學逐漸上升至意識形態正統地位歷史進程中非常重要的文物象徵。相信正在清理保護的簡牘中，應當存在與此可以相互印證、相互說明的資料。

海昏侯墓雖然發掘工作尚未完成，已出土的珍貴文物，品級之高已令人們震驚。不過，一些媒體報導的內容與嚴肅的考古學知識並不完全符合。侈言「第一」，無視以往同類發現的做法，似不足取。有的器物之定名及性質判斷，可能還需要仔細斟酌。有的器物與釀酒史，特別是蒸餾酒出現的關係，大概需要經過慎重認真的研究工作，方能提出確定的結論。

劉賀歸宿：海昏侯國的區域文化分析

據《漢書》卷六八〈霍光傳〉記載，在未央宮承明殿議定廢劉賀時，

「群臣奏言：『古者廢放之人屏於遠方，不及以政，請徙王賀漢中房陵縣。』」秦始皇時代，曾經將嫪毐、呂不韋的附從者徙房陵。滅趙，俘獲趙王后，也遷房陵。漢武帝時代，因罪被廢遷房陵的，有濟川王劉明、常山王劉勃等。漢宣帝執政後，廢遷房陵的還有清河王劉年、廣川王劉海陽。然而太后否定了群臣徙劉賀至罪人流放地房陵的建議，讓他回到昌邑，享受擁有民戶兩千的「湯沐邑」。不過，劉賀在回到昌邑，居住十一年後，漢宣帝元康三年（前六三），又被封為海昏侯。《漢書》卷一五下〈王子侯表下〉，在這個記載下明確說到，侯國的所在地是「豫章」。劉賀終於還是被「屏於遠方」，作為最高執政集團並不十分放心的「廢放之人」，被迫遷徙到確實「不及以政」的地方。

在司馬遷生活的時代，「江南」地方窮僻落後，開發程度很低。如《史記》卷一二九〈貨殖列傳〉所說：「楚越之地，地廣人希，飯稻羹魚，或火耕而水耨，果隋蠃蛤，不待賈而足，地勢饒食，無饑饉之患，以故呰窳偷生，無積聚而多貧。是故江淮以南，無凍餓之人，亦無千金之家。」司馬遷還有「江南卑溼，丈夫早夭」的說法，是在同篇「衡山、九江、江南、豫章、長沙，是南楚也」語後。中華書局標點本是這樣斷句的。裴駰《集解》引徐廣曰，認為「江南」即「丹陽」。而張守節《正義》則認為丹陽「明是東楚之地」：「此言大江之南豫章、長沙二郡，南楚之地耳。徐、裴以為江南丹陽郡屬南楚，誤之甚矣。」按照張守節的說法，標點應作：「衡山、九江，江南豫章、長沙，是南楚也」，這樣的意見也許是正確的。司馬遷「江南」的區域界定並不十分明確，但是豫章確實應當屬於「江南」。

江南侯國封置數量有限。我們知道漢文帝時，賈誼任職長沙國時心情憂鬱，主要原因是「聞長沙卑溼，自以為壽不得長」（《史記》卷八四〈屈原賈生列傳〉）。而春陵侯劉仁封地在零道之春陵鄉，以「春陵地勢下溼，山林毒氣，上書求減邑內徙」，漢元帝時，徙封南陽之白水鄉（《後漢書》卷一四〈宗室四王三侯列傳．城陽恭王祉〉）。東漢初年也有類似故事，據《後漢書》卷二四〈馬防傳〉，馬援的兒子潁陽侯馬防因涉竇憲案徙封丹陽，為翟鄉侯。馬防「以江南下溼，上書乞歸本郡」，得到漢和帝批准。

海昏侯國的環境劣勢，也不免「地勢下溼，山林毒氣」。不過，我們比較《漢書》卷二八〈地理志〉提供的漢平帝元始二年（二）和《續漢書．郡國志》提供的漢順帝永和五年（一四〇）兩次戶口統計數字，一百三十八年之間，豫章郡戶數增加了百分之五〇二點五六，口數增加了百分之三七四點一七。在江南九郡國中，增長幅度僅次於零陵郡。兩漢之際，西元二年至西元一四〇年之間，全國戶口數字則呈負增長的趨勢。戶數和口數分別為負百分之二十點七和負百分之十七點五。當時，位於今湖南的零陵郡和位於今江西的豫章郡都接納了大量的南遷人口。這兩個地區現今有京廣鐵路和京九鐵路通過，而當時也位於中原向江南大規模移民通道的要衝。正由於自兩漢之際開始的由中原往江南移民熱潮，經歷六朝繁華，江南地區逐漸成為全國經濟的重心。可以推想，海昏侯劉賀家族也許對豫章地區自西漢晚期至東漢初年的環境開發和經濟繁榮有所貢獻。我們不能排除海昏侯墓出土文獻中，存在反映這個歷史變化資訊的可能。

據《漢書》卷六三〈武五子傳．昌邑王劉髆〉的記載，劉賀「就國豫章」時，「食邑四千戶」，戶數較昌邑湯沐邑兩千戶成倍增益。「海昏」地名，王莽時改稱「宜生」。或許這裡是豫章郡生存環境較好的地方。劉賀被視為「天之所棄」的「嚚頑放廢之人」，受到地方官員嚴密監視。「揚州刺史柯」和「豫章太守廖」或舉報其言行，或關心其繼嗣。劉賀曾因言語之失，「有司案驗，請逮捕」，漢宣帝裁定「削戶三千」。除墓葬發掘外，對現今被稱作「紫金城」的遺存進行考古工作，或許可以揭示海昏侯國特殊聚落史的演進歷程，而漢代南昌地方的生態環境條件與經濟開發程度，也可得以說明。

海昏侯墓的保護與發掘

海昏侯墓位於江西南昌新建區大塘坪鄉觀西村東南的墎墩山，距離老裘村民小組一千公尺左右。據報導，二〇一一年三月二十三日，當地群眾發現盜墓者對海昏侯墓施行盜掘。得到及時的報告後，江西省文物考古研

究所的專業人員迅即趕到現場，由長約一點二公尺、寬約零點六公尺、深十三點五公尺左右的盜洞進入棺槨被局部破壞的位置，判定墓葬形制，及時進行保護，啟動考古工作。

回顧中國盜墓史，可知現今是盜墓犯罪最嚴重的時段。盜墓者與海內外文物走私網相勾連，對地下文物遺存造成嚴重的破壞。盜墓行為盛起的原因是複雜的。傳統禮制對墓葬的保護功能已經消失，對盜墓的輿論否定聲音微弱，盜墓將遭遇惡報的意識成為「迷信」，對死者應當予以尊重、對文物應當予以愛護的傳統意識亦被破除，盜墓不能得到法律的有力制裁。以追逐暴利的超強動力為根本原因，以上這些因素的合力，導致盜墓現象的空前猖獗。可以設想，如果沒有具備文物保護意識的大塘坪鄉觀西村村民的舉報，沒有富有事業心和責任意識的考古工作者的努力，海昏侯墓的珍貴文物很可能會被破壞，失去諸多歷史文化資訊，僅作為財富符號流散於市場。而海昏侯墓園相關現象的考古學研究，也會因重要資料的缺失受到限制。我們慶倖海昏侯墓在盜墓破壞的嚴重威脅面前得到了及時的保護，也為此深心感謝大塘坪鄉觀西村的村民，為文物保護做出的重大貢獻。

海昏侯墓的考古調查和考古發掘，除了新技術的應用外，還啟用了新的工作方式。除了江西省文物考古研究所會同南昌市、新建區文博單位聯合搶救性發掘以外，由國家文物局安排，長期經歷考古一線工作實踐，學養、經驗和學術眼光均為一流的考古學者信立祥、焦南峰、張仲立等組成專家組參與工作，提高品質水準，保障了盡可能完整的考古資訊獲得。這或許是一種可行的協同創新形式。據報導，參與本次發掘工作的，還有來自全國各地的專家及科研機構。江西省文物考古研究所與全國十餘家科研單位就此形成了合作關係。這種工作方式對其他考古工作，甚至其他學科方向的學術課題進行，也應當有參考價值和借鑑意義。

第二十八章
絲綢貿易史視角的漢匈關係考察

考察絲綢之路史，可以發現中原出產的絲綢，曾經以多種方式輸出。草原民族在絲綢貿易活動中採取正面的態度。在中土絲綢向西運輸的過程中，匈奴也發揮過重要的角色。考察漢與匈奴的關係，不僅可以看到血火刀兵，也能透過絲綢絢麗的色澤和輕柔的質感，感受經濟交流史與文化融合史平緩親和的一面。

匈奴「好漢繒絮」與關市交易

西漢中期，朝廷關於商業政策與外交政策導向存在爭論。《鹽鐵論·力耕》記錄了「大夫」與「文學」的辯議。大夫的發言涉及「中國」與「外國」、「敵國」的貿易交往：「汝、漢之金，纖微之貢，所以誘外國而釣胡、羌之寶也。夫中國一端之縵，得匈奴累金之物，而損敵國之用。是以騾驢馲駝，銜尾入塞，驒騱騵馬，盡為我畜，鼲貂狐貉，采旃文罽，充於內府，而璧玉珊瑚琉璃，咸為國之寶。」說「中國」依靠礦產和織品，可以透過貿易獲取絕大的利益。而《太平御覽》卷九〇一引《鹽鐵論》曰：「齊陶之縑，南漢之布，中國以一端之縵，得匈奴累金之物。是以騾驢馲駝銜尾入塞。」則說「中國」在貿易中表現的優越經濟實力，完全展現於紡織品，即所謂「齊陶之縑，南漢之布」。

中行說評說匈奴民間消費傾向，指出「匈奴好漢繒絮」，而逐漸捨棄原先服用的「旃裘」（《史記》卷一一〇〈匈奴列傳〉），警告對漢地產品的依賴將危害匈奴國力。可見「漢繒絮」確實影響了匈奴經濟生活。匈奴得到漢地織品的重要途徑是關市。據《漢書》卷下〈匈奴傳下〉，漢文帝時對匈奴的政策就包括「與通關市」。「孝景帝復與匈奴和親，通關市」。漢武帝即位後，「明和親約束，厚遇，通關市，饒給之。匈奴自單于以下皆親漢，往來長城下」。甚至在雙方正式進入戰爭狀態之後，匈奴仍貪求漢地物產，希冀由此得到經濟物資的補充，「尚樂關市，嗜漢財物，漢亦尚關市不絕以中之」（《史記》卷一一〇〈匈奴列傳〉）。漢王朝也有意透過「關市」對匈奴社會施加經濟影響。

「齊陶之縑，南漢之布」，可能有相當數量透過「關市」貿易流入匈奴。所謂「夫中國一端之縵，得匈奴累金之物」的交換行為，成為絲綢之路貿易的重要形式之一。

西域絲綢市場與匈奴「賦稅諸國」

在漢王朝占有河西地方之前，匈奴曾經長期控制西域。《漢書》卷九六上〈西域傳上〉記載，「匈奴西邊日逐王置僮僕都尉，使領西域」，「賦稅諸國，取富給焉」。所謂「賦稅」，應展現以強勁軍力維護的掠奪式制度化經濟關係。「賦稅諸國」的徵收內容，除畜產、農產外，亦包括礦產、手工業製品和其他物產。匈奴向「烏桓民」徵收「皮布稅」的情形（《漢書》卷九四下〈匈奴傳下〉），可以在討論匈奴於西域「賦稅諸國」時參考。《後漢書》卷八八〈西域傳〉說到兩漢之際西域再次「役屬匈奴」，而匈奴「斂稅重刻」竟然導致西域諸國不堪承受，於是外交方向因而變換的情形：「哀平間，自相分割為五十五國。王莽篡位，貶易侯王，由是西域怨叛，與中國遂絕，並復役屬匈奴。匈奴斂稅重刻，諸國不堪命，建武中，皆遣使求內屬，願請都護。」

匈奴雄勁的軍事強勢，使得利用西域交通地理條件發展貿易成為可能。匈奴史學者林幹曾經指出：「匈奴族十分重視與漢族互通關市。除漢族外，匈奴與羌族經常發生商業交換；對烏桓族和西域各族也發生過交換。」此說匈奴「和西域各族也發生過交換」，在另一處則說，「匈奴還可能和西域各族發生交換」。一說「發生過交換」，一說「可能」「發生交換」，似乎表述不同。前說應當是確定的意見。林幹還指出：「（匈奴）並透過西域，間接和希臘人及其他西方各族人民發生交換。」（林幹《匈奴通史》，人民出版社，一九八六年，第三頁、第一四六至一四七頁）考察絲綢之路貿易行為中匈奴的作用，應當重視這樣的認知。

西域許多部族具備從事貿易的經濟傳統，善於商業經營。如「自宛以西至安息，其人……善賈市，爭分銖」，安息「有市，民商賈用車及船，行旁國或數千里」，大夏「善賈市」，都城「有市販賈諸物」（《史記》卷一二三〈大宛列傳〉）等，都是引人注目的歷史紀錄。《漢書》卷九六上〈西域傳上〉說到罽賓國、烏弋國的「市列」。又說疏勒國「有市列」。指出西域諸國商品經濟的活躍和市場建置的成熟。對這時期匈奴以軍事力量扼制絲路商貿通路的情形，有學者曾有如下分析：「匈奴人……企圖控制西域商道，獨占貿易權益。」「越來越強的貪欲，使他們亟欲控制商道，壟斷東西貿易，以取得暴利。」（殷晴《絲綢之路與西域經濟——十二世紀前新疆開發史稿》，中華書局，二〇〇七年，第一一一頁）如果不使用「貪欲」、「暴利」之類貶斥語意過高的說法，客觀說明匈奴對「西域商道」「貿易權益」的「控制」，顯然是有意義的。《後漢書》卷八九〈南匈奴傳〉記載：「（建武）二十八年，北匈奴復遣使詣闕，貢馬及裘，更乞和親，並請音樂，又求率西域諸國胡客與俱獻見。」「西域諸國胡客」和匈奴使團同行「與俱獻見」，展現匈奴對西域胡商貿易活動的鼓勵和支持。這很可能是以經濟利益為出發點，或許匈奴對西域之「斂稅重刻」，包括商業稅徵收。

有學者認為，匈奴也直接參與絲綢買賣：「匈奴貴族」「做著絲綢貿易」，「匈奴人」「進行絲綢貿易」，或說「絲絹貿易」。亦有關於「當時匈奴貴族向西方販運的絲綢道路」的分析（蘇北海〈漢、唐時期我國北方的草原絲路〉，張志堯主編《草原絲綢之路與中亞文明》，新疆美術攝影出版社，一九九四年，第二十八頁）。然而現在看來，這樣的意見似乎需要確切的史料支援。在考古發掘收穫中尋求文物實證，尤其必要。「匈奴人」在西域及鄰近地方「進行絲綢貿易」、「絲絹貿易」的經濟行為可能性極大，如果得到證實，當然可以推進匈奴史和西域史的了解。

亦有學者說，匈奴面對西域繁盛的商業，有「搶劫商旅」的行為（齊濤《絲綢之路探源》，齊魯書社，一九九二年，第五十二頁）。這樣的情形，當然是很可能發生的。「搶劫」所得，有可能直接「進行絲綢貿易」。

漢王朝厚賂匈奴織品的去向

「漢使者持黃金錦繡行賜諸國」（《漢書》卷七〇〈傅介子傳〉），是漢王朝維護與「諸國」關係的通常形式。這個策略也應用於匈奴。《史記》卷一一〇〈匈奴列傳〉言漢王朝維護「和親」的同時，「給遺匈奴」，這是「漢物」流入匈奴的重要方式。《漢書》卷九四下〈匈奴傳下〉回顧與匈奴的來往，言劉邦時代「約結和親，賂遺單于」。「逮至孝文」，更「增厚其賂，歲以千金」。漢武帝時代蘇武出使，也有「厚幣賂遺單于」的紀錄。漢武帝元光二年（前一三三）「春，詔問公卿曰：『朕飾子女以配單于，金幣文繡賂之甚厚，單于待命加嫚，侵盜亡已。邊境被害，朕甚閔之。今欲舉兵攻之，何如？』」（《漢書》卷六〈武帝紀〉）《說文．巾部》：「幣，帛也。」所謂「金幣文繡賂之甚厚」，展現出漢對匈奴「賂」這種物資輸出方式中絲綢的意義。

漢王朝以「賜」的形式對匈奴的物資輸送，多有絲綢織品、「絮」以及較高等級的成衣等。以具有計量統計意義的記載為例，漢宣帝甘露三年（前五一），「（呼韓邪）單于正月朝天子於甘泉宮」，「賜以冠帶衣裳……衣被七十七襲，錦繡綺穀雜帛八千匹，絮六千斤。」漢宣帝黃龍元年（前五〇），「呼韓邪單于復入朝，禮賜如初，加衣百一十襲，錦帛九千匹，絮八千斤。」「竟寧元年，單于復入朝，禮賜如初，加衣服錦帛絮，皆倍於黃龍時。」漢成帝河平四年（前二五），「（單于）入朝，加賜錦繡繒帛二萬匹，絮二萬斤，它如竟寧時。」「（漢哀帝）元壽二年，單于來朝……加賜衣三百七十襲，錦繡繒帛三萬匹，絮三萬斤，它如河平時。」（《漢書》卷九四下〈匈奴傳下〉）自漢宣帝甘露三年（前五一）至漢哀帝元壽二年（前一）五十年間，多次賜匈奴「錦帛」及「絮」，數量逐次增加。僅簡單累計，至於「錦繡繒帛」八萬匹，「絮」八萬斤。比較漢文帝時所謂「遺單于甚厚」，僅不過「服繡袷綺衣、繡袷長襦、錦袷袍各一……繡十匹，錦三十匹，赤綈、綠繒各四十匹」（《史記》卷一一〇〈匈奴列傳〉），數量頗為懸殊。如此驚人的數額，應已超過滿足匈奴需求的數額。當時在漢地經濟生活中，出現「以實物計價發給官吏替代俸錢」的現象（何德章〈兩漢俸祿制度〉，黃惠賢、陳鋒主編《中國俸祿制度史》，武漢大學出版社，一九九六年，第四十七至四十八頁）。大量高級的紡織品「禮賜」單于，或許也可以理解為在漢地推行「祿帛」、「祿布」、「祿絮」制度的背景下，有經濟作用、更值得注意的「賂」意義。也就是說，絲綢作為一般等價物，在漢與匈奴的經濟關係中，展現了特殊的價值。可以推想，匈奴得到超出實際消費需要數額的「錦繡繒帛」和「絮」，是可以透過轉輸交易的方式獲取更大利益的。前引有學者分析「匈奴貴族」「做著絲綢貿易」，「匈奴人」「進行絲綢貿易」、「絲絹貿易」，「當時匈奴貴族向西方販運」「絲綢」的現象，貨源有可能包括漢王朝「禮賜」的高級紡織品。

漢匈軍事前線的絲綢發現

考古學者在河西漢代邊塞的發掘，獲得數量頗多的絲綢殘片。據貝格曼在額濟納河流域考察漢代烽燧遺址的收穫，包括織品遺存的發現。如烽燧 A6 與漢代封泥、木簡同出有「敞開的、織造精美的覆蓋有黑色膠質的絲織品殘片；絲質纖維填料；細股的紅麻線」等文物。通稱「破城子」的城障 A8 與諸多漢代文物同出「天然絲，絲綢纖維填料」，「植物纖維織物」，「不同顏色的絲織物、絲綢填料、植物纖維材料殘片」。烽燧 A9 發現「紅絲綢」。障亭 A10 發現包括「褐色、紅色、綠色和藍色」的「不同顏色絲綢殘片」。臺地地區地點一標號為 P.398 的遺存，發現「（天然）褐色、黃色、深紅色、深藍色、淺藍色、深綠色、淺綠色」的「絲綢殘片」。地點七標號為 P.443 的遺存也發現絲織物，「色澤有褐色（天然）、黃褐色、淺綠色、深綠色、藍綠色和深藍色」。金關遺址 A32 地點 A 發現「有朱紅色陰影的鮮紅絲綢殘片」，地點 B 發現「玫瑰紅、天然褐色絲綢和絲綢填料殘片」，地點 C 發現「天然褐色、褐色和酒紅色絲綢殘片」，地點 E 發現「絲質服裝、絲綢填料和纖維織物殘片」，「絲綢為天然褐色、綠色、藍綠色、藍色和紅色」。地灣遺址 A33 地點四發現的絲綢殘片，色彩包括「褐色、淺紅色、深紅色、綠黃棕色、黃綠色和黃色」。又據記述，「色度為：接近白色、褐色、紅色、綠色、普魯士藍」。大灣遺址 A35 地點一、地點二、地點五、地點十二發現「絲綢殘片」，地點四、地點六、地點七、地點八、地點九、地點十發現「紡織物殘片」。地點一標號為 P.66 的遺存，發現「各種顏色（淺黃色、灰色、褐色、綠色和玫瑰紅色）的絲綢殘片」。（〔瑞典〕弗克．貝格曼考察，〔瑞典〕博．索馬斯特勒姆整理，黃曉宏等翻譯，張德芳審校《內蒙古額濟納河流域考古報告：斯文·赫定博士率領的中瑞聯合科學考查團中國西部諸省科學考察報告考古類第八和第九》，學苑出版社，二〇一四年，第三十四至三十五頁、第六十頁、第八十六頁、第九十四頁、第二八四頁、第二八八頁、第三三三頁、第三三四頁、第三三九頁、第三五〇頁、第三七六至三七七頁）

有的絲綢殘片是在鼠洞裡發現的。額濟納河流域漢代遺址的絲綢遺存普遍經過鼠害破壞，因此每多殘碎。但是臺地地區「地點七」標號為 P.402 的發現，據紀錄：「黃色（天然）絲綢殘片，其中一塊的整體寬五十一點五至五十一點七公分。」地灣遺址 A33「地點六」發現的絲綢殘片中，「第二件和第十九件保留了完整的寬度，其寬分別為四十五公分和四十公分。」（《內蒙古額濟納河流域考古報告：斯文·赫定博士率領的中瑞聯合科學考查團中國西部諸省科學考察報告考古類第八和第九》，第二七五頁、第二八八頁、第三五九頁）《漢書》卷二四下〈食貨志下〉說「布帛廣二尺二寸為幅」的統一規格，以西漢尺度通常二十三點一公分計，應為五十點八二公分，「整體寬五十一點五至五十一點七公分」的形制與此接近。而以東漢尺單位量值二十三點五公分計（丘光明編著《中國歷代度量衡考》，科學出版社，一九九二年，第五十五頁），「廣二尺二寸為幅」恰好為五十一點七公分。也就是說，這些織品遺存，當時有相當數量並非成衣，而是以全幅形式出現，很可能是以「匹」為單位的絲綢。

漢代禮俗制度，色彩的使用依身分尊卑高下有所不同。如《續漢書·輿服志下》：「公主、貴人、妃以上，嫁娶得服錦綺羅縠繒，采十二色，重緣袍。特進、列侯以上錦繒，采十二色。六百石以上重練，采九色，禁丹紫紺。三百石以上五色采，青絳黃紅綠。二百石以上四采，青黃紅綠。賈人，緗縹而已。」自「采十二色」、「采九色」、「五色采」、「四采」至所謂「緗縹」，形成等級差別。「緗縹」，是極普通的單一色。除了為下層人士使用的這種「天然褐色」織品外，河西邊塞遺址發現色彩紛雜絢麗的織品，不太可能製作普通軍人親身衣物。有經濟史研究者注意到「至今仍不時在沿絲路沙漠中發現成捆的漢代絲織品」。當時絲路交通形勢十分複雜，「所

謂通西域的絲路，實際上是在亭障遍地、烽墩林立和煙火相接的嚴密保護下才暢通無阻的」（傅築夫《中國封建社會經濟史》第二卷，人民出版社，一九八二年，第四四〇頁、第四三九頁）。而河西烽燧遺址發現的大量「漢代絲織品」，也成為絲綢之路貿易史的生動見證。不過，「漢代的絲織品」流通與「亭障」、「烽墩」的關係，未必可簡單以「嚴密保護」說明。河西邊塞戍卒有「貰賣衣財物」的經濟行為。他們從家鄉帶來的織品，透過出身當地的軍人進入河西市場複雜的流通形式。這種流通不排除匈奴人參與的可能。

居延漢簡可見邊塞軍人逃亡事件的紀錄。典型的一例，即所謂「持禁物蘭越塞」的五人中，有常安亭長王閎父子、攻虜亭長趙常以及「客民趙閎範翕」。他們「蘭越甲渠當曲燧塞，從河水中天田出」，「於邊關儌逐捕未得」，可以說是叛逃成功。所謂「常及客民趙閎範翕一等五人俱亡皆共盜官兵」，「五人俱亡皆共盜官兵臧千錢以上帶大刀劍及鈹各一」，是一起嚴重的「亡人越塞」案（E.P.T68:54-76）。現役軍人以「亡」的方式向匈奴方向的叛逃，即史稱「亡入匈奴」者，文獻不乏紀錄。典型的例子有《漢書》卷九九中〈王莽傳中〉：「戊己校尉史陳良、終帶共賊殺校尉刁護，劫略吏士，自稱廢漢大將軍，亡入匈奴。」這是具有敵對政治情緒者「亡入匈奴」的情形。其他比較普遍的「亡出塞」現象，如「習邊事」之「郎侯應」所指出的，第一種為以往從軍出征者未能回鄉，「子孫貧困，一旦亡出，從其親戚」，第二種為以為「匈奴中樂」，不必承擔沉重的勞役責任，「邊人奴婢愁苦，欲亡者多」，第三種為「犯法」「盜賊」，「如其窘急，亡走北出」（《漢書》卷九四下〈匈奴傳下〉）。絲綢作為價位較高的物資，與多種「禁物」同樣為「亡人」所「持」而「蘭越塞」，「北出」匈奴地方，是很自然的事情。這或許可以視為漢與匈奴之間以絲綢交易展現經濟聯絡的特殊方式。

第二十九章 戰國秦漢政論的「美善」

遵循學理原則，講究科學學風的嚴肅學術論文，是否可以顯現文采？對學術論文的文采，是否應當鼓勵和提倡呢？思考這個問題，可以關注古來成功的、有影響力的政論行文風格，以為有意義的參考。

「美善不空，才高知深之驗也」

被稱為法家思想集大成者的《韓非子》一書，純粹是嚴肅的政論性質。典型的法家代表人物或世稱「刻薄」（《史記》卷六八〈商君列傳〉）。法家理論具有同樣的風格，是眾所周知的。然而《韓非子》論說的新鮮和文辭的生動，卻打動了人稱「少恩而虎狼心」（《史記》卷六〈秦始皇本紀〉）的冷酷君主秦王嬴政，也就是後來的秦始皇。《史記》卷六三〈老子韓非列傳〉寫道：「人或傳其書至秦。秦王見〈孤憤〉、〈五蠹〉之書，曰：『嗟乎，寡人得見此人與之遊，死不恨矣！』李斯曰：『此韓非之所著書也。』秦因急攻韓。韓王始不用非，及急，乃遣非使秦。秦王悅之。」

司馬遷筆下還可以看到另一則大致相同的記載，這就是漢武帝發現司馬相如的故事。《史記》卷一一七〈司馬相如列傳〉說：「蜀人楊得意為狗監，侍上。上讀〈子虛賦〉而善之，曰：『朕獨不得與此人同時哉！』得意曰：『臣邑人司馬相如自言為此賦。』上驚，乃召問相如。」秦王政言韓非，「寡人得見此人與之遊，死不恨矣」，漢武帝言司馬相如，「朕獨不得與此人同時哉」！宋代學者劉昌詩《蘆浦筆記》卷七〈比事〉說到宋人吳曾撰《能改齋漫錄》卷一四有〈記文類對〉，以為經典文獻中此類內容還有許多，於是舉出《史記》中八例：「《漫錄》取『類對』為一門，然經傳中可類者多矣，姑以《史記》有八事相比，因記之。」所記第三組「比事」，就是「〈韓非傳〉：秦王見〈孤憤〉、〈五蠹〉之書」和「〈司馬相如傳〉：上讀〈子虛賦〉而善之」。宋代學者孔平仲《珩璜新論》也將這兩個故事放在一起討論，就此評價秦皇漢武的政治文化資質。他寫道：「二君者，雖用人不能終，然亦可謂知文好士之主也。」言「好士」惜其「用人不能終」，言「知文」，則是中肯的評價。

「秦皇漢武」是政治成就顯著的帝王。然而有人認為文化方面不免欠缺。這兩位政治強勢人物，卻分別透過讀書，被作者的語言文字魅力打動，因此發現了人才。值得我們注意的是，司馬相如賦作具有文學感染力是理所當然的。然而《韓非子》卻在冰冷的法家政論中，以其文辭的力量實現對帝王的神奇心理征服，其語言效能令人感慨。

《論衡．佚文》也說到這兩件文章史上的突出事例：「韓非之書，傳在秦庭，始皇嘆曰：『獨不得與此人同時！』」「孝武善〈子虛〉之賦，徵司馬長卿。」此外，王充又講了其他的故事，比如：「孝武之時，詔百官對策，董仲舒策文最善。王莽時，使郎吏上奏，劉子駿章尤美。」他就論說文字的「善」和「美」，發表了這樣的意見：「美善不空，才高知深之驗也。」文辭的「美善」，可以表現「才」之「高」與「智」之「深」。也就是說，「文」「章」是否「美善」，是全面的文化資質的展現。

「博喻之富」與「奇」的追求

對於戰國時期百家政論的精彩文辭，《文心雕龍．諸子》說：「諸子者，入道見志之書。太上立德，其次立言。百姓之群居，苦紛雜而莫顯。君子之處世，疾名德之不章。唯英才特達，則炳曜垂文，騰其姓氏，懸諸日月焉。」在綜合評述「諸子」思想和文字的成就時，劉勰特別表揚「韓非著博喻之富」。

漢明帝永平年間出現「神雀群集」的祥瑞，皇帝詔令官員們就此作〈爵頌〉呈上，「百官頌上文皆比瓦石，唯班固、賈逵、傅毅、楊終、侯諷五頌金玉」。漢明帝閱讀了這些作品，據王充記述：「夫以百官之眾，郎吏非一，唯五人文善，非奇而何？」這裡又說到「文善」。

《文心雕龍．頌讚》：「四始之至，頌居其極。頌者，容也，所以美盛德而述形容也。」「至於秦政刻文，爰頌其德。漢之惠景，亦有述容。沿世並作，相繼於時矣。若夫子雲之表充國，孟堅之序戴侯，仲武之美顯宗，史岑之述熹後，或擬〈清廟〉，或範〈駉〉、〈那〉，雖深淺不同，詳略各異，其褒德顯容，典章一也。」「頌」常用以「美盛德而述形容」，「褒德顯容」，用於政治宣揚的性質是明顯的。而班固等五人卻以「頌」的文采贏得了「金玉」的讚譽。

「文辭美惡，足以觀才」

怎樣的文章才可以稱作「美善」？「美善」的展現，是否僅僅在於文句的「炳曜」光彩和論辯的「博喻」多奇呢？

王充又寫道：「《易》曰：聖人之情見於辭。文辭美惡，足以觀才。」透過「文辭」的「美」和「惡」，也就是「金玉」、「瓦石」之別，可以看出「才」的高下，這是很明白的事情。而《易．繫辭下》所謂「聖人之情見乎辭」，也許更值得我們注意。此說或許可以有多種理解。而高水準的「辭」應當有「情」作為成功表達的基本條件，這樣的解說或許也是可以成立的。作者的真切情感寄託其中，才可能使文字具有感染力。如果作者對所論內容並沒有真誠的「情」，甚至並不堅信自己所論說觀點的合理性，要感動和征服讀者當然是不可能的。

文章應當追求「美」，而「美」其實是附於「情」的。《文心雕龍．情采》說：「老子疾偽，故稱『美言不信』；而五千精妙則非棄美矣。莊周云，『辯雕萬物』，謂藻飾也。韓非云，『豔采辯說』，謂綺麗也。綺麗以豔說，藻飾以辯雕，文辭之變，於斯極矣。研味李老，則知文質附乎性情。」思想的宣揚「非棄美」，或說「藻飾」、「豔說」自有意義。但是論說重在「文質」，而「文質附乎性情」。此意見，也可能接近《論衡．對作》中提倡的「旨直」和「情實」。

劉勰理解和贊同「老子疾美」，以及所謂「美言不信」。也就是說，對「美」的片面追求，使人擔心會損害其真實品質。前引文字隨後的一句話，即「詳覽莊韓，則見華實過乎淫侈」，即強調「文善」的另一基本條件，就是「華實」。「華實」可以理解為「華」和「實」的兼美，而基點立足於「實」，也就是《論衡》所謂「美善不空」的「不空」。

「聖人不空作，皆有依據」

「不空」的含義，一則如許慎《說文解字敘》中所說「聖人不空作，皆有依據」。《論衡．死偽》的「實有不空」，應當也是大致同樣的意思。又《論衡》所謂「不空言」（〈說日〉），「語不空生」（〈祭意〉）等，也宣揚了同樣的理念。論辯一定要有「依據」，當然是說理有力的基本條件。

「不空」，其實還有另外更深層次的含義。《論衡．對作》又說了這番話，也許可以視為對這含義的說明。王充寫道：「或問曰：賢聖不空生，必有以用其心。上自孔、墨之黨，下至荀、孟之徒，教訓必作垂文，何也？對曰：聖人作經，賢者傳記，匡濟薄俗，驅民使之歸實誠也。」聖賢著文，自有宣揚其理論主張，「匡濟薄俗」，引導世心歸於「實誠」的主題。如果沒有這種正當的意義，則論說難免失之於「空」，流為俗等，距離「美善」境界遠而又遠。「故夫賢聖之興文也，起事不空為，因因不妄作，作有益於化，化有補於正。」行文論事，自有意義，絕對「不空為」，「不妄作」。王充又說：「賢人之在世也，進則盡忠宣化，以明朝廷，退則稱論貶說，以覺失俗。俗也不知還，則立道輕為非；論者不追救，則迷亂不覺悟。」他表白自己的著作就是堅持這樣的原則，「是故《論衡》之造也，起眾書並失實虛妄之言，勝真美也。故虛妄之語不黜，則華文不見息，華文放流，則實事不見用。故《論衡》者所以銓輕重之言，立真偽之平，非苟調文飾辭為奇偉之觀也。其本皆起人間有非，故盡思極心以譏世俗。」《論衡》的撰寫，志在「實事」之「用」，絕不是輕浮地炫耀文采，「苟調文飾辭為奇偉之觀」。

不過，王充認為應當「黜」、「息」的所謂「虛妄之言」、「虛妄之語」，即「華文」的氾濫，正迎合著世俗。「世俗之性，好奇怪之語，說虛妄之文。」這是為什麼呢？原因在於，在通常的情況下，「實事不能快意，而華虛驚耳動心也」。正因為如此，「才能之士，好談論者，增益實事，為美盛之語；用筆墨者，造生空文，為虛妄之傳」。於是，文化的危害形成了，「聽者以為真然，說而不舍；覽者以為實事，傳而不絕。不絕，則文載竹帛之上；不舍，則誤入賢者之耳」。這種傾向的社會影響相當深重，「至或南面稱師，賦奸偽之說；典城佩紫，讀虛妄之書」，「明辨然否，疾心傷之，安能不論」？王充對此痛心疾首。他著書立說，推出《論衡》的目的之一，就是扭轉文風：「冀悟迷惑之心使知虛實之分。實虛之分定，而華偽之文滅；華偽之文滅，則純誠之化日以孳矣。」

學術論著的根本原則和終極追求，是推崇「純誠之化」。人們在努力完善學術論著文采的同時，也應當記得王充的警告，抵制「虛妄」，力戒「華偽」。

第三十章 稱謂研究與秦漢社會文化的新認知

社會稱謂，是社會生活中自然形成的人物或人群的指代名號。「宗族婚姻，稱謂不同」（《爾雅》鄭樵注），「各有等差，不相假借」（梁章炬《稱謂錄．序》）。社會稱謂是社會身分的符號，是代表社會等級，展現社會關係，維護社會結構基本秩序的一種文化存在。《後漢書．郎顗傳》：「改易名號，隨事稱謂。」《史通．稱謂》也說：「古往今來，名目各異。區分壤隔，稱謂不同。」社會稱謂因區域文化存在差異，隨時代發展有所變化。人們日常使用的社會稱謂，其實既有傳統的影響，也有歷史的印記，有些還暗含某種文化象徵意義。討論歷史上社會稱謂的變化，是社會史和文化史研究的重要任務。

稱謂研究的學術基礎和時代條件

十九世紀以前，有關古代稱謂的文獻，除《爾雅．釋親》和《禮記．曲禮》提供資料較多，《小爾雅》、《方言》、《釋名》、《廣雅》等又有所充實以外，諸多有關歷代稱謂的資訊，往往散見於各種古籍以及金石簡帛資料之中。清代以前可以視為專門的稱謂研究論著的，可能只有《隋書．經籍志》著錄的後周盧辨的《稱謂》五卷。然而此書早已亡佚。清代學者梁章炬著《稱謂錄》，林則徐為作序，稱譽「此舉洵為盛事」，對於這部書的社會影響，也有「家置一帙，人手一編，不待言也」的評價。梁恭辰在該書跋語中也說，《稱謂錄》未及成書，「而索觀者接踵而至」。可見稱謂研究的工作自有學術意義，也適應了社會的需求。然而《稱謂錄》一書正如作者在自序中所說：「聞見短淺，客邸無書，略為部分，難免漏略」，因多種條件的局限，存在訛誤和遺漏的情形。作者在該書〈凡例〉中說：「所徵引難免漏略，以後得者，當入續錄，以作補遺。」可見梁章炬對此書的局限性有比較充分的估量。作者本人「續錄」、「補遺」的設想沒有實現，但是我們可以將「以後得者」云云，讀作對後來研究者的殷切期盼。在梁氏《稱謂錄》之後，又有鄭珍撰《親屬記》問世，這部書的內容僅限於親族稱謂，闡釋比較集中，引證比較詳細，但是總體分量要比《稱謂錄》薄弱。

二十世紀以來的中國社會史研究，有學者是從社會稱謂切入，得到階級結構的認知。如對「君子」、「小人」以及「民」和「國人」的分析，都促成階級關係史新知的獲得。就秦漢社會稱謂而言，對「黔首」、「閭左」、「奴婢」、「隸臣妾」等問題，也多有學者進行討論。然而，二十世紀歷史學界雖對社會稱謂研究多有關注，卻少有學者集中精力完成專門之作。事實上，近數十年來，考古工作的進步，使大量的新資料呈示在學界面前，社會稱謂研究是有條件邁出新步伐的。

秦漢稱謂研究的意義

秦漢時期作為中國古代歷史中的一個特殊階段，當時的社會結構、社會組織和社會風貌都出現歷史性的變化，對後來社會歷史的進程也有重要的影響。研究秦漢稱謂，對深入了解當時的社會狀況，進而全面理解當時的歷史文化，有不宜忽視的意義，對探索社會稱謂此後千百年來演進的歷史過程，也有不宜忽視的意義。

研究秦漢稱謂，並進而分析不同社會身分構成的社會關係，以及相應的社會結構，國內外學術界尚未有較全面的綜合性成果推出。這個研究因而在某些意義上具有填補學術空白的價值。

稱謂與秦漢等級秩序

秦漢時期有一些新使用的稱謂，展現鮮明的時代特徵。由於秦漢時期是中國古代政治管理典範形成的重要歷史階段，當時出現的若干稱謂不僅代表政治新局的成立，這些稱謂長期使用，又展現了秦漢政治體制久遠的歷史影響。例如「皇帝」稱謂。「皇帝」是代表秦制權力頂點的政治符號，自秦始皇使用後，一直沿用到二十世紀初。對於「秦制與『皇帝』稱謂發明」的討論，有益於對中國傳統政治體制的理解。與「皇帝」「名號」同樣醒目，另有指代居於權力結構最底層者之身分的稱謂，就是秦統一前已經開始使用，被秦王朝確定為民眾法定身分符號的「黔首」。「黔首」稱謂使用不久就被「民」、「百姓」等所替代。然而，「黔首」在漢世依然可見作為社會稱謂使用的片段文化遺存。「黔首」在長久的政治史和社會史中，保留深刻記憶，也展現了秦政和秦文化的歷史影響。

「太上皇」稱謂的最初發生，與「皇帝」同時。歷史上「太上皇」和「皇帝」之間的帝位傳遞和帝權繼承，有十分複雜的情節。漢代曾興起於社會下層的武裝暴動集團，以反政府為旗幟，卻並不否定皇權。「妖賊」稱「太上皇帝」的史例，也值得關注。

對於漢代官吏「糞土臣」自稱，以及漢代社會普遍的「賤子」自稱，研究成果也充實了我們有關秦漢社會等級的知識。透過這樣的稱謂，可以了解帝制奠基時代政治生活等級規範形成且初步確定的情景，了解奴性心理生成的歷史背景和文化條件。使用範圍相對狹小的「主公」稱謂，也展現了特定區域、特定集團的社會人際關係。

里耶秦戶籍簡可見所謂「小上造」、「小女子」。兩漢社會的「小男」、「小女」，同樣與未成年人承擔的社會責任相關。又如「小兒」、「豎」、「小」、「細小」等稱謂的理解，都有助於我們了解當時未成年人的生活。

稱謂與秦漢職業身分

有的文獻紀錄中說到秦「小子軍」。這一稱謂反映了軍事史上值得重視的現象。

秦漢社會稱謂中見於簡牘資料的「津卒」、「津吏」、「車父」、「就人」、「將車人」、「郵卒」、「驛兵」等，都與交通制度和運輸經營有關。

秦漢「小兒醫」稱謂，則展現中國古代醫學史進程中引人注目的代表之一。考察有關資訊，可以豐富對秦漢社會生活具體情狀的認知，醫學史的研究，也可以由此得到新的認知。

戰國秦漢所謂「酒人」，是酒業生產經營的代表性遺存。

漢代「童子郎」身分反映了「少為郎」現象。漢代宮廷的「小兒官」以及東漢所謂「小侯」，都以特殊稱謂說明特殊職位的出現。

稱謂與秦漢家庭結構

社會稱謂諸多品類中，親屬稱謂往往能夠較為真切、較為細緻、較為生動地展現社會生活的具體情狀。歷代親屬稱謂多隨社會演進而屢有變化。研究不同歷史時期親屬稱謂形式與內涵的演變，可以幫助我們理解當時的宗族結構和社會關係。張家山漢簡的有關內容，可以為漢代親族研究提供新的資料。例如有關「偏妻」、「下妻」稱謂的簡文，就值得我們重視。簡文所見「叚大母」稱謂，也反映了當時家庭結構的複雜。

秦漢與「嬰兒」、「嬰女」稱謂有關的歷史資訊，是考察未成年人在家庭中生活境況的標本。反映漢代以來「寡嫂」和「孤兄子」身分及其在家族中特殊地位的資料，在文獻紀錄中多有遺存。所謂「養寡嫂孤兄子」這種特殊的社會救助形式，對社會保障史研究有值得重視的意義。

漢代軍隊中「卒妻」身分的了解，既屬於軍事史研究的主題，也可以增進對戰爭生活中特殊家庭關係的理解。

稱謂與秦漢民族關係

西漢時期，出身北方少數民族的「胡巫」，曾經高踞接近王朝統治中樞的地位，進行過活躍的文化表演。他們的活動，反映了當時各民族文化交流的時代趨勢。他們的宗教，曾經對國家的政治走向和民間的社會生活都發生過值得重視的影響。與「胡巫」相同，「越巫」也曾經被漢王朝最高統治者看重，在漢代文化生活中，表現出特殊的作用。

兩漢軍隊構成中，可見「胡騎」，即出身北方草原游牧族的騎兵。朝廷衛戍部隊有「胡騎」建置，「胡騎」甚至充任帝王近衛。邊地防衛力量中也有「胡騎」。「胡騎」參與漢王朝軍隊的遠征，有與本族軍隊血戰立功的史例。漢朝軍制中的「越騎」部隊也值得重視。

漢代有「商胡販客」活躍於邊境地區，內陸亦「商賈胡貊，天下四會」，其中明確有「西域賈胡」。出身「胡」的外族人士參與漢代商業經營者，對社會經濟的繁榮有所貢獻。文獻記載所見「賈胡」、「商胡」稱謂，反映了這個現象。當時外國使團中也有被稱作「行賈賤人」的商業經營者。樂府詩中「酒家胡」稱謂，則展現少數民族出身者從事都市飲食服務業的情形。

漢代畫像資料中所見「胡奴」，說明社會生產和社會生活中活躍著屬「胡」的底層勞動者。

稱謂與秦漢社會控制

「亡人」稱謂頻繁見於秦漢律令、政論、行政文書和歷史記載。「亡人」和「流民」，是掙脫政府控制的人口。他們的活動，考驗著執政者的行政能力。在社會文化史進程中，「亡人」和「流民」也是促成社會交流和文化融匯的活躍要素。居延簡及敦煌簡所見「客」，反映了漢代西北邊地的人口流動，相關紀錄也是重要的行政史料。

東漢以來，海上反政府武裝被稱為「海賊」。「海賊」以較強的機動性，形成了對「緣海」郡縣行政秩序的破壞。居延漢簡「海賊」通緝文書，早於正史的記載。漢代所謂「山賊」、「江賊」等，也指代不同形式的暴動民眾。

居延漢簡所見「明府」可以與文獻記載相互印證，展現了當時對一定等級官僚的通行稱謂。「魁」、「渠率」等具有時代特徵的身分，也與社會控制形式有關。

稱謂與秦漢世俗風俗

秦漢時期所謂「少年」，往往成為城市中背離正統、與政府持不合作態度的社會力量。他們的活動，對社會治安表現出顯著的影響。「少年」的社會成分其實比較複雜，然而活躍而激烈的性格特徵和行為風格，展現出秦漢社會放達俠勇的時代精神。而「惡少年」稱謂，則指代危害公共秩序的社會成分。

秦漢酒業經營繁榮。史籍多見「好酒」風習的紀錄。社會稱謂「酒徒」的出現，也是展現相關歷史文化風貌的跡象。從現有文獻遺存來看，「酒徒」稱謂可能最初出現於戰國階段，而秦漢時期以「酒徒」自稱者，曾經有突出的歷史表現。秦漢時期的「歌人」稱謂，則表現了社會生活其他層面的特殊情狀。

「處士」稱謂在先秦已經出現，在漢代甚為通行。「處士」一般指在野的民間知識分子。考察從「處士」到「議士」的参政路徑，可以視為了解秦漢社會文化風貌的一個特殊視角。

第三十一章
秦漢時期的生態環境

從西元前二二一年秦始皇實現統一至西元二二〇年曹丕代漢的秦漢時期，中國文明的構成形式和創造內容都有重要的變化。總結秦漢歷史進步的條件，不能忽視生態環境的作用。秦漢時期的總體生態環境狀況與現今有所不同，秦漢時期各個地域間的生態環境狀況有所差異，秦漢時期前後四百餘年間的生態環境狀況也有所變化。

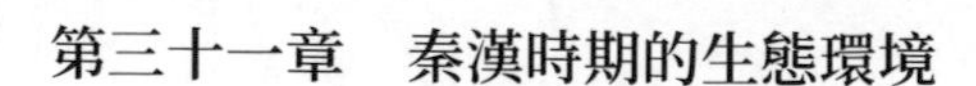

秦漢氣候形勢

氣候條件對以農業為主體經濟形式的社會，顯然是經濟進程中至關重要的因素。許多資料可以表明，秦漢時期的氣候條件與現今不同，在兩漢之際，又發生了由暖而寒的歷史轉變。

根據氣候條件決定農時的農事規範，二十四節氣的次序在秦漢時期曾經發生過變化。現今二十四節氣中「雨水 —— 驚蟄」的次序，在漢代起初是「驚蟄 —— 雨水」。這說明在當時的氣候條件下，初春氣溫回升至冬季蟄伏的動物開始活動的時日，要較後世為早。據《漢書．律曆志下》，可知現今二十四節氣中「清明 —— 穀雨」的次序，在漢代起初是「穀雨 —— 清明」。（參看王鵬飛〈節氣順序和我國古代氣候變化〉，《南京氣象學院學報》一九八〇年第一期）這也應當與當時的氣候條件有關。

多年科學考察所獲得的資料，許多也可以作為秦漢氣候史研究的實證。主要根據中國東部平原及海區構造沉降量的估算所繪製的中國東部海面升降曲線表示，距今兩千年前後，海面較現今高兩公尺左右。海面升降是氣候變遷的直接結果。根據植被、物候等資料試擬的華北平原古氣溫曲線，表明當時氣溫大約高於現今攝氏一度左右。根據同類資料試擬的上海、浙北古氣溫曲線，表明當時氣溫大約高於現今攝氏兩度左右。根據海生生物群試擬的東海與黃海古水溫曲線，表明當時東海和黃海水溫大約高於現今攝氏三度左右。（王靖泰等〈中國東部晚更新世以來海面升降與氣候變化的關係〉，《地理學報》一九八〇年第四期）根據孢粉資料分析北京地區植物群的發展，可知在距今約五千年至三千年的歷史階段，北京曾經進入氣候溫暖期，而至於距今兩千年至一千年，則進入一次氣候乾溫時期，湖沼有所消退，出現了以松為代表的森林草原。（孔昭宸等〈北京地區距今三萬至一萬年的植物群的發展和氣候變遷〉，《植物學報》一九八〇年第四期）

自漢武帝時代起，史籍已多見關於氣候嚴寒的紀錄。自西漢末年到東漢初年，有關嚴寒的歷史記載更為集中。東漢初期，史書多有「盛夏多寒」、「當暑而寒」等氣候極端異常的紀錄。東漢中晚期，更多見大暑季節而「寒氣錯時」，以及「當溫而寒」，「當暖反寒，春常淒風，夏降霜雹」等異常氣候。

秦漢植被和野生動物分布

西漢時期，關中地區有繁茂的竹林，與現今自然植被景觀形成強烈對照。司馬遷《史記》卷一二九〈貨殖列傳〉說，擁有「渭川千畝竹」者，經濟地位可以相當於「千戶侯」，而以「竹竿萬個」為經營之本者，也可以和所謂「千乘之家」並列。《漢書．東方朔傳》說，當時人曾以關中有「竹箭之饒」，而稱之為「天下『陸海』之地」。司馬相如奏賦描述關中風景，有「覽竹林之榛榛」的辭句。班固〈西都賦〉讚美關中地區的自然條件，也寫道：「源泉灌注，陂池交屬，竹林果園，芳草甘木，郊野之富，號為近蜀。」不僅關中竹林之豐饒負有盛名，當時的黃河中下游地區大體都屬於同樣的植被類型。司馬遷在《史記》卷一二九〈貨殖列傳〉中分析各地出產，「竹」居於山西物產前列，卻不列於江南物產之中，說明當時黃河流域竹的分布，對社會經濟的意義甚至超越江南。《後漢書》卷三一〈郭伋傳〉說到東漢初年，西河美稷「有童兒數百，各騎竹馬」的情形。美稷，在今內蒙古准格爾旗西北。當時竹類生長區的北界，已幾近北河今天沙漠地區的邊緣。

秦漢時期森林草原的覆蓋率遠遠高於現代。即使在人文創造相當豐富，文明積累相當長久的關中地區，如張衡〈西京賦〉所記述，草木繁茂，「泱漭無疆」，「林麓之饒，於何不有」。

秦漢時期中原地區尚有金絲猴生存。長江流域和珠江流域廣大地區有犀牛和象分布。孔雀等動物生存的地域也遠較現今遼闊。秦漢民間禮俗有保護野生動物的內容。〈月令〉等文獻記錄了孟春之月不得毀壞鳥巢，不得殺害懷孕的動物，不得殺害幼小的動物，不得取禽類的卵；季春之月禁止用弓箭、網羅、毒藥獵殺禽獸；孟夏之月不許進行大規模的圍獵等規定。甘肅敦煌懸泉置漢代遺址發掘出土的泥牆墨書《使者和中所督察詔書四時月令五十條》有關於野生動物保護的內容。許多資料表明，這樣的「時禁」是得到切實施行的。

秦漢時期的水資源條件

根據歷史水文資料，秦及西漢時期長江水位顯著上升。當時長江以南的洞庭湖、鄱陽湖、太湖等，水面都在不斷擴大（中國科學院地理研究所等《長江中下游河道特性及其演變》，科學出版社，一九八五年，第六十四頁）。當時黃河流域的湖泊，數量和水面也都曾經達到歷史的高峰。

據《三輔黃圖》卷四〈池沼〉記載，僅長安附近，就有二十三處湖泊。位於長安西南的昆明池曾經有「周回四十里」的規模。《周禮．夏官．職方氏》關於雍州地形，說到有名為「弦蒲」的澤藪。昆明池和規模相當大的弦蒲澤，以及關中當時眾多的湖澤，後來都已堙涸不存。事實上，當時黃河流域的許多大澤，今世都已經難尋舊跡。《呂氏春秋．有始》說「秦之『陽華』」是「九藪」之一。後來《淮南子．地形》及《爾雅．釋地》也都沿襲這個說法。但是「陽華」地望，卻不能明確。東漢博聞學者許慎、鄭玄、應劭、高誘，以及西晉大學問家杜預、郭璞等，都已經弄不清楚《呂氏春秋》成書前後，這個作為秦地湖泊之首的澤藪之方位了。很可能在東漢中期前後，這個湖泊已經完全堙滅了。

秦漢生態環境變化的人為因素

秦漢時期農耕經濟的發展，刺激了墾荒事業的興起。土地占有狀況的不合理，使得沒有土地和只有少量土地的農民到處開墾。《九章算術．方田》中，有關測定不規則農田，如所謂「圭田」、「邪田」、「箕田」、「圓田」、「宛田」、「弧田」、「環田」等面積的算題，反映了當時耕田開闢的破碎無序。濫墾的土地產量不會很高，於是又導致了進一步擴大的濫墾。這種人為因素的影響，造成生態平衡的失調。森林、草原及其他植被的破壞，使水土流失越來越嚴重。史念海曾經指出，黃河原來並不以「黃」相稱，到西漢初年才有「黃河」的名稱，「這應該和當時森林遭受破壞和大量開墾土地有關」（史念海〈論歷史時期黃土高原生態平衡的失調及其影響〉，《河山集》（三集），人民出版社，一九八八年，第一五一頁）。

以木材當燃料，厚葬風習致使棺槨用材耗費巨大，以及為營造富麗宏大的宮廷建築而大量砍伐林木，也是使森林受到破壞的主要原因。秦及西漢的都城建設，曾經就近於終南山上取材。據《後漢書》卷五四〈楊彪傳〉，東漢末年，董卓逼迫漢獻帝遷都於長安時，曾說過可以利用隴右材木建築宮殿，這顯示經過西漢的砍伐，歷時兩百多年，終南山上的森林尚未能恢復（史念海〈森林地區的變遷及其影響〉，《河山集》（五集），山西人民出版社，一九九一年，第六十四頁）。

秦漢時期在北邊地區的大規模屯墾，也導致當地生態條件的變化。據《漢書》卷九四下〈匈奴傳下〉記載，長城以北地方草木茂盛，禽獸繁衍，匈奴以此為主要生存基地。秦漢經營北邊，動員軍屯與民屯，移民規模有時一次就數以十萬計。於是北邊出現了「人民熾盛，牛馬布野」的景象。東漢以後，北邊城郭又大多廢毀。侯仁之、俞偉超等對朔方郡墾區遺址的實地考察後指出，「隨著社會秩序的破壞，漢族人口最終全部退卻，廣大地區之內，田野荒蕪，這就造成了非常嚴重的後果，因為這時地表已無任何作物的覆蓋，從而大大助長了強烈的風蝕作用，最終使大面積表土破壞，覆沙飛揚，逐漸導致這地區沙漠的形成。」「現在這一帶地方，已經完全是一片荒漠景象」，「絕大部分地區都已被流動的，以及固定或半固定的沙丘所覆蓋。」個別地方，「沙山之高竟達五十公尺左右。」（侯仁之、俞偉超、李寶田〈烏蘭布和沙漠北部的漢代墾區〉，《治沙研究》第七號，科學出版社，一九六五年，第三十一至三十三頁）史念海曾經分析說，西漢一代在鄂爾多斯高原所設的縣多達二十多個，這個數字尚不包括一些未知確地的縣。當時的縣址，有一處今天已經在沙漠之中，有七處已經接近沙漠。「應當有理由說，在西漢初在這裡設縣時，還沒有庫布齊沙漠。至於毛烏素沙漠，暫置其南部不論，其北部若烏審旗和伊金霍旗在當時也應該是沒有沙漠的。」（史念海〈兩千三百年來鄂爾多斯高原和河套平原農林牧地區的分布及其變遷〉，《河山集》（三集），人民出版社，一九八八年，第九十九至一〇三頁）過度開墾和隨後廢棄所導致的生態環境惡化，成為深刻的歷史教訓。

第三十二章
秦漢史研究理論認知散談

秦漢史研究有悠久的淵源和長期的累積，近數十年獲得的進步亦有目共睹。然而，學術視野的擴展和研究方法的創新，仍然有待學者的進一步努力。應當說，秦漢史研究有繼續拓進的寬廣空間。有人認為，秦漢史研究的園地早經反覆鋤耘，千百年來早已精耕細作，題材基本上已經做完。這樣的意見，我們是不同意的。不要說新資料層出不窮，有待整理和研究的出土文獻數量浩繁，內容豐富，其中新鮮訊息量無窮無盡，就算人們熟讀了「前四史」等秦漢基本文獻，未知的，或者說至今尚未真正準確理解的內涵還有很多。而從新的視角分析和理解秦漢史，還有無數新嘗試的可能。此外，理論認知的深化，也被不少學者視為當前秦漢史研究科學水準提升的必要條件之一。

有關秦漢史研究的理論認知，有不同的層次，包括對秦漢時期理論成就的認知問題，對秦漢時期執政思想的理論基礎問題，以及研究秦漢史的理論方向和理論方法問題等。推進相關認知的深化，或許應當關注以下主題，即：第一，對秦政理論基礎的判斷；第二，對漢代學者整合先秦理論創造的理解；第三，對秦漢思想意識的理論說明；第四，秦漢史微觀和中觀考察的理論指導；第五，秦漢史宏觀研究的理論總結；第六，有關秦漢史在整個中國歷史和世界歷史中地位的理論思考。

對秦政理論基礎的判斷

秦王朝的行政理念是否以法家思想為理論基礎，對於相關理論的性質和影響，學界有不同的認知。有學者認為對秦政影響至為深刻的法家學派「宣導的極權主義頗近於法西斯」（李約瑟《中國科學技術史》第二卷〈科學思想史〉，王玲協助，何兆武等譯，科學出版社、上海古籍出版社，一九九〇年，第一頁）。有學者則認為應當「全面評價商鞅變法及商鞅與其後學所共同構成的商鞅之學體系的全部內容」，肯定「秦的法治精神與法治傳統」，認為具有「進步的、足以為後世法，又為前世所無、後世所不道不為的」歷史正向意義。強調「秦於『嚴刑峻法』中貫徹一種『平等』的精神」，「一種公平原則」。「秦之末，便可以說是政府不顧常法原則而純任政令，即為所欲為。」（張金光《秦制研究》，上海古籍出版社，二〇〇四年，第三十至三十一頁）有學者提出否定秦王朝行政有理論指導或理論支持的意見，認為秦代是個「沒有理論的時代」（邵勤〈秦王朝：一個沒有理論的時代 —— 對法家思想與秦代實踐關係的反思〉，《華東師範大學學報》一九八五年第六期）。有的學者則從另一視角進行考察，認為影響秦政更重要的思想文化因素在於「秦人的價值觀」（林劍鳴〈從秦人價值觀看秦文化的特點〉，《歷史研究》一九八七年第三期；〈秦人的價值觀與中國的統一〉，《人文雜誌》一九八八年第二期）。

相關討論還有繼續深入的必要。對秦王朝執政之理論基礎或理論指導的判斷得以明朗，有助於全面理解秦漢政治史，也有助於說明此後兩千年帝制基本格局的政治文化基點。

對漢代學者整合先秦理論創造的理解

漢代對先秦原創文化的累積進行了追憶、蒐集、整理。在這樣的工作中，又實現了新的理論創造。現今我們所看到的先秦文獻中，已經有漢代學者加工充實的內容。呂思勉曾經指出，《荀子》書就有這樣的情形。「其書與《韓詩外傳》、二戴《（禮）記》、《說苑》、《新序》處最多」，且有同《春秋繁露》等書處，不免漢代學者將自己時代的思想理論加入其中。他指出，「偽古文《尚書》一案，固眯學者之目千餘年矣。然此特今人之學，僅能揀替魏晉人之偽品耳。若以史家之眼光，視古書為史料，則由此等而上之，別東漢人之所為於西漢人之外，別西漢人之所為於春秋戰國時人以外，別春秋戰國時人所為於西周以前人以外，其勞正未有艾。」（呂思勉〈辨梁任公陰陽五行說之來歷〉，《東方雜誌》第二卷第二十號）也許對《荀子》等具體文獻的判斷還可以商榷，但是注意應當別漢代人之所為於先秦人之外的主張，是科學的認知。有論者肯定呂思勉「考辨兩周至兩漢史料的新設想」，「『揀剔』『偽品』的新設想，是在他多年精研先秦兩漢文獻的基礎上提出來的。中國先秦古籍，大多口耳相傳，至漢代始著竹帛。其間輾轉流傳，自不免有後人，特別是兩漢學者之說羼入」，「自不免有漢人著述混入。」（鄒兆琦《呂思勉先生與古代史料辨偽》，俞振基《蒿廬問學記：呂思勉生平與學術》，三聯書店，一九九六年，第五十五頁）我們也許並不贊同「中國先秦古籍，大多口耳相傳，至漢代始著竹帛」的說法，也不贊同辨別漢代人與先秦人著述工作的意義只是「『揀剔』『偽品』」。也許更值得秦漢史研究者關注的，是對「羼入」、「混入」先秦理論的「兩漢學者之說」，所謂「漢人著述」的理解和說明。

熊鐵基曾經論說「漢代對先秦典籍的全面改造」，指出「今之所謂『傳世文獻』，主要是在漢代定型的，特別是『群經』和幾個大學派的『諸子』」（熊鐵基〈漢代對先秦典籍的全面改造〉，《光明日報》二〇〇五年七月十九日；〈再談漢人改造先秦典籍 —— 方法論問題〉，《光明日報》二〇〇九年八月四日）。李振宏提出「先秦學術體系的漢代生成說」。他提醒我們，應當看到「漢代對先秦諸子真實面貌的扭曲」，另一方面，也應當理解「漢代奠定了闡釋先秦學術的思想方向」。「漢代是中國學術史上先秦諸子學體系的定型時期，後世人們對先秦諸子的認知，基本上是被框架在漢人的思想藩籬之內。」（李振宏〈論「先秦學術體系」的漢代生成〉，《河南大學學報》二〇〇八年第二期）李振宏認為：「漢代人對先秦諸子學的解釋和改造，已經先在地給予我們一個理解先秦諸子的思想文化平臺，使我們只能在他們給定的思想框架之內來理解諸子思想。可以說，我們現在對先秦諸子的諸多看法，實際上是漢人所設定的。」論者指出：「我們所能見到的先秦諸子，大都是由漢人整理或由他們重新寫定而流傳下來的。在先秦戰亂及秦火之後，漢代大規模地搜求、整理文化典籍，是值得稱道的文化盛事，但其中也隱含著一個不容忽視的問題，這個重新整理與寫定先秦典籍的過程，實際上也是按照漢代觀念重新改造先秦學術思想的過程。而後人，則把漢人改造過的先秦諸子當成先秦諸子本身，忽略了它們被改造的事實。所以，在今天提出重新解讀先秦諸子學，透過剔除漢人在先秦諸子學說上附加的思想文化要素，也是漢代文化研究中一個不容忽視的大課題。」我們認為也許更應當強調的，是發現和總結漢代學者「在先秦諸子學說上附加的思想文化要素」的理論價值。李振宏還指出：「隨著越來越多戰國簡牘資料的發現，這種恢復先秦諸子真實面目的理想追求，也將逐步成為現實。」(李振宏〈漢代文化研究需要引起新的重視〉，《光明日報》二〇〇七年十二月七日）實際上也提醒了我們，發掘和理解漢代學者「改造」先秦諸子工作中的理論創造，因出土文獻資料的問世而具備了新的條件。

秦漢社會思想意識的理論說明

就比較著名的秦漢時期之有理論價值的論著（如《呂氏春秋》、《淮南子》、《春秋繁露》、《鹽鐵論》、《論衡》、《潛夫論》等），一些有影響的提出新思想理論的人物（如張良、賈誼、劉徹、司馬遷、桑弘羊、劉秀、曹操、諸葛亮等），研究論著的數量已經相當多。但是在進行新的思考時，除了若干重複性的論說應當剔除外，簡單化、公式化的貼上「唯物主義」、「唯心主義」，或其他什麼主義等標籤的方式，有必要擯棄。我們還看到，以上論著以及這些重要的思想者所提出的理論，儘管以往研究者的工作似乎已經有相當規模，然而仍然有不少問題需要探究，有不少疑點需要澄清。例如對漢代「罷黜百家，表章『六經』」這個形成重大歷史影響的文化政策，就此進行理論說明的學者至今仍有激烈的爭論。

秦漢時期因特殊的歷史條件生成、發展並形成重要歷史文化影響的社會意識，如「大一統」政治背景下的國家意識、多民族交融過程中的民族意識、面對大規模戰爭的和平意識、人口迅速增加條件下的生命意識，以及多種文化因素融匯後更為豐富的數術思想，在漢文化擴張的形勢下，形成新的天下觀、四海觀，隨著經濟進步，民間形成新的富貴觀、奢儉觀等，都有必要進行理論分析和理論說明。而從理論角度關注以「忠」與「義」為主題的社會意識在當時的影響，也是有意義的研究課題。

秦漢史微觀和中觀考察的理論指導

歷史研究的宏觀、中觀、微觀說，其實不能做出明確的區分。用這種說法分析不同的研究視野和研究方法，也許並不準確。這裡只是借用通常的理解，試圖討論秦漢史研究中的一些問題。

這裡所說的微觀和中觀考察，是指較具體的實證研究。包括生產工具和生活器物層面，生活方式和社會習俗層面，社會問題和行政操作層面，以及地理條件和生態背景等方面的研究。這樣的考察，不管研究者自己是否承認，也必然有一定的理論作為認知基礎，以一定的理論指示考察路徑。

秦漢史領域的微觀和中觀研究，近年成果非常突出。社會風習、地理條件、行政制度等方面的工作，都有顯著的收穫。現在應當強調的，是以科學的理論為指導的重要性。

對影響中國史學數十年的理論指導，尚有扭轉簡單化、公式化的偏向任務。對新近傳入的西方史學理論，或其他社會科學、人文科學理論，其實也有避免簡單化、公式化的偏向問題。反對「食西不化」，力戒「生吞活剝」，也許是我們應當注意的。

秦漢史宏觀研究的理論總結

學界對秦漢史重大問題的宏觀研究，近年似乎有所忽視。

秦漢時期的社會結構、階級關係、土地制度、賦役政策、法律體系、政治理念以及社會危機和農民戰爭研究等，近年關注者有限。即使就此有所探討，觀點往往也只是集中在具體問題的考據學探索，宏觀考察和綜合分析的功夫並不到位。就秦漢農民戰爭研究而言，可以從社會史視角、技術史視角、宗教史視角深化對相關歷史現象的考察。回顧「農民戰爭史」研究的歷史，最值得我們記取的教訓，是應當努力洗刷意識形態的色彩，洗刷政治宣揚的色彩，堅持追尋歷史真實的學術原則。一些新的理論思考或許應當引起研究重視。比如，戰爭怎樣推促社會生活節奏的變化；農民成為軍人，會如何因社會角色變換而釋放出完全不同的社會能量，都值得研究。意識史的考察也是必要的。司馬遷在《史記》卷四八〈陳涉世家〉中實際上已經開創了這樣的考察思路。從理論層次探索歷史上農民意識和農民觀念的政治影響，其實也是有重要意義的。

何茲全曾經告誡我們，社會史研究並不僅是社會生活史研究，更不僅是社會物質生活史研究。社會史研究首先應當關注的是社會重大問題，比如社會構成、社會階級關係、社會形態等。就許多學者比較集中的學術觀點來看，這方面的工作現在還是比較薄弱的。

李學勤指出：「睡虎地竹簡秦律的發現和研究，展示了相當典型的奴隸制關係的景象」，「必須重新描繪晚周到秦社會階級結構的圖景」。他說：「有的著作認為秦的社會制度比六國先進，筆者不能同意這個看法，從秦人相當普遍地保留野蠻的奴隸制關係來看，事實毋寧說是相反。」（李學勤《東周與秦代文明》，上海人民出版社，二〇〇七年，第二九〇至二九一頁）身為上古史微觀和中觀研究方面成就卓越的學者，他在以科學考據方法獲得實證史學諸多成功的同時，亦重視「階級結構」、「社會制度」問題，值得我們學習。只是在這方面有實力的中青年學者未能及時跟進。

李學勤曾經分析先秦至秦漢的社會變革。他說：「東周到秦代是一個偉大的變革時期」，「我們要深刻地了解這個大時代，必須用變革的觀點去觀察其間的歷史脈絡」。「把考古學和歷史學的成果結合起來」，可以這樣認知「當時的急劇變革」：一、在考古學上，由青銅時代向鐵器時代的過渡；二、在經濟史上，井田制的崩潰和奴隸制關係的衰落；三、在政治史上，從以宗法為基礎的分封制到中央集權的專制主義國家；四、在文化藝術史上，百家爭鳴的繁榮和結束（李學勤《東周與秦代文明》，第二八五頁）。這樣的總結也許還可以充實或更新，但秦漢史研究必須進行宏觀研究基點上的理論思考，我們已經看到了有示範意義的提示。

呂思勉《秦漢史》第一章〈總論〉開頭就寫道：「自來治史學者，莫不以周、秦之間為史事之一大界，此特就政治言之耳，若就社會組織言，實當以新、漢之間為一大界。」又說：「以社會組織論，實當以新、漢之間為大界也。」（呂思勉《秦漢史》，上海古籍出版社，一九八三，第一至二頁）這其實是十分重要的發現。兩漢之際發生的歷史變化，除社會結構外，政治形式和文化風格也都十分明顯。不過，對於這歷史「大界」的說明，呂思勉《秦漢史》並沒有揭示得十分透徹。就此課題進行接續性的工作，顯然是必要的。可惜至今尚少有學者就此進行認真的探討。這樣的考察自然也需要站在科學理論基礎上的探索和說明。

有關秦漢史在整個中國歷史和世界歷史中地位的理論思考

秦漢時期是中國歷史的重要階段。而秦漢時的中國在世界歷史中有著重要的地位。李學勤在《東周與秦代文明》中還指出，秦的統一，「是中國文化史上的重要轉捩點」，繼此之後，漢代創造了輝煌的文明，其影響，「範圍絕不限於亞洲東部，我們只有從世界史的高度才能估算它的意義和價值」（李學勤《東周與秦代文明》，第二九四頁）。中國歷史為什麼在這時走到這一步？這個歷史變化對世界文化進程產生了怎樣的影響？這

些問題的解答，都需要深刻的理論思考。秦漢時期的政治形式，如皇帝制度、官僚制度、郡縣制度、察舉制度、賦役制度、戶籍制度⋯⋯都對後來的中國和世界產生了影響。就此進行理論分析，也是有意義的工作。

這樣的工作，也許需要經歷充分世界史學術訓練的秦漢史研究者的精心努力，或許也應當鼓勵秦漢史研究者和世界古代史研究者的學術合作。

以上討論，只是提出了幾點粗淺的剖析。其實，上述各方面，筆者都是非常遲鈍的後進者。這裡僅僅提出問題，只是希望和朋友們 —— 尤其是中青年朋友們 —— 交換意見，期望能夠有一個共同進步的新起點。

第三十三章
說唐詩「蘇武」詠唱

《漢書》卷七〈昭帝紀〉記載，始元六年（前八一）春「移中監蘇武前使匈奴，留單于庭十九歲乃還，奉使全節，以武為典屬國，賜錢百萬」。《漢書》卷八〈宣帝紀〉：本始元年（前七三），「賜右扶風德、典屬國武、廷尉光、宗正德、大鴻臚賢、詹事畸、光祿大夫吉、京輔都尉廣漢爵皆關內侯。德、武食邑」。周德、蘇武、李光、劉德、韋賢、宋畸、丙吉、趙廣漢都得到關內侯爵位。而蘇武「食邑」。顏師古注：「張晏曰：『舊關內侯無邑也，以蘇武守節外國，劉德宗室俊彥，故特令食邑。』」蘇武因「奉使全節」、「守節外國」得到封賜，晉身為貴族。「甘露三年，單于始入朝。上思股肱之美，乃圖畫其人於麒麟閣，法其形貌，署其官爵姓名。唯霍光不名，曰大司馬大將軍博陸侯姓霍氏，次曰衛將軍富平侯張安世，次曰車騎將軍龍額侯韓增，次曰後將軍營平侯趙充國，次曰丞相高平侯魏相，次曰丞相博陽侯丙吉，次曰御史大夫建平侯杜延年，次曰宗正陽城侯劉德，次曰少府梁丘賀，次曰太子太傅蕭望之，次曰典屬國蘇武。皆有功德，知名當世，是以表而揚之，明著中興輔佐，列於方叔、召虎、仲山甫焉。凡十一人，皆有傳。」蘇武得到最高等級的「表」、「揚」，這位歷史人物的社會文化定位也自此尊貴，又以「守節」、「全節」，成為政治道德的象徵性代表。

對於蘇武的評價，《漢書》卷五四〈蘇武傳〉確定了基調。蘇武的文化品級因班固定義，後來得到長久普遍的認同。而了解唐人具有時代特色的蘇武觀，可以由唐詩作為分析的標本。

「蘇武在匈奴，十年持漢節」

班固記述，蘇武使團發生外交事故，蘇武首先依「屈節」自責：「（蘇）武謂（常）惠等：『屈節辱命，雖生，何面目以歸漢！』引佩刀自刺。」囚禁匈奴中，「杖漢節牧羊，臥起操持，節旄盡落」。蘇武以「奉使全節」，「守節外國」成就為道德典範。我們不知道漢宣帝當時「圖畫其人於麒麟閣，法其形貌」時，蘇武的畫像是否持節，但他在傳統政治文化長久記憶中的形象，都是「杖漢節」。《後漢書》卷五九〈張衡傳〉所謂「蘇武以禿節效貞」，《晉書》卷一〇〇〈王機傳〉所謂「蘇武不失其節」，都說明蘇武在歷史舞臺上具有紀念意義的亮相，「節」是最重要的道具。

距蘇武生活的時代不遠，人們已經以所謂「蘇武節」為正面象徵國家形象和外交原則的象徵了。《晉書》卷六六〈陶侃傳〉：「王導入石頭城，令取故節。侃笑曰：『蘇武節似不如是。』導有慚色，使人屏之。」《晉書》卷八五〈何無忌傳〉：「……俄而西風暴急，無忌所乘小艦被飄東岸。賊乘風以大艦逼之。眾遂奔敗。無忌尚厲聲曰：『取我蘇武節來！』節至，乃躬執以督戰。賊眾雲集，登艦者數十人。無忌辭色無撓，遂握節死之。」

唐詩中的蘇武，也以「持漢節」為形象代表。

如李白的〈蘇武〉詩：「蘇武在匈奴，十年持漢節。白雁上林飛，空傳一書劄。牧羊邊地苦，落日歸心絕。渴飲月窟冰，饑餐天上雪。東還沙塞遠，北愴河梁別。泣把李陵衣，相看淚成血。」（《李太白文集》卷一九）《漢書》卷五四〈蘇武傳〉：「……言蘇武使匈奴二十年不降……」，顏師古注：「實十九年，而言二十者，欲久其事以見冤屈，故多言也。」李白詩句所謂「十年持漢節」，不說十九年，不說二十年，卻可能符合歷史事實。《漢書》卷五四〈蘇武傳〉的記載是：「武既至海上，廩食不至，掘野鼠去中實而食之。杖漢節牧羊，臥起操持，節旄盡落。積五六年，單于弟於軒王弋射海上。武能網紡繳，檠弓弩，於軒王愛之，給其衣食。三歲餘，王病，賜武馬畜服匿穹廬。」所謂「積五六年」，再加上「三歲餘」，正是大約「十年」左右。張仲素〈塞下曲五首〉之五：「陰磧茫茫塞草腓，桔槔烽上暮煙飛。交河北望天連海，蘇武曾將漢節歸。」（《樂府詩集》卷九三〈新樂府辭．樂府雜題〉）也以「漢節」作為蘇武艱苦人生奮鬥和忠直堅守的象徵。

陳羽〈讀〈蘇屬國傳〉〉寫道：「天山西北居延海，沙塞重重不見春。腸斷帝鄉遙望日，節旄零落漢家臣。」（《全唐詩》卷三四八）《漢書》卷五四〈蘇武傳〉「節旄盡落」，此言「節旄零落」，文字略有不同。盧照鄰〈雨雪曲〉：「虜騎三秋入，關雲萬里平。雪似胡沙暗，冰如漢月明。高闕銀為闕，長城玉作城。節旄零落盡，天子不知名。」（《盧升之集》卷二）則作「節旄零落盡」，更接近《漢書》本文「節旄盡落」。王之渙〈惆悵詩．蘇李〉也寫作「節旄零落」：「少卿降北子卿還，朔野離觴慘別顏。卻到茂陵惟一慟，節旄零落鬢毛斑。」（〔唐〕韋縠編《才調集》卷七）陳陶〈水調詞十首〉之六：「自從清野戍遼東，舞袖香銷羅幌空。幾度長安發梅柳，節旄零落不成功。」（《萬首唐人絕句》卷三五）也作「節旄零落」。「節旄零落」也多見於後世詩句。〔宋〕黃徹〈碧溪詩話〉卷九：「少遊贈坡詩云：『節旄零落氈餐雪，辨舌縱橫印佩金。」〔元〕王惲〈乞雁歌〉：「節旄零落瘴海煙，冠蓋都門鬧昏曉。我欲因之附尺書，西北煙塵靜如掃。」（《秋澗集》卷六）〔元〕張翥〈題郝內翰書所作夢觀瓊花賦後〉：「老奸欺國馳露布，使者坐囚吞雪氈。」「節旄零落喜生還，回首江南已如夢。」（《蛻庵集》卷一）〔明〕劉炳〈承承堂為洪善初題〉：「燕山六月雪花大，節旄零落肌膚傷。」「子卿歸來典屬國，茂林樹老愁雲荒。」（《劉彥昺集》卷五）又如〔明〕邱浚〈蘇武歸朝圖〉：「茂陵煙樹碧蕭疎，白首生還志不渝。面目依稀猶似昔，節旄零落已無餘。歸期不待羝生乳，遠信真成雁寄書。頗有幽懷忘未得，夢魂時或到穹廬。」（《重編瓊臺稿》卷五）〔清〕鄭方坤《全閩詩話》卷八〈明〉引〈閩小記〉：「謝在杭十餘歲時學為詩，有人持〈蘇武牧羊圖〉者，即為題云：『沙滿旃裘雪滿天，節旄零落海雲邊。上林飛雁來何晚，空牧羝羊十九年。」

戎昱〈聞顏尚書陷賊中〉詩也說到「蘇武節」：「聞說征南沒，那堪故吏聞。能持蘇武節，不受馬超勳。國破無家信，天秋有雁群。同榮不同

辱，今日負將軍。」（《全唐詩》卷二七〇）杜甫〈喜聞官軍已臨賊境二十韻〉有宣揚「官軍」、「兵威」的詩句：「今日看天意，遊魂貸爾曹。乞降那更得，尚詐莫徒勞。元帥歸龍種，司空握〈豹韜〉。前軍蘇武節，左將呂虔刀。兵氣回飛鳥，威聲沒巨鼇。」（《九家集注杜詩》卷一九）關於其中「蘇武節」，清代學者何焯《義門讀書記》卷五三〈杜工部集〉解釋說：「『蘇武節』有必死之心。」確立了「蘇武節」作為一種文化象徵的意義。

正是在「杖漢節牧羊，臥起操持，節旄盡落」事蹟的基礎上，〈蘇武傳〉發表了班固對這位歷史人物的評價：「孔子稱『志士仁人，有殺身以成仁，無求生以害仁』，『使於四方，不辱君命』，蘇武有之矣。」

李瀚〈蒙求〉詩應是作為兒童識字課本使用的作品：「韋賢滿籯，夏侯拾芥。阮簡曠達，袁耽俊邁。蘇武持節，鄭眾不拜。郭巨將坑，董永自賣。」（《全唐詩》卷八八一）所說都是歷史人物正面形象。其中「蘇武持節」事，使這種童蒙讀本在文化教材之外，又有道德教材、政治教材的意義。「蘇武持節」的形象，於是具有遠遠超越漢宣帝時「圖畫其人於麒麟閣，法其形貌」的廣泛社會影響。

蘇武「以勇武顯聞」

班固有一段對西漢人才史的精彩評斷，見於《漢書》卷五八〈公孫弘卜式兒寬傳〉的讚語。班固說，漢武帝時代「群士慕向，異人並出」，「漢之得人，於茲為盛」。所以能夠使「興造功業，制度遺文，後世莫及」。其中說到和匈奴戰爭與交往關係中有重要貢獻的人物：「奉使則張騫、蘇武；將率則衛青、霍去病。」在這裡，蘇武是作為外交家的形象出現的。同時著名的軍事家即「衛青、霍去病」。

而同樣在《漢書》中，又有把蘇武列入軍事將領的情形。《漢書》卷六九〈趙充國辛慶忌傳〉最後的讚語寫道：「贊曰：秦漢已來，山東出相，山西出將。秦將軍白起，郿人；王翦，頻陽人。漢興，郁郅王圍、甘延壽，義渠公孫賀、傅介子，成紀李廣、李蔡，杜陵蘇建、蘇武，上邽上官桀、趙充國，襄武廉褒，狄道辛武賢、慶忌，皆以勇武顯聞。蘇、辛父子著節，此其可稱列者也，其餘不可勝數。」蘇武赫然名列於「皆以勇武顯聞」的軍事英雄之中。

唐人僧貫休〈戰城南二首〉之二是以戰爭背景詠懷蘇武功業的：「磧中有陰兵，戰馬時驚蹶。輕猛李陵心，摧殘蘇武節。黃金鎖子甲，風吹色如鐵。十載不封侯，茫茫向誰說。」（《禪月集》卷一）所謂「陰兵」、「戰馬」，以及「黃金鎖子甲，風吹色如鐵」句，細緻描繪征戰場面，蘇武的「勇武」，因此得到真切生動的展現。

我們看到，多數唐代詩人似乎並未對蘇武的軍事實踐予以較多關注。其「勇武」精神少有展現。唐詩中蘇武的形象，更多的是詩人們以悲苦幽怨的筆調描繪出來的。

蘇武的「愁」、「恨」、「冤屈」

一些歌詠蘇武的唐詩，是以比較低沉的情調表現對蘇武以苦難為基色的人生悲劇之同情。

杜甫〈題鄭十八著作文〉寫道：「臺州地闊海冥冥，雲水長和島嶼青。亂後故人雙別淚，春深逐客一浮萍。酒酣懶舞誰相拽，詩罷能吟不復聽。第五橋東流恨水，皇陂岸北結愁亭。賈生對鵩傷王傅，蘇武看羊陷賊庭。……」（《九家集注杜詩》卷一九）其中「蘇武看羊」和「賈生對鵩」對說，又有「別淚」、「恨水」、「愁亭」，以悲苦情調渲染氛圍，蘇武竟被淹沒其中。又如劉商〈胡笳十八拍〉的第九拍：「當日蘇武單于問，道是賓鴻解傳信。學他刺血寫得書，書上千重萬重恨。髯胡少年能走馬，彎弓射飛無遠近。遂令邊雁轉怕人，絕域何由達方寸。」（〔宋〕郭茂倩輯《樂府詩集》卷五九〈琴曲歌辭〉）詩人以所謂「千重萬重恨」總結蘇武生涯中確實充滿苦難的情節。

王維〈隴頭吟〉寫道：「長安少年游俠客，夜上戍樓看太白。隴頭明月迥臨關，隴上行人夜吹笛。關西老將不勝愁，駐馬聽之雙淚流。身經大小

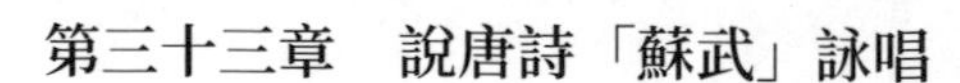

百餘戰，麾下偏裨萬戶侯。蘇武才為典屬國，節旄空盡海西頭。」(《王右丞集》卷六) 所謂「不勝愁」、「雙淚流」，應是詩作者自己對邊地百戰將士心境的推想。溫庭筠的〈達摩支〉也有說到「蘇武」的詩句:「搗麝成塵香不滅，拗蓮作寸絲難絕。紅淚文姬洛水春，白頭蘇武天山雪。君不見無愁高緯花漫漫，漳浦宴餘清露寒。一旦臣僚共囚虜，欲吹羌管先汍瀾。舊臣頭鬢霜華早，可惜雄心醉中老。萬古春歸夢不歸，鄴城風雨連天草。」(《溫飛卿詩集箋注》卷二) 其中「紅淚文姬洛水春，白頭蘇武天山雪」句，說西北大漠荒原遠行的艱難。未可預料的蘇武「一旦臣僚共囚虜」的經歷，當然更增益了愁苦心緒。

顧況的〈劉禪奴彈琵琶歌‧感相國韓公夢〉詩也以「哀」、「愁」筆調寫述李陵、蘇武故事:「樂府只傳橫吹好，琵琶寫出關山道。羈雁出塞繞黃雲，邊馬仰天嘶白草。明妃愁中漢使回，蔡琰愁處胡笳哀。鬼神知妙欲收響，陰風切切四面來。李陵寄書別蘇武，自有生人無此苦。當時若值霍驃姚，滅盡烏孫奪公主。」(《全唐詩》卷二六五)

塞外的「風沙」、「雨雪」，「觱篥」、「胡歌」，都動搖著征人戍客的思緒。「幽咽」、「淒涼」的自然和人文的旋律，都使遠行者傷心垂淚。對於這樣的情感，詩人們往往習慣藉「蘇武」作為最典型的代表人物來體會和描寫。李端的〈雨雪曲〉寫道:「天山一丈雪，雜雨夜霏霏。溼馬胡歌亂，經烽漢火微。丁零蘇武別，疎勒範羌歸。若著關頭過，長榆葉定稀。」(〔宋〕郭茂倩輯《樂府詩集》卷二四〈橫吹曲辭〉) 又如白居易的〈賦得聽邊鴻〉:「驚風吹起塞鴻群，半拂平沙半入雲。為問昭君月下聽，何如蘇武雪中聞。」(《白氏長慶集》卷一五) 白居易的另一名作〈聽蘆管〉寫道:「幽咽新蘆管，淒涼古竹枝。似臨猨峽唱，疑在雁門吹。調為高多切，聲緣小乍遲。粗豪嫌觱篥，細妙勝參差。雲水巴南客，風沙隴上兒。屈原收淚夜，蘇武斷腸時。仰秣胡駒聽，驚棲越鳥知。何言胡越異，聞此一同悲。」(《白香山詩集》卷三九) 詩人體會的「蘇武斷腸」心境，似是透過自身的行旅感受獲得的。

對於蘇武漫長而艱苦的塞外生涯，杜牧〈邊上聞笳三首〉之一有這樣的感嘆：「何處吹笳薄暮天，塞垣高鳥沒狼煙。遊人一聽頭堪白，蘇武爭禁十九年。」（《萬首唐人絕句》卷二六）胡曾〈居延〉詩則寫道：「漠漠平沙際碧天，問人云此是居延。停驂一顧猶魂斷，蘇武爭禁十九年。」（《萬首唐人絕句》卷五三）言戈壁黃沙，使人「頭」「白」、「魂斷」，意境相近，而最後一句「蘇武爭禁十九年」竟然完全相同。明代文學家楊慎以此為「唐詩不厭同」的實例，指出：「唐人詩句不厭雷同，絕句尤多。」杜牧、胡曾「蘇武爭禁十九年」句即為例證。文學史中一種有意思的現象，是透過詠唱蘇武詩句揭示的。然而楊慎所引胡曾詩云：「漠漠黃沙際碧天，問人云此是居延。停驂一顧猶魂斷，蘇武曾消十九年。」（〔明〕楊慎《丹鉛總錄》卷一九〈詩話類〉）末句則略有不同。

前引李端詩「丁零蘇武別」強調離別愁思。徐寅題名為〈別〉的詩作寫道：「酒盡歌終問後期，泛萍浮梗不勝悲。東門匹馬夜歸處，南浦片帆飛去時。賦罷江淹吟更苦，詩成蘇武思何遲。可憐范陸分襟後，空折梅花寄所思。」（〔唐〕徐寅《徐正字詩賦》卷二）這首詩的作者，《全唐詩》卷七一〇題「徐夤」。借蘇武故事表述的這種心情，詩人明確總結為「悲」、「苦」。他的另一首作品〈鴻〉詩：「行如兄弟影連空，春去秋來燕不同。紫塞別當秋露白，碧山飛入暮霞紅。宣王德美周詩內，蘇武書傳漢苑中。況解銜蘆避弓箭，一聲歸唳楚天風。」（《徐正字詩賦》卷二。《全唐詩》卷七一〇作者題「徐夤」）透過詩句可以理解詩人對蘇武的心情。只是從離情別緒的心理視角思考蘇武的行跡和心跡，詩句所表現的，大概多是作者本人情緒的寄託。此類蘇武詠唱，有可能在一定程度上矮化了蘇武精神的文化品級。

駱賓王〈邊夜有懷〉詩：「漢地行逾遠，燕山去不窮。城荒猶築怨，碣毀尚銘功。古戍煙塵滿，邊庭人事空。夜關明隴月，秋塞急胡風。」詩人又有「倚伏良難定，榮枯豈易通」的感慨，此「倚伏」、「榮枯」事與下文「旅魂勞泛梗，離恨斷征蓬」比照，有更深沉的文化內涵。隨後「蘇武封猶薄」句，則是進入另一層次有關蘇武人生悲劇的詠嘆（《駱丞集》卷二）。溫庭筠的〈蘇武廟〉詩寫道：「蘇武魂銷漢史前，古祠高樹兩茫然。雲邊雁

斷胡天月，隴上羊歸塞草煙。回日樓臺非甲帳，去時冠劍是丁年。茂陵不見封侯印，空向秋波哭逝川。」（《文苑英華》卷三二〇）

蘇武回到長安之後，經歷了上層政治爭鬥。《漢書》卷五四〈蘇武傳〉記載：「武來歸明年，上官桀子安與桑弘羊及燕王、蓋王謀反。武子男元與安有謀，坐死。初桀、安與大將軍霍光爭權，數疏光過失予燕王，令上書告之。又言蘇武使匈奴二十年不降，還乃為典屬國，大將軍長史無功勞，為搜粟都尉，光顓權自恣。及燕王等反誅，窮治黨與，武素與桀、弘羊有舊，數為燕王所訟，子又在謀中，廷尉奏請逮捕武。霍光寢其奏，免武官。」關於「又言蘇武使匈奴二十年不降」，顏師古說：「實十九年，而言二十者，欲久其事以見冤屈，故多言也。」十九年的艱苦和回歸之後的「冤屈」，在唐人詩作中前者受到頗多重視，後者似乎被忽略了。

有的詩作似乎把蘇武等塞外生活的感受予以強化，描述為接近「恨」的心跡。如李益〈塞下曲〉：「黃河東流流九折，沙場埋恨何時絕。蔡琰沒去造胡笳，蘇武歸來持漢節。」（〔宋〕計敏夫《唐詩紀事》卷三十）所謂「蔡琰沒去造胡笳，蘇武歸來持漢節」對仗句的設計，是唐人詩作的慣用筆法，借此也可以發現在詩人心中「蘇武」的相應位置。

蘇武在唐人英雄意識中的地位

透過唐詩的對仗形式，可以了解詩句中的「蘇武」與何種人物比列，也可以因此了解「蘇武」在詩人心中的地位。

唐人對仗詩句中與「蘇武」比肩的，多是正面人物，其中亦不乏聲名顯赫的英雄。

例如，楊炯〈和劉長史答十九兄〉：「……鍾儀琴未奏，蘇武節猶新。受祿寧辭死，揚名不顧身。精誠動天地，忠義感明神。……」（《文苑英華》卷二四）蘇武與鍾儀並說。

鮑溶〈隴頭水〉：「隴頭水，千古不堪聞。生歸蘇屬國，死別李將軍。細響風凋草，清哀雁落雲。」（《樂府詩集》卷二一〈橫吹曲辭〉）蘇武與漢武帝時名將李廣並列。他的〈壯士行〉:「西方太白高，壯士羞病死。心知報恩處，對酒歌易水。砂鴻嗥天末，橫劍別妻子。蘇武執節歸，班超束書起。山河不足重，重在遇知己。」(《樂府詩集》卷六七〈雜曲歌辭〉)蘇武與投筆從戎的班超並列。而「心知報恩處，對酒歌易水」句又暗說荊軻。所謂「山河不足重，重在遇知己」，將俠義意識提升到超過國家利益的高度，也值得注意。

李白〈奔亡道中五首〉之一:「蘇武天山上，田橫海島邊。萬重關塞斷，何日是歸年。」(《李太白文集》卷一九)蘇武與田橫並說。據《樂府詩集》卷六九〈雜曲歌辭〉，李端〈千里思〉寫道:「涼州風月美，遙望居延路。泛泛下天雲，青青緣寒樹。燕山蘇武上，海島田橫住。更是草生時，行人出門去。」「燕山蘇武上，海島田橫住」，蘇武同樣與田橫並列。《全唐詩》卷二五及卷二八四「緣寒樹」作「緣塞樹」。「塞」是正字。

又前引李端〈雨雪曲〉「丁零蘇武別，疎勒範羌歸」句，蘇武與範羌並說。

杜甫〈寄李十二白二十韻〉寫道:「昔年有狂客，號爾謫仙人。筆落驚風雨，詩成泣鬼神。聲名從此大，汨沒一朝伸。文彩承殊渥，流傳必絕倫。」隨後又有與歷史人物的比照:「處士禰衡俊，諸生原憲貧。稻粱求未足，薏苡謗何頻。」「幾年遭鵩鳥，獨泣向麒麟。蘇武先還漢，黃公豈事秦。楚筵辭醴日，梁獄上書辰。」據趙彥材注，「諸生原憲貧」句，「原憲，孔門弟子，故謂之諸生。」「薏苡謗何頻」句，「馬援征交阯，載薏苡種還。人謗之，以為明珠大貝。」「獨泣向麒麟」句，「孔子見麟而泣。」「黃公豈事秦」句，「黃公，四皓之一者，避秦隱居商山。」「楚筵辭醴日」句，「穆生見楚王，待之不設醴，知幾而辭行也。」「梁獄上書辰」句，「梁孝王下鄒陽於獄，而鄒陽上書也。」(《九家集注杜詩》卷二〇)杜甫用以比擬李白的歷史人物，禰衡、原憲、馬援、賈誼、孔子、蘇武、黃公、穆生、鄒陽等，各有高義明智。透過杜甫的詩句，可知蘇武在杜甫心目中的位置，是列於仁人智者之中的。

唐代詩人筆下的「蘇李」

《漢書》卷五四〈蘇武傳〉有李陵勸蘇武降匈奴遭到拒絕的記載：「初，武與李陵俱為侍中，武使匈奴明年，陵降，不敢求武。久之，單于使陵至海上，為武置酒設樂，因謂武曰：『單于聞陵與子卿素厚，故使陵來說足下，虛心欲相待。終不得歸漢，空自苦亡人之地，信義安所見乎？前長君為奉車，從至雍棫陽宮，扶輦下除，觸柱折轅，劾大不敬，伏劍自刎，賜錢二百萬以葬。孺卿從祠河東後土，宦騎與黃門駙馬爭船，推墮駙馬河中溺死，宦騎亡，詔使孺卿逐捕不得，惶恐飲藥而死。來時，大夫人已不幸，陵送葬至陽陵。子卿婦年少，聞已更嫁矣。獨有女弟二人，兩女一男，今復十餘年，存亡不可知。人生如朝露，何久自苦如此！陵始降時，忽忽如狂，自痛負漢，加以老母繫保宮，子卿不欲降，何以過陵？且陛下春秋高，法令亡常，大臣亡罪夷滅者數十家，安危不可知，子卿尚復誰為乎？願聽陵計，勿復有云。』」蘇武則回答：「武父子亡功德，皆為陛下所成就，位列將，爵通侯，兄弟親近，常願肝腦塗地。今得殺身自效，雖蒙斧鉞湯鑊，誠甘樂之。臣事君，猶子事父也，子為父死亡所恨。願勿復再言。」李陵的勸說沒有成效。「陵與武飲數日，復曰：『子卿壹聽陵言。』武曰：『自分已死久矣！王必欲降武，請畢今日之歡，效死於前！』陵見其至誠，喟然嘆曰：『嗟乎，義士！陵與衛律之罪上通於天。』因泣下沾衿，與武決去。」李陵對蘇武予以生活資助。漢武帝的死訊，李陵也特意通告。「陵惡自賜武，使其妻賜武牛羊數十頭。後陵復至北海上，語武：『區脫捕得雲中生口，言太守以下吏民皆白服，曰上崩。』武聞之，南鄉號哭，歐血，旦夕臨。」蘇李對話，使兩人的品格形象形成鮮明對立。一為忠臣，一為叛將。後世的讚譽和批判，也分別長久地凝注於蘇李兩位對漢帝和漢帝國態度極端對立的人物身上。

據說蘇武、李陵是五言詩的創始者。白居易與元稹書，「因論作文之大旨」，說到「五言始於蘇李」（《舊唐書》卷一六六〈白居易傳〉）。韓愈〈薦士〉詩寫道：「五言出漢時，蘇李首更號。」（〔宋〕魏慶之《詩人玉屑》

卷一二〈品藻古今人物〉）有說蘇李詩偽作的意見，楊慎曾作辯說：「蘇文忠公云：蘇武李陵之詩，乃六朝人擬作。宋人遂謂在長安而言『江漢盈卮酒』之句，又犯惠帝諱，疑非本作。予考之，殆不然。班固〈藝文志〉有『蘇武集』、『李陵集』之目。摯虞，晉初人也。其〈文章流別志〉云，李陵眾作，總雜不類，殆是假托，非盡陵制。至其善篇，有足悲者。以此考之，其來古矣。即使假托，亦是東漢及魏人張衡、曹植之流始能之耳。杜子美云：『李陵蘇武是吾師。子美豈無見哉？東坡跋黃子思詩云：蘇李之天成，尊之亦至矣。其曰六朝擬作者，一時鄙薄，蕭統之偏辭爾。」〔明〕楊慎《丹鉛總錄》卷一九〈詩話類〉「蘇李五言詩」條。又明人陸深說：「《文選》所載漢蘇李詩，蘇東坡以為齊梁間小兒所擬，非真當時詩也。《古文苑》又載蘇李詩七首。《文苑》後出，尤可致疑。杜子美云：『李陵蘇武是吾師。』然世必有真蘇李詩，當是何等？又曰：『五言起於蘇李。』豈作始者固不傳耶？」（〔明〕陸深《儼山集》卷二五〈詩話〉）

對於「蘇李」的文化感覺，人們如果從提供文學史貢獻的角度看，大致是相近的。不過，唐代詩人作品中言及蘇李者，從多視角觀察描繪的政治肖像，兩人似乎也沒有形成絕對的對立。也就是說，人們在讚美蘇武的同時，對於李陵，也沒有表露態度鮮明的貶斥。儲嗣宗〈過王右丞書堂二首〉之二有「感深蘇屬國，千載五言詩」句（《全唐詩》卷三九四），是肯定蘇武對五言詩的貢獻的。只是沒有說到李陵。此情形，也未必可以視為否定李陵文化影響的例證。

鄭愔〈胡笳曲〉：「漢將留邊朔，遙遙歲序深。誰堪牧馬思，正是胡笳吟。曲斷關山月，聲悲雨雪陰。傳書問蘇武，陵也獨何心。」（《文苑英華》卷二一一）詩句似乎展現出唐人意識中可以體會蘇李的親近和相互理解。「傳書問蘇武」，《唐詩紀事》卷一一作「傳書向蘇武，陵也獨何心」。

詩人有意強調蘇李密切關係的作品，有白行簡〈李都尉重陽日得蘇屬國書〉：「降虜意何如，窮荒九月初。三秋異鄉節，一紙故人書。對酒情無極，開緘思有餘。感時空寂寞，懷舊幾躊躇。雁盡平沙迥，煙銷大漠虛。登臺南望處，掩淚對雙魚。」（《文苑英華》卷一八九）胡曾〈交河塞下曲〉

寫道：「交河冰薄日遲遲，漢將思家感別離。塞北草生蘇武泣，隴西雲起李陵悲。曉侵雉堞烏先覺，春入關山雁獨知。何處疲兵心最苦，夕陽樓上笛聲時。」（〔唐〕韋縠編《才調集》卷九）「蘇武泣」與「李陵悲」對應，展現了蘇李情感的相近。李白的詩作〈千里思〉：「李陵沒胡沙，蘇武還漢家。迢迢五原關，朔雪亂邊花。一去隔絕國，思歸但長嗟。鴻雁向西北，因書報天涯。」（《李太白文集》卷四）其中開篇就說到的「李陵沒胡沙，蘇武還漢家」，頗值得吟味。而所謂「一去隔絕國，思歸但長嗟」，應當也是蘇李共同的心情。

孟彥深〈李陵別蘇武〉詩寫道：「漢武愛邊功，李陵提步卒。轉戰單于庭，身隨漢軍沒。李陵不愛死，心存歸漢闕。誓欲還國恩，不為匈奴屈。身辱家已無，長居虎狼窟。胡天無春風，虜地多積雪。窮陰愁殺人，況與蘇武別。發聲天地哀，執手肺腸絕。白日為我愁，陰雲為我結。生為漢宮臣，死為胡地骨。萬里長相思，終身望南月。」（《全唐詩》卷一九六）詩人似乎在為李陵的叛降行為進行辯解。這種對李陵心思的理解，已經不為後世人認同。對於蘇李的精神對話，元代詩人虞集〈李陵別蘇武〉詩寫道：「老羝已乳雁書傳，去住初分哭向天。明日節旄歸漢地，將軍應是獨潸然。」（《道園遺稿》卷五〈絕句七言〉）又如元蒲道源〈題黨久誠李陵別蘇武圖〉：「陵言臣罪上通天，握手相辭淚泫然。今日果於圖上看，丹青誰過子卿賢。」（《閒居叢稿》卷八〈七言絕句〉）李陵灑淚，或曰「潸然」，或曰「泫然」，情感或許可以得到理解，然而蘇李道德等次的「賢」與「不賢」，已經形成了文化的成見。

杜甫〈解悶十二首〉之五則寫道：「李陵蘇武是吾師，孟子論文更不疑。一飯未曾留俗客，數篇今見古人詩。」（《九家集注杜詩》卷三〇）關於「孟子論文」，有學者指出：「子美自注云：『校書郎孟雲卿。』則所謂孟子也。」（〔宋〕胡仔《漁隱叢話》前集卷一四〈杜少陵九〉）有人說，其說謂「師者，師其文藻」（〔清〕陳廷敬《午亭文編》卷五〇〈杜律詩話下〉）。也就是說，「李陵蘇武」只是在「文藻」方面享受尊重。但是這情形至少可以說明，李陵在當時的知識分子意識中，並沒有因為叛降匈奴受到全面的歧視。

蘇李並見於詩句的，還有楊衡〈邊思〉詩：「蘇武節旄盡，李陵音信稀。梅當隴上發，人向隴頭歸。」（《文苑英華》卷二九九）《萬首唐人絕句》卷九「梅」作「花」。《全唐詩》卷五一一「梅」亦作「花」，作者題名「張祜」。又徐鉉〈聞查建州陷賊寄鐘郎中〉「皓首應全蘇武節，故人誰得李陵書」（《騎省集》卷三，題「宋徐鉉撰」，然而亦收入《全唐詩》卷七五三），也可以視為同例。

唐詩蘇武形象的歷史文化影響

上文引錄了許多唐代詩人詠唱蘇武事蹟的名作。此外，柳宗元〈朗州竇常員外寄劉二十八詩見促行騎走筆酬贈〉所謂「情知蘇武歸」（《柳河東集》卷四二），杜牧〈杜秋娘詩並序〉所謂「蘇武卻生返」（〔宋〕姚鉉編《唐文粹》卷一四下），李商隱〈送千牛李將軍赴闕五十韻〉所謂「幽囚蘇武節」（《李義山詩集》卷下），張南史〈送余贊善使還赴薛尚書幕〉所謂「雁足期蘇武」（〔明〕曹學佺編《石倉歷代詩選》卷六三）等，都說明詩人對蘇武事蹟的關注。岑參〈送裴判官自賊中再歸河陽幕府〉詩中「誤落胡塵裡，能持漢節歸」句（〔明〕曹學佺編《石倉歷代詩選》卷四〇），也借蘇武故事說當代時事。

蘇武事蹟在漢代已經得到一定程度的普及。但是蘇武成為文學形象，可以說自唐詩正式啟始，又借唐詩的廣泛影響向社會各層面擴張。此後，李白〈蘇武〉所謂「蘇武在匈奴，十年持漢節」，成為具有文化經典意義的名句，也使蘇武「持漢節」形象在文化史上形成定格效用。蘇武於是成為中國千百年來講究「忠」與「節」的道德教育榜樣。

蘇武後來在民俗文化中有非常高的地位。據莊一拂編著《古典戲曲存目匯考》（上海古籍出版社，一九八二年），歷代有關蘇武事蹟的劇，有《蘇武牧羊記》，又稱《蘇武持節北海牧羊記》，又有《蘇武和番》，「今昆劇所演，尚見《慶壽》、《頒詔》、《小逼》、《大逼》、《看羊》、《望鄉》、

《遣妓》、《告雁》等」，元雜劇有《持漢節蘇武還鄉》，又作《持漢節蘇武還朝》，《蘇武還朝》、《蘇武持節》、《英雄士蘇武持節》。又傳奇有《白雁記》，清雜劇有《雁書記》，也記述蘇武故事。以「蘇武」檢索《中國劇碼辭典》，可以看到：「《蘇武節》，京劇。」「《蘇武牧羊》，京劇。又名《萬里緣》。」「漢劇、粵劇、川劇、秦腔、豫劇、河北梆子均有類此」，「《蘇武和番》」，「《蘇武持節》，為元周文質《持漢節蘇武還鄉》雜劇之簡名」，「《蘇武遇仙》，秦腔劇，又名《李陵臺》」，「《蘇武還鄉》，為元周文質《持漢節蘇武還鄉》雜劇之簡名；亦為元佚名作者《持漢節蘇武還鄉》雜劇之簡名」，「《蘇武牧羊記》……金院本有《蘇武和番》，題材相同。元周文質《持漢節蘇武還鄉》雜劇，亦演此事。又傳奇有《白雁記》一本，乃書賈妄立名目，實即此戲。《綴白裘》、《納書楹曲譜》、《集成曲譜》收《慶壽》、《頒詔》、《小逼》、《大逼》、《看（牧）羊》、《望鄉》、《遣妓》、《告雁》、《煎粥》等，今昆劇猶演之，然已經後人刪改。」「《蘇子卿風雪牧羊記》，雜劇。」「正名為《蘇武持節北海牧羊記》。」（王森然遺稿，《中國劇碼辭典》擴編委員會擴編：《中國劇碼辭典》，河北教育出版社，一九九七年，第一〇四四至一〇四五頁、第一〇四七頁）

其他藝術形式表現的蘇武文化形象，也值得注意。例如，據《歷代題畫詩類》卷三五〈故實類〉，與蘇武相關的歷史畫題畫詩就有數十種之多。例如：〈題蘇武忠節圖〉，〔宋〕文天祥三首；〈跋蘇武持節圖〉，〔元〕王惲三首；〈蘇武牧羊抱雛圖〉，〔元〕袁桷；〈題蘇武牧羊圖〉，〔元〕鄭元佑；〈題蘇武牧羊圖〉，〔元〕楊維楨；〈蘇武持節圖〉，〔元〕劉詵；〈題蘇子卿牧羝圖〉，〔明〕劉炳；〈屬國冬牧圖〉，〔明〕程敏政；〈題趙子昂蘇武牧羊圖〉，〔明〕謝復；〈牧羊圖〉，〔明〕李麟；〈蘇李會合圖〉，〔元〕範梈；〈題李陵宴蘇武圖〉，〔明〕劉詵二首；〈題李陵見蘇武圖〉，〔明〕劉基；〈蘇李泣別圖〉，〔宋〕劉克莊；〈題蘇李泣別圖〉，〔元〕戴表元二首；〈蘇李圖〉，〔元〕戴表元；〈蘇李相別圖〉，〔元〕程巨夫；〈蘇李河梁圖〉，〔元〕袁桷；〈和謝敬德學士題蘇武泣別圖韻〉，〔元〕許有王二首；〈蘇李泣別圖〉，〔元〕陳樵；〈蘇李泣別圖〉，〔明〕高啟；〈題李陵蘇武泣別圖〉，〔明〕鎦炳；〈李陵泣別圖〉，〔明〕袁凱；〈子卿泣別圖〉，〔明〕康海；〈題蘇李泣別圖〉，〔明〕左國璣；〈子卿歸漢圖〉，〔金〕趙秉；〈蘇武歸朝圖〉，〔明〕丘浚。《歷代題畫詩類》卷三五〈故實類〉提供的資訊，包括二十七幅以蘇武故事為主題的畫作，另有三十四首題畫詩。這些資料，可以說明宋金元明數代畫家和詩人對蘇武的關注。

唐以後，凡此以多種形式展現推重蘇武、尊崇蘇武、表彰蘇武、宣揚蘇武的現象，追溯其早期形態，都不能忽略唐代詩歌的「蘇武」詠唱。

第三十四章
呂思勉和呂著《秦漢史》

史學大家呂思勉（一八八四至一九五七）在中國近現代學術史上，是一位具有代表意義的重要人物。

呂思勉著作等身。他的論著包括：兩部中國通史，即《白話本國史》（商務印書館，一九二三年；上海古籍出版社，二〇〇五年）、《呂著中國通史》（上冊，開明書店，一九四〇年；下冊，開明書店，一九四五年；華東師範大學出版社，二〇〇五年）；四部斷代史，即《先秦史》（開明書店，一九四一年；上海古籍出版社，一九八二年）、《秦漢史》（開明書店，一九四七年；上海古籍出版社，一九八三年）、《兩晉南北朝史》（開明書店，一九四八年；上海古籍出版社，一九八三年）、《隋唐五代史》（開明書店，一九四八年；上海古籍出版社，一九八四年）；五部專史，即《中國國體制度小史》、《中國政體制度小史》、《中國宗族制度小史》、《中國婚姻制度小史》、《中國階級制度小史》，分別為上海中山書局，一九二九年，上海龍虎書局，一九三六年。後除《中國階級制度小史》以外的四種收入《中國制度史》（上海教育出版社，一九九五年；上海三聯書店，二〇〇九年）。此外，《理學綱要》（商務印書館，一九三一年）、《宋代文學》（商務印書館，一九三一年）、《先秦學術概論》（商務印書館，一九三三年）、《中國民族史》（世界書局，一九三四年）、《中國民族演進史》（上海亞細亞書局，一九三五年）等，也可以視為專史。呂思勉就史學方法的探討，也見於專著《史通評要》（商務印書館，一九三四年）、《歷史研究法》（永祥印書館，一九四五年）等。關於史學研究工具的研究，他又著有《中國文字變遷考》（商務印書館，一九二六年）、《章句考》（商務印書館，一九二六年）、《字例略說》（商務印書館，一九二七年）等。

呂思勉史學論著的豐收，是以他超乎尋常的勤勉耕耘為條件的。據楊寬回憶：「呂先生從二十一歲起，就決心獻身於學術事業，以閱讀《二十四史》為日課，寫作讀史劄記，這樣孜孜不倦地五十年如一日，先後把《二十四史》反覆閱讀了三遍。所作讀史劄記，著重綜合研究，講究融會貫通。他之所以能不斷寫出有系統、有分量、有見解的歷史著作，首先得力於這種踏實而深厚的基本功。」（楊寬《呂思勉史學論著前言》，上海古籍出版社，一九八三年）這樣的「基本功」，沒有多少學者能夠具備。

《秦漢史》：呂思勉代表性著作

在呂思勉諸多史學論著中，《秦漢史》是斷代史中最值得推崇的一部。《秦漢史》也是能集中展現這位卓越史學家的科學精神的著作。

對於呂思勉《秦漢史》的學術價值，楊寬在《呂思勉史學論著前言》中有一段精彩的概括，我們不妨引錄在這裡：「《秦漢史》是與《先秦史》互相銜接而又獨立成書的。由於作者對《史記》、兩《漢書》、《三國志》所下的功夫很深，對於這個時期各方面歷史的敘述和分析，十分扎實而有條理。作者認為這段時期內，就社會組織來說，新莽和東漢之間是一個大界線，從此豪強大族勢力不斷成長，封建依附關係進一步加強，終於導致出現長期割據分裂的局面。」楊寬還總結道：「此書把兩漢政治歷史分成十一個段落，既做了全面有系統的敘述，又能抓住重點作比較詳盡的闡釋。對於社會經濟，敘述全面而又深入。作者根據當時社會的特點，把豪強、奴客、門生、部曲、游俠作了重點的探討。同時又重視因社會組織變化而產生的社會特殊風氣，對『秦漢時的君臣之義』、『士大夫風氣變遷』，都列有專節說明。對於政治制度和文化學術部分，分成許多章節做了細致的論述，其中不乏創見。作者認為神仙家求不死之方，非盡虛幻，部分與醫學關係密切，諸如服餌之法、導引之術、五禽之戲，都有延年益壽的功效。至於道教的起源，當與附會黃老的神仙家、巫術家有關，當時分成兩派流傳：一派與士大夫結交，如于吉之流；一派流傳民間，如張角的太平道和張修的五斗米道，兩派宗旨不同，而信奉之神沒有差別，道教正是由於這兩派的交錯發展而形成。」（呂思勉《秦漢史》，上海古籍出版社，一九八三年，第五至六頁）

所謂「把兩漢政治歷史分成十一個段落」，應是指《秦漢史》全書在「總論」之後，就政治史的脈絡，按照年代先後分列十一章，即第二章〈秦代事蹟〉；第三章〈秦漢興亡〉；第四章〈漢初事蹟〉；第五章〈漢中葉事蹟〉；第六章〈漢末事蹟〉；第七章〈新室始末〉；第八章〈後漢之興〉；第九章〈後漢盛世〉；第十章〈後漢衰亂〉；第十一章〈後漢亂亡〉；第十二章〈三國始

末〉。這樣看來，首先，呂著《秦漢史》其實並非如楊寬所概括，是「把兩漢政治歷史分成十一個段落」，而是「把秦漢政治歷史分成十一個段落」。其次，是將「三國始末」放在「秦漢史」的框架之中。前者可以說是楊寬的小小疏誤，後者，則是值得上古史研究者注意的史學架構設計。

在東漢末年的社會大動亂中，曹操集團、劉備集團和孫權集團逐步擴張自己的實力，各自翦滅異己，逐步在局部地域實現了相對的安定，形成了魏、蜀、吳三國鼎立的局面。三國時期，是中國歷史上一個重要的時期。一般所說的三國時期，自西元二二〇年曹丕黃初元年起，到西晉滅吳，即吳末帝孫皓天紀四年（二八〇），前後計六十年。三國時期的歷史雖然相對比較短暫，可是對後來政治軍事史的影響卻十分深遠。三國時期，文化節奏比較急迅，民族精神中的英雄主義得到空前的發揚，東漢以來比較低沉的歷史基調迅速轉為高亢。同時，各種政治主張和政治智謀也在複雜的政治鬥爭中得以實踐。三國史還有一個引人注目的特點，就是三國歷史人物和三國歷史事件在後世幾乎被社會各色人物所熟知。歷史知識在民間的普及達到這種程度，是十分罕見的現象。將三國史置於秦漢史之中進行敘述和總結，是有一定的合理性的。呂思勉的這種處理方式，可能和他在《秦漢史》中提出的如下認知有關。他說：「以民族關係論，兩漢、魏、晉之間，亦當劃為一大界。自漢以前，為我族征服異族之世，自晉以後，則轉為異族所征服矣。蓋文明之範圍，恆漸擴而大，而社會之病狀，亦漸漬而深。」（呂思勉《秦漢史》，第四頁）於是秦漢史的歷史敘述，至於〈三國始末〉之〈孫吳之亡〉（呂思勉《秦漢史》，第四〇〇至四六六頁），隨後一節，即〈三國時四裔情形〉（呂思勉《秦漢史》，第四六七至四七六頁）以與「轉為異族所征服」的歷史相銜接。近年史學論著中採取將秦漢與三國並為一個歷史階段，在魏晉之間「劃為一大界」這種處置方式的，有張豈之總主編《中國歷史》中的第二卷〈秦漢魏晉南北朝〉。〈秦漢魏晉南北朝〉（高等教育出版社，二〇〇一年）又題《秦漢魏晉南北朝史》，在臺灣出版（王子今、方光華《秦漢魏晉南北朝史》，五南圖書出版股份有限公司，二〇〇二年）。

讀「戰國之時」的歷史，自然會關注秦的統一戰爭這條主線。而「三國競爭之時」本來即起始於漢末，如果併入漢史一起敘述，則許多人共同熟悉並深心「讚嘆」的「事態百變，人才輩出」的上述四個歷史階段，都歸入秦漢史的範疇了。按照呂思勉《秦漢史》的說法，即：「戰國之世，我與騎寇爭，尚不甚烈，秦以後則不然矣。秦、漢之世，蓋我恃役物之力之優，以戰勝異族，自晉以後，則因社會之病狀日深，而轉為異族所征服者也。」（呂思勉《秦漢史》，第四頁）這是從民族史和戰爭史的角度，指出秦漢歷史的時代特徵，「社會」問題亦已涉及，而戰國時期和三國時期均被概括到這一歷史階段之內。

「以新、漢之間為大界」

呂思勉《秦漢史》第一章〈總論〉開頭就寫道：「自來治史學者，莫不以周、秦之間為史事之一大界，此特就政治言之耳。若就社會組織言，實當以新、漢之間為大界。」又說：「以社會組織論，實當以新、漢之間為大界也。」（呂思勉《秦漢史》，第一至二頁）

這其實是十分重要的發現。兩漢之際發生的歷史變化，除社會結構外，政治形式和文化風格也都十分明顯。

不過，對於這個歷史「大界」的說明，呂思勉《秦漢史》並沒有揭示得十分透徹。就此課題進行接續性的工作，顯然是必要的。可惜至今尚少有學者就此進行認真的探討。

「秦漢時人民生活」

呂思勉對社會生活情景研究的重視，卻實現了積極的學術引導作用。他在《秦漢史》中討論「秦漢時人民生計情形」之外，專有一章論述「秦漢時人民生活」，分別就「飲食」、「倉儲漕運糴糶」、「衣服」、「宮室」、「葬埋」、「交通」，考察了秦漢時期社會生活的各個方面。「宮室」一節，說到平民之居，甚至「瓜牛廬」和「山居之民」「以石為室」者。大體說來，

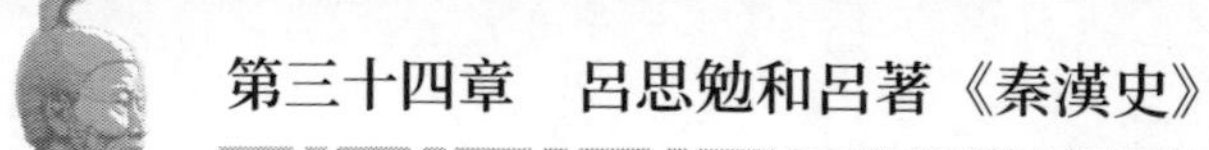

已經涉及衣食住行的各種條件。而「葬埋」是死後生活條件的安排，當時人們是十分重視的，研究者自然不應當忽略。已經有學者指出，「重視反映社會生活方式的演變史」，是呂思勉歷史著述的「一個顯著優點」，「而這些正是現在通行的斷代史著作中缺少的部分。」（王玉波〈要重視生活方式演變的研究 —— 讀呂思勉史著有感〉，《光明日報》一九八四年五月二日）

我們欣慰地看到，現今一些學者的辛勤努力，已經使我們對秦漢時期社會生活史的認知逐漸充實，日益深化。劉增貴《漢代婚姻制度》（華世出版社，一九八〇年）、彭衛《漢代婚姻形態》（三秦出版社，一九八八年；中國人民大學大學出版社，二〇一〇年）、劉樂賢《睡虎地秦簡日書研究》（文津出版社，一九九四年）、彭衛《中國飲食史》第六編〈秦漢時期的飲食〉（華夏出版社，一九九八年）、彭衛、楊振紅《中國風俗通史．秦漢卷》（上海文藝出版社，二〇〇二年）等論著的問世，代表秦漢社會生活方式研究的顯著進步。而呂思勉《秦漢史》作為先行者的功績，當然是後學們不會忘記的。

我們還看到，呂思勉《秦漢史》中〈交通〉一節加上〈倉儲、漕運、糴糶〉一節中有關「漕運」的內容，篇幅達到一萬四千字左右，這是從未有過的對秦漢交通之集中論述。這在中國交通史的學術史上，是應當占有特別重要地位的。

「考據」傳統與「自由回照」

有學者總結說：「呂先生的中國通史（包括斷代史）著作是全部著作中的最巨大工程。」這個工作，「把他早期的想法《新史抄》逐步擴大和充實。所謂《新史抄》，其實也是自謙之辭」。「呂先生說的『抄』，是說寫的歷史都是有『根據』的，不是『無稽之談』，也非轉輾抄襲，照樣有獨到之功。」他自認為「性好考證」，「讀史劄記是他歷年讀史的心得」。除了繼承乾嘉學者重視文獻學功夫的傳統之外，「呂先生的讀史劄記還重視社會經濟、少數民族歷史和學術文化方面的各種問題。因此，他既繼承了清代考據學的遺產，同時又突破乾嘉學者逃避政治現實，為考證而考證的束縛。」

論者還指出，「寫在『五四』以前」的《白話本國史》，在第一篇上古史中「三次公開提到馬克思和他的唯物史觀與《資本論》，並說春秋戰國時代社會階級的變化，很可以與馬克思的歷史觀互相發展」。「從這一點來說，呂先生接受新思想的態度是很積極的，是跟著時代的腳步前進的。」《呂著中國通史》抗日戰爭時期出版於日本人占領的上海，呂思勉在書中「是有寄託的」，他說：「頗希望讀了的人，對於歷史上重要的文化現象，略有所知；因而略知現狀之所以然；對於前途，可以預加推測；因而對我們的行為，有所啟示。」這部中國通史最後引用梁任公譯英國文豪拜倫的詩作作為全書總結：「如此好山河，也應有自由回照。……難道我為奴為隸，今生便了？不信我為奴為隸，今生便了！」（胡嘉《呂誠之先生的史學著作》，俞振基《蒿廬問學記：呂思勉生平與學術》，三聯書店，一九九六年，第四十四至四十六頁、第五十頁）

回顧悠久歷史，亦期盼「自由回照」，也是今天的治史者和所有關心歷史文化的人們之共同心願。

呂著《秦漢史》的結構布局

關於呂思勉《秦漢史》的撰述方式，湯志鈞指出：「分上、下兩編，上編敘述政治史，實際上是王朝興亡盛衰的歷史，基本上採用紀事本末體；下編分章敘述當時社會經濟、政治制度、文化學術上的各種情況，採用的是舊的敘述典章制度的體例。儘管不易看清歷史發展的全貌及其規律性，但他從浩如煙海的史料中勾稽排比，鑑別考訂，帶給研究者很多方便。特別是下編社會經濟、政治制度、文化學術部分，原來資料很分散，經過蒐集整理，分門別類，便於檢查。」（湯志鈞〈現代史學家呂思勉〉，《中國史研究動態》一九八〇年第二期）楊寬也曾經總結說，「呂先生為了實事

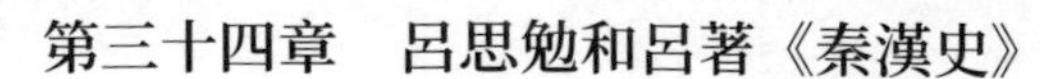

求是」，「採用了特殊的體例」。這就是：「分成前後兩個部分，前半部是政治史，包括王朝的興亡盛衰、各種重大歷史事件的前因後果，各個時期政治設施的成敗得失，以及王朝與周邊少數民族的關係等等，採用的是一種新的紀事本末體。後半部是社會經濟文化史，分列章節，分別敘述社會經濟、政治制度、民族疆域、文化學術等方面的具體發展情況，採用的是一種新的敘述典章制度的體例。」（楊寬〈呂思勉先生的史學研究〉，《中國史研究》一九八二年第三期）

具體來說，以秦漢史為對象「分別敘述社會經濟、政治制度、民族疆域、文化學術等方面的具體發展情況」，《秦漢史》的第十三章到第二十章是這樣進行學術布局的：〈秦漢時社會組織》、〈秦漢時社會等級〉、〈秦漢時人民生計情形〉、〈秦漢時實業〉、〈秦漢時人民生活〉、〈秦漢政治制度〉、〈秦漢學術〉、〈秦漢宗教〉。首先注重「社會組織」和「社會等級」的分析，將有關「政治制度」的討論更置於「人民生計情形」、「實業」和「人民生活」之後，展現出極其特別的卓識。在對於「秦漢時社會等級」的論述中，所列〈秦漢時君臣之義〉和〈士大夫風氣變遷〉兩節，其中論議得到許多學者讚賞。這種新體例的創制，帶有摸索試探的性質，自然不能說至於盡善盡美，但是對史學論著中斷代史撰述方式的進步，畢竟實現了推動。而且，我們今天看來，也並不認為這種方式會使人們「不易看清歷史發展的全貌及其規律性」。

我們認為，對於「歷史發展的全貌及其規律性」的說明，最高境界是讓讀者透過對歷史真實的認知，獲得自己的理解。而作者強加於讀者的說教，早已令人反感。特別是簡單化、公式化和生硬地貼標籤式的做法，往往使歷史學的形象敗壞。

關於「直以劄記體裁出之」

對於以《秦漢史》為代表的呂思勉的斷代史研究，嚴耕望曾經著文《通貫的斷代史家：呂思勉》予以評價。他寫道：「有一位朋友批評誠之先生的著作只是抄書，其實有幾個人能像他那樣抄書，何況他實有許多創見，只是融鑄在大篇幅書中，反不顯豁耳。」對於《秦漢史》等論著的撰寫方式，嚴耕望也有自己的批評意見：「不過誠之先生幾部斷代史的行文體裁誠有可商處。就其規制言，應屬撰史，不是考史。撰史者融化材料，以自己的話寫出來：要明出處，宜用小注。而他直以劄記體裁出之，每節就如一篇劄記，是考史體裁，非撰史體裁。」又據錢穆的說法，就《秦漢史》這幾部斷代史的寫作初衷有所說明：「不過照賓四師說，誠之先生這幾部斷代史，本來擬議是『國史長編』。」嚴耕望說：「作為長編，其引書固當直錄原文。況且就實用言，直錄原文也較好，最便教學參考之用。十幾年來，諸生到大專中學教歷史，常問我應參考何書，我必首舉誠之先生書，蓋其書既完備，又踏實，且出處分明，易可檢覈。這位朋友極推重趙翼《廿二史劄記》。其實即把誠之先生四部斷代史全當有系統的劄記看亦無不可，內容淵博豐實，豈不過於趙書邪？只是厚古薄今耳！」（嚴耕望〈通貫的斷代史家：呂思勉〉，《中國歷史研究》一九八六年第一期）

關於「撰史體裁」和「考史體裁」的區分，本來只是個別學者的意見。借用這一說法，應當說傳統史學以「考史」居多。不過，在西方史學傳入之後，「撰史體裁」壓倒了「考史體裁」。其實，史學論著的體裁和形式本來應該允許多樣化。蘇軾詩句「短長肥瘦各有態，玉環飛燕誰敢憎」（〈孫莘老求墨妙亭詩〉，《東坡詩集注》卷二八），指出了自然之美「各有態」的合理性。清人陳維崧筆下所謂「燕瘦環肥，要緣風土；越禽代馬，互有便安」（〈毛大可新納姬人序〉，《陳檢討四六》卷一二），也強調了多樣性的自然。此所謂「風土」，本義是空間概念，或許也可以移用為時間概念，則古人「王楊盧駱當時體」（杜甫〈戲為六絕句〉，《萬首唐人絕句》卷一）詩意，似乎也隱含其中。

時下最被看重的史學成果的載體，是所謂學術論文。現今一些學術機構的價值評定系統，對於論文的品評，又有若干附加的條件，例如刊物的等級，摘引的頻度，篇幅的長短等等。實際上，論文這種形式的通行，其實對具有悠久傳統的中國史學而言，是相當晚近的事。長期以來，中國傳

統史學所謂「汗牛充棟」、「浩如煙海」的論著，並非是以今天人們眼界中的「論文」形式發表流傳的。我們看到，即使二十世紀論文形式開始興起之後，一些史學大師的研究成果，其實也並不是以這種整齊劃一的定式生產出來的。有學者認為有必要為大學歷史學科的學生選編史學論文的範本，如果嚴格按照現今的論文格式規範要求，說不定王國維、陳寅恪等學者的許多傑作也難以編列其中。清乾隆《御選唐宋詩醇．凡例》寫道：「李杜名盛而傳久，是以評賞家特多。韓白同出唐時，而名不逮。韓之見重，尤後於白。則品論之詞，故應遞減。蘇陸在宋，年代既殊，名望亦復不敵。晚出者評語更寥寥矣。多者擇而取之，少者不容傅會。折衷一定，聲價自齊。燕瘦環肥，初不以妝飾之濃淡為妍媸也。」關於詩人「名望」所以差異，論說未必中肯，然而最後一句，卻指明了內容和形式之關係的真理：「燕瘦環肥，初不以妝飾之濃淡為妍媸也。」學術的「品論」和「評賞」，首先應當重視內容，形式方面「妝飾之濃淡」，不是判定「妍媸」的主要標準。

所謂「劄記」，其實就曾經是傳統史學的「當時體」。許多中國史學名著當時都是以「劄記」的形式問世，而後亦產生了長久的歷史影響的。王應麟的《困學紀聞》、顧炎武的《日知錄》、趙翼的《廿二史劄記》和《陔餘叢考》等，雖著者或謙稱「睹記淺狹，不足滿有識者之一笑」（趙翼《陔餘叢考小引》），而內心實有「平生之志與業皆在其中」（顧炎武〈與友人論門人書〉）和「自信其書之必傳」（顧炎武〈與楊雪臣書〉）的自負。這些論著在後來學人心目中的等級和價值，在史學學術史上的地位都是毋庸置疑的，然而這些論著均以劄記形式存世。

近世史學學者仍多有沿用劄記形式發表學術創見者。如顧頡剛上海合眾圖書館一九四九年油印《浪口村隨筆》，後經增訂，輯為《史林雜識初編》（中華書局，一九六三年）。十卷本《顧頡剛讀書筆記》經顧頡剛親訂、並由後人整理，學術價值尤為珍貴（臺灣聯經出版公司，一九九〇年）。中華書局又補入早年筆記五種等，二〇一一年一月出版十七冊本。此外，陳登原《國史舊聞》（三聯書店，一九五八年）、錢鍾書《管錐編》

（中華書局，一九七九年）、周一良《魏晉南北朝史劄記》（中華書局，一九八五年）、賈敬顏《民族歷史文化萃要》（吉林教育出版社，一九九〇年），以及吳承仕《檢齋讀書提要》（北京師範大學出版社，一九八六年）、羅繼祖《楓窗三錄》（大連出版社，二〇〇〇年）等，也都是治史者不能忽視的名著。有的學者將論文、劄記、報告以及演講稿的合集題為「劄記」，如李學勤《夏商周年代學劄記》（遼寧大學出版社，一九九九年），也說明對「劄記」這種學術形式的看重。呂思勉《秦漢史》等書有「劄記」的痕跡，絲毫不減損其學術價值，反而使史學收穫的樣式更為豐富多彩。對於其價值甚至「過於趙書」，即超過趙翼《廿二史劄記》的意見，我們雖未必百分之百贊同，也願意在進行學術史評判時以為參考。

而《呂思勉讀史劄記》（上海古籍出版社，一九八二年）一書的問世，當時也是史學界的一大盛事。至今我們依然可以時常在其中得到學術營養。其中甲帙「先秦」一百八十四條，乙帙「秦漢」一百二十條，丙帙「魏晉南北朝」一百零一條，丁帙「隋唐以下」五十六條，戊帙「通代」六十五條。我們看到，秦漢史料所占的比重也是相當可觀的。

「拆拼正史資料，建立新史規模」

對呂著《秦漢史》選取資料主要注重正史的情形，嚴耕望有這樣的解釋：「至於材料取捨，只重正史，其他史料甚少參用，須知人的精力究有限度，他的幾部斷代史拆拼正史資料，建立新史規模，通貫各時代，完備各領域，正是一項難能的基本功夫，後人盡可在此基礎上，詳搜其他史料，為之擴充，發揮與深入、彌縫，但不害誠之先生四部書之有基本價值也。」

呂思勉《秦漢史》等史學論著在引錄史料的時候也難免千慮一失。嚴耕望說：「引書間或有誤引處，但以這樣一部大著作，內容所涉又極廣泛，小有錯誤，任何人都在所難免，不足為病。」（嚴耕望〈通貫的斷代史家：呂思勉〉，《中國歷史研究》一九八六年第一期）這樣的意見，我們也是贊

同的。

此外，呂思勉治史存在的另一問題，也已經有學者指出：「呂先生雖然了解到地下古物『足以補記載之缺而正其偽』，『而在先史及古史茫昧之時，尤為重要』（呂思勉《先秦史》，第五頁），他卻過於懷疑當時『偽器雜出』，沒有能利用甲骨、金石，補古代文獻之不足，使他在古文字學方面的高深造詣，不能更加為考訂古史、古書工作服務。這不得不帶給他的古史研究損失，是不應『為賢者諱』的。」（鄒兆琦〈呂思勉先生與古代史料辨偽〉，俞振基《蒿廬問學記：呂思勉生平與學術》，第七十八頁）此問題，在《秦漢史》中的表現，讀者朋友應當也會注意到。對考古文物資料的不熟悉，也容易導致對文獻資料理解的誤解。例如〈交通〉一節關於交通道路建設，呂思勉言「邊方又有深開小道者」。所據史料為：「《漢書·匈奴傳》：侯應議罷邊備塞吏卒曰：『建塞徼，起亭隧。』師古曰：『隧謂深開小道而行，避敵鈔寇也。』」（呂思勉《秦漢史》，第六〇四頁）如果有關於西北漢簡中烽燧資料的知識，則可知顏師古注的錯誤。「亭隧」的「隧」，是不可以解作道路的。好在後輩學者學習先賢重在繼承其學術精神。面對今天豐富的出土資料，新一代秦漢史研究者自會有自己的學術方法和學術路徑的選擇。

對《二十四史》通讀過幾遍？

中青年治秦漢史者可能更要努力學習的是呂思勉等老一代史學家刻苦研讀文獻的「硬功夫」（黃永年說）、「踏實而深厚的基本功」（楊寬說）。前引楊寬說呂思勉「先後把《二十四史》反復閱讀了三遍」，嚴耕望說：「世傳他把二十四史從頭到尾讀過三遍，是可以相信的。」（嚴耕望〈通貫的斷代史家：呂思勉〉，《中國歷史研究》一九八六年第一期）又黃永年回憶呂思勉時寫道：「呂先生究竟對《二十四史》通讀過幾遍，有人說三遍，我又聽人說是七遍，當年不便當面問呂先生……，但我曾試算過一筆帳，寫斷代史時看一遍，之前朱筆校讀算一遍，而能如此作校讀事先只看一遍恐怕還不可能，則至少應有四遍或四遍以上。這種硬功夫即使畢生致力讀古籍的乾嘉學者中恐怕也是少見的。」（黃永年〈回憶我的老師呂誠之先生〉，《學林漫錄》第四輯，中華書局，一九八一年）

《二十四史》通讀七遍、四遍或三遍，今天的學者似乎已經難以做到，或者說也確實沒有大家都這麼做的必要了。但是支撐「這種硬功夫」、這種「踏實而深厚的基本功」的內心學術理想和科學精神，卻是我們必須繼承的。而就研究秦漢史而言，無論有怎樣先進的電子圖書、檢索方式可以利用，認真地通讀「前四史」，仍然是無論如何必須具備的「基本功」。

要獲得秦漢史研究的新收穫，要推出「有系統、有分量、有見解的」秦漢史學術論著，應當說「首先得力於」這一條件。這是我要對願意學習秦漢史的青年朋友們說的一句誠心的話。

第三十五章
星崇拜與
「救星」意識的發生

考察先秦時代星辰崇拜意識的流變，關注天文與人文神祕對應關係的政治解說，應當有助於了解上古信仰體系的世俗風貌和精神基底。天星名號與人物形象的結合，在秦漢時期已經可以看到明確的史例。分析元明清民俗文化現象中所見「救星」的使用，也有助於理解形成近代中國「救星」讚頌的社會理念基礎。考察與此相關社會文化現象，可以發現天人關係學說的久遠影響，也有益於理解中國民間政治迷信的歷史淵源。

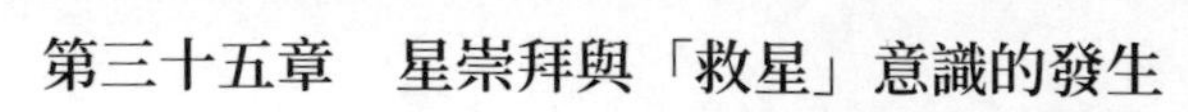

上古「星」崇拜與「祭星」禮俗

關注上古時代的天文意識，可以發現古人曾經將包括星象在內的天界秩序，視為充滿神祕意義的體系和制度。同時，又深信天文和人文的對應關係。對「星」的崇拜曾經顯著影響著社會理念和社會生活。

《書．洪範》：「五紀：一曰歲，二曰月，三曰日，四曰星辰，五曰歷數。」「庶民惟星，星有好風，星有好雨。」孔安國傳：「星，民象。故眾民惟若星。箕星好風，畢星好雨，亦民所好。」所謂「五紀：一曰歲」者，其實也是「星」。而「星有好風，星有好雨」，展現出農耕社會「庶民」、「眾民」的「風雨時節」期望。《漢書》卷二八下〈地理志下〉：「風雨時節，穀糴常賤，少盜賊，有和氣之應。」《漢書》卷七四〈魏相傳〉：「君動靜以道，奉順陰陽，則日月光明，風雨時節，寒暑調和。」漢鏡銘文「風雨時節五穀熟」是常見句式。

《管子．四時》寫道，「東方曰星」，「南方曰日」，「西方曰辰」，「北方曰月」。在天象秩序中，「星」、「辰」非常重要。而展現為「柔風甘雨」，使「百姓乃壽，百蟲乃蕃」的即所謂「星德」，「其德喜嬴而發出節。」《孫臏兵法．月戰》：「孫子曰：十戰而六勝，以星也。十戰而七勝，以日者也。十戰而八勝，以月者也。」反映「星」在兵陰陽學說中占據與「日」、「月」並列的地位。星象與兵戰的關係，又見於《史記》卷一一〇〈匈奴列傳〉：「舉事而候星月。」《史記》卷二八〈封禪書〉記述秦漢神學中心雍地的祭祀之所：「雍有日、月、參、辰、南北斗、熒惑、太白、歲星、填星、辰星、二十八宿、風伯、雨師、四海、九臣、十四臣、諸布、諸嚴、諸逑之屬，百有餘廟。」在秦帝國最重要的神祀中心規模為「百有餘廟」之信仰體系中，「日、月」之後，「風」、「雨」之前，「星」即所謂「參、辰、南北斗、熒惑、太白、歲星、填星、辰星、二十八宿」等，作為崇拜對象，占據了當時信仰世界中相當大的比例。據司馬貞《索隱》的解釋，「諸布」也與「星」崇拜有關：「案：《爾雅》：『祭星曰布。』或『諸布』是祭星之處。」西漢對秦的祠祀體系予以全面繼承。《漢書》卷二五上〈郊祀志上〉也有與

《史記》卷二八〈封禪書〉同樣的說法。

漢代民間信仰史料也提供了重要的相關資訊。河南南陽出土許阿瞿墓誌感嘆這位五歲童子的夭亡：「年甫五歲，去離世榮。遂就長夜，不見日星。神靈獨處，下歸窈冥。」（南陽市博物館〈南陽發現東漢許阿瞿墓誌畫像石〉，《文物》一九七四年第八期）「日星」以分別照耀晝夜的光明，受到特別的崇敬。

文物資料可見楚帛書中反映星歲紀年和歲星占的內容。曾侯乙墓箱蓋漆文表現的星象，有學者認為有確定的意義。馬王堆三號漢墓出土帛書有〈五星占〉（王樹金〈馬王堆漢墓帛書〈五星占〉研究述評〉，《湖南省博物館館刊》二〇一〇年）。所謂〈天文氣象雜占〉中的彗星圖，也各有對應的世間政治軍事現象。有的研究者稱之為「彗星圖占」（席澤宗〈一份關於彗星形態的珍貴資料 —— 馬王堆漢墓帛書中的彗星圖〉，《文物》一九七八年第二期；王樹金〈馬王堆漢墓帛書〈天文氣象雜占〉研究三十年〉，《湖南省博物館館刊》二〇〇七年）。漢墓出土畫像資料中多有表現天際星座的畫面。較有代表性的，如西安交通大學西漢墓葬壁畫二十八宿星圖（陝西省考古研究所〈西安交通大學西漢壁畫墓〉，西安交通大學出版社，一九九一年），南陽畫像石星象圖（韓玉祥主編《南陽漢代天文畫像石研究》，民族出版社，一九九五年）等，均顯示了當時人對「星」的崇拜。馬王堆漢墓出土帛書《養生方》可見「敢告東君明星」等文字（魏啟鵬、胡翔驊《馬王堆漢墓醫書校釋（貳）》，成都出版社，一九九二年，第五十五頁）。這裡所謂「明星」，指的是可以以其神力影響人生健康與命運前景的天星。這裡的「告」，應是指請示、祭告一類在神聖語境中的對話形式。

星象與人世「吉」、「凶」

在古人的意識中，天際星象與人世「吉」、「凶」有神祕的對應關係。

先秦秦漢社會通行用以趨吉避凶的用書《日書》中，可以看到根據星相判斷行為宜忌的內容。例如隨州孔家坡八號墓出土《日書》中的〈星〉

篇，在二十八星宿每宿名下各有警示文字，提醒使用者選擇時日必須注意。例如：「東辟（壁），不可行，百事凶。司不（府）。以生子，不完。不可為它事。（六二）」（湖北省文物考古研究所、隨州市考古隊編著《隨州孔家坡漢墓簡牘》，文物出版社，二〇〇六年，第一三四頁）

在古人的意識中，有的星象出現預示「疾疫」；有的星象出現預示「饑饉」；有的星象出現，會預示戰爭或者政治變亂。如《史記》卷二七〈天官書〉：「（土星、水星、金星）三星若合，其宿地國外內有兵與喪，改立公王。」又《漢書》卷二六〈天文志〉：「三星若合，是謂驚立絕行。」「三星若合，是謂驚位，是謂絕行，外內有兵與喪，改立王公。」雲夢睡虎地秦簡《日書》中的〈星〉篇，也是告知人們如何以星象判斷未來吉凶的。極端的情況下將致「百事凶」，相反則有「百事吉」的預示（王子今《睡虎地秦簡《日書》甲種疏證》，湖北教育出版社，二〇〇三年，第一五九至一六一頁）。「玄戈」是星名。睡虎地秦簡《日書》有〈玄戈〉篇，其中寫道，在有的情況下將「大凶」，有的情況下「少吉」，有的情況下則「大吉」（王子今《睡虎地秦簡《日書》甲種疏證》，第一三四至一三五頁）。導致最後一種情形，即「大吉」而出現的天文現象，其正向的社會作用值得特別注意。對《史記》卷二七〈天官書〉所謂「黃圜和」，張守節《正義》解釋道：「太白星圓，天下和平。」對於「畢星」，又說：「星明大，天下安，遠夷入貢。」又如《漢書》卷二六〈天文志〉寫道：「填星所居，國吉。」說的都是全社會普遍期望的吉祥星象。新疆民豐尼雅遺址出土織錦文字「五星出東方利中國」（「絲路之魂：天府之國與絲綢之路」編輯委員會編著《絲路之魂：天府之國與絲綢之路》，商務印書館、四川人民出版社，二〇一七年，第一〇六頁），更是知名度非常高的展現相關理念的文物發現。

《史記》卷二五〈律書〉介紹了當時人知識體系中二十八宿「營室」的作用：「營室者，主營胎陽氣而產之。」就個人境遇而言，在難產往往導致母子死亡的醫療條件相對惡劣的上古時代，營室這時對產婦及其家庭的意義，可以說有救死的功用。

擬人星：人際稱謂與星辰名號

星辰崇拜，展現古人信仰理念中的天文觀。而天文與人文的對應，透露出有關天人關係的思想。《史記》卷二七〈天官書〉寫道：「為國者必貴三五。上下各千歲，然後天人之際續備。」司馬遷在致任少卿的信中自敘撰寫《史記》的心志，有「欲以究天人之際，通古今之變，成一家之言」的話。班固把這段文字記錄在《漢書》卷六二〈司馬遷傳〉中。在〈太史公自序〉中介紹「八書」的撰述主題，也說「天人之際，承敝通變」。有人評價《史記》，認為正是因為追求這一境界，於是成就輝煌，「七十列傳，各發一義，皆有明於天人古今之數」。而〈貨殖列傳〉「亦天人古今之大會也」（〔清〕惲敬《大雲山房文稿》初集卷二〈讀貨殖列傳〉，四部叢刊景清同治本）。理解「究天人之際」的文意，當然不能脫離當時的文化背景，關注人們對「天」具有濃厚神祕色彩的深心崇敬。曾經就《公羊春秋》的研讀對司馬遷有所指導的董仲舒，曾經應漢武帝的詢問對「天人之應」多所討論（《漢書》卷五六〈董仲舒傳〉）。《漢書》卷三六〈劉歆傳〉說：「劉氏《鴻範論》發明大傳，著天人之應。」《史記》卷一〈五帝本紀〉說堯「敬順昊天」。張守節《正義》解釋為「敬天」。後世注家對《史記》文字的解說，也可見「敬天常」（《史記》卷一一七〈司馬相如列傳〉，司馬貞《索隱》引《呂氏春秋》）、「嚴敬天威」（《史記》卷四〈周本紀〉，裴駰《集解》引孔安國曰）等說法。如果了解秦漢社會的「敬天」理念包含對自然的尊重，對生態的愛護，應當珍視其中值得繼承的文化因素。《韓詩外傳》卷七寫道：「善為政者循情性之宜，順陰陽之序，通本末之理，合天人之際，如是則天氣奉養而生物豐美矣。」又說：「修往古者，所以知今也。」「《詩》曰：『昊天太憮，予慎無辜。』」當時，「天人」和「古今」的關係，似乎是許多人共同關心的文化命題。漢武帝說：「善言天者必有徵於人，善言古者必有驗於今。」董仲舒說：「天人之徵，古今之道也。」（《漢書》卷五六〈董仲舒傳〉）公孫弘也曾經言及「明天人分際，通古今之義」（《史記》卷一二一〈儒林列傳〉）。《淮南子．泰族》寫道：「天之與人有與相

通也。」「故聖人懷天氣，抱天心」，「學者能明於天人之分，通於治亂之本……見其終始，可謂知略矣。」《淮南子．要略》總結全書，也強調「尊天」、「仰天」、「取象於天」，「上因天時」，「合諸人則」，「通古今之論」，「經古今之道」，「埒略衰世古今之變」，「擘畫人事之終」。看來，相信「天人」之間存在神祕關係是貫通「古今」的規律，代表具有顯著時代特徵的歷史文化理念。

在深信「天人之應」的意識背景下，天上星辰名號，有時可與世間某種社會身分對應。《史記》卷二七〈天官書〉言天際星象，有象徵「太一」者。此外，又有對應「三公」、「正妃」、「藩臣」、「上將」、「次將」、「貴相」、「諸侯」等諸星座。張守節《正義》認為「太一」，「天帝之別名也」。又引劉伯莊云：「泰一，天神之最尊貴者也。」相反，對應社會底層人等，有「賤人之牢」。星象和人事的密切關係，使古人天文知識的民俗表現，又出現了星和人的對應性結合，出現了擬人化的星。如《史記》卷二七〈天官書〉說到「婺女」星。張守節《正義》解釋，「婺女」就是「須女」，又說：「須女，賤妾之稱，婦職之卑者，主布帛裁制嫁娶。」而「婺女」，按照《廣雅》的說法就是「務女」（司馬貞《索隱》引《廣雅》），勞動者的身分是明確的。此星象徵的世間身分是負責「布帛裁制」的「婦職之卑者」。而「織女」星，據張守節《正義》，「主果蓏絲帛珍寶」，如果星光「暗而微」，則「天下女工廢」。勞動者身分成為天星名號的情形，值得我們特別注意。睡虎地秦簡《日書》甲種的〈取妻〉篇可見「牽牛以取織女」的說法（王子今《睡虎地秦簡《日書》甲種疏證》，第二九二頁），說明至遲在秦代，牛郎織女愛情傳說已經形成比較確定的主題，產生比較完整的結構。而男耕女織的勞動生活以此擬人形式進入到天文體系。

傳說時代部族聯盟領袖「蚩尤」，曾經與黃帝、炎帝作戰，被尊為「兵主」。「蚩尤旗」則成為星象名號。《史記》卷一〈五帝本紀〉裴駰《集解》引《皇覽》曰：「蚩尤塚在東平郡壽張縣闞鄉城中，高七丈，民常十月祀之。有赤氣出，如匹絳帛，民名為蚩尤旗。肩髀塚在山陽郡巨野縣重聚，大小與闞塚等。傳言黃帝與蚩尤戰於涿鹿之野，黃帝殺之，身體異處，故別葬之。」此「蚩尤旗」是兵戰之象。《漢書》卷二七下之下〈五行志下之下〉：「占日：『是為蚩尤旗，見則王者征伐四方。』」《續漢書．天文志下》：「占日：『蚩尤旗見，則王征伐四方。』」所謂「赤氣」即「蚩尤旗」，多理解為星象。《後漢書》卷九〈獻帝紀〉：「（初平二年）九月，蚩尤旗見於角、亢。」《續漢書．天文志》：「孝獻初平二年九月，蚩尤旗見，長十餘丈，色白，出角、亢之南。」《後漢書》卷三〇上〈蘇竟傳〉：「流星狀似蚩尤旗，或日營頭，或日天槍，出奎而西北行，至延牙營上，散為數百而滅。」如果了解「蚩尤」是遠古人物，則「蚩尤旗」或許可以視為最早以人名為天星符號的實例。還有一位神話人物「造父」的名字也成為星座代號。造父是秦人先祖，曾經為周穆王駕馭八駿，遠行至西王母之邦。據《晉書》卷一一〈天文志〉，有被命名為「造父」的天星：「傳舍南河中五星日造父，御官也，一日司馬，或日伯樂。」造父雖然後來身分顯貴，但是成名時的身分，只是服務於君王的御車者。

據《史記》卷二八〈封禪書〉，秦代已經在杜亳建「壽星祠」。司馬貞《索隱》說：壽星，就是南極老人星。老人星出現，「則天下理安」，所以「祠之以祈福壽」。《續漢書．禮儀志中》說到仲秋之月在國都南郊老人廟「祀老人星」的情形。

明朝小說《西遊記》裡的「太白金星」，在天際世界是一位風格平和的老者。太白金星即長庚老。曾上炎著《西遊記辭典》：「【長庚老】長庚星。神話傳說中的上界神仙之一太白金星。」（河南人民出版社，一九九四年，第四十一頁）《西遊記》第三回〈四海千山皆拱伏，九幽十類盡除名〉與第四回〈官封弼馬心何足，名注齊天意未寧〉有「太白長庚星」、「太白金星」、「金星」、「招安」、「妖猴孫悟空」故事，形象為「老人」，自稱「西方太白金星」，又自稱「老漢」。孫悟空嗔語亦謂「金星老兒」（吳承恩著《西遊記》，人民文學出版社，一九九〇年，第二十三頁至第二十四頁、第三十頁）。其實，傳說淵源久遠的「太白金星」具有多方面的神能。《史記》卷二七〈天官書〉：「太白主中國。」《漢書》卷二六〈天文志〉：「太白主兵。」《晉書》卷一二〈天文志中〉：「太白主大臣。」明人萬民英《星學大成》卷一六〈三辰通載．五星〉則表述了民間理念：「雙女宮太白星，又名天軍星，主兵軍武貴也。詩斷：太白金星主大權，喜臨楚分息塵煙。出則將兮入則相，三分足用喜駢駢。」顧炎武《日知錄》卷二五〈湘君〉說神界配偶形式，曾經指出：「甚矣，人之好言色也。」所舉的第一個例子就是「太白星」：「太白，星也，而有妻。《甘氏星經》曰：『太白上公，妻曰女媊。女媊居南斗，食厲，天下祭之，曰明星。』」天星「有妻」，應視為展現民間對崇拜對象的天界予以人性化理解的情形。民間傳說中太白星的人格化，至遲不晚於漢代。《風俗通義》卷二〈正失〉「東方朔」條：「俗言東方朔太白星精。」《太平廣記》卷五九〈梁玉清〉條講述了這樣的故事：「《東方朔內傳》云：秦並六國，太白星竊織女侍兒梁玉清、衛承莊，逃入衛城少仙洞，四十六日不出。天帝怒，命五嶽搜捕焉。太白歸位，衛承莊逃焉。梁玉清有子名休，玉清謫於北斗下，常舂。其子乃配於河伯，驂乘行雨。子休每至少仙洞，恥其母淫奔之所，輒回馭。故此地常少雨焉。（出《獨異志》）」與漢武帝時代真實歷史人物東方朔相關聯的太白星，在這些傳說中卻是不大莊重的形象。

另一則與太白星有關的故事，即五代人王定保《唐摭言》卷七〈知己〉說李白見識於賀知章事：「李太白始自蜀至京，名未甚振，因以所業贄謁賀知章。知章覽〈蜀道難〉一篇，揚眉謂之曰：『公非人世之人，可不是太白星精耶？』」（清《學津討原》本）清王琦注《李太白文集》注引《唐摭言》：「李白始自蜀至京，道未甚振，因以所業贄謁賀知章。知章覽〈蜀道難〉一篇，曰：『子謫仙人也。』」文句略有不同（〔清〕王琦注《李太白全集》，中華書局，一九七七年，第一六六頁）。賀知章稱李白為「太白星精」，是以天星喻非常之人的例證。

俗文學作品中的「救星」

展現星崇拜意識遺存的人際稱謂「救星」後來出現，且形成非常廣泛的社會影響。

文獻中我們看到的「救星」語匯最早的出現，見於遼代耶律純《星命總括》卷上的一句話：「方入煞神之初，或出煞神之末，不見救星來，未有不凶者。」看來「救星」的說法很可能源起於古星象學。

分析中國傳統社會心理，似乎「救星」意識的生成，與亂世的災難有關。《呂氏春秋．勸學》說到「救病」，高誘注：「救，治也。」《說文．攴部》：「救，止也。」段玉裁注：「《論語》：子謂冉有曰：女弗能救與？馬曰：救猶止也。馬意救與止稍別。需謂凡止皆謂之救。」《漢書》卷四五〈蒯通傳〉有「折北不救」的說法，顏師古解釋「不救」就是「無援助」。「救，助也」，是通行的訓詁定義。慧琳《音義》卷四三〈幻師颰陀所說神咒經〉「救之」條：「《廣雅》云：救猶助也。謂相起助也。《聲贊》云：援助也。」（徐時儀校注《一切經音義三種校本合刊》，上海古籍出版社，二〇〇八年，第一二五〇頁）對於「救星」的崇敬，大概出自人們在極端困苦之中，完全無助境遇下的心態。「救星」的「救」，作為一種社會渴求，其實是亂世夢想的特殊表現。

後來引人注目的文化跡象，是民間對「救星」語匯使用的普遍。這一現象，以俗文學作品中的表現較為集中。「救星」的出現，以明代小說最為密集。而《醒世姻緣傳》中出現「救星」頻率尤高。如第十七回〈病瘧漢心虛見鬼，黷貨吏褫職還鄉〉：「……卻又遇著一個救星，卻是司禮監金公。」第十八回〈富家顯宦倒提親，上舍官人雙出殯〉：「若請個名醫來看，或者還有救星，也不可知。」第五十六回〈狄員外納妾代庖，薛素姐毆夫生氣〉：「虧得天不從人，狄員外每次都有救星。」第五十七回〈孤兒將死遇恩人，凶老禱神逢惡報〉：「若那命不該死，他自然神差鬼使，必有救星。」所謂「有救星」，是面臨「災難」時的深心期盼。作者對「救星」這一語匯的偏好，或許展現了當時民間的語言習慣。

此外，又如馮夢龍《新列國志》第七十回〈殺三兄楚平王即位，劫齊魯晉昭公尋盟〉：「靈王一連三日，沒有飲食下嚥，餓倒在地，不能行動。單單只有兩目睜開，看著路旁，專望一識面之人經過此地，便是救星。」也是同類的例證。凌濛初《拍案驚奇》卷二十九〈通閨闥堅心燈火，鬧囹

圍捷報旗鈴〉:「張媽媽道:『你做了不老成的事!幾把我老人家急死。若非有此番天救星,這事怎生了結?』」又如第五十九回〈孝女于歸全四德,悍妻逞毒害雙親〉:「唬得臉上沒了人色,左顧右盼,誰是他的個救星?」第八十八回〈薛素姐送回明水,呂廚子配死高郵〉:「眾人合了一股,大家作踐。若不是有個救星,這個狗命,料想也是難逃。」第九十回〈善女人死後登仙,純孝子病中得藥〉:「也是胡無翳手段高明,又是這些病人應有救星,手到病除,一百個人吃了藥,倒有九十九個好。」第九十一回〈狄經司受制嬖妾,吳推府考察屬官〉:「幸得狄希陳漸漸的有了救星,離成都不遠,只有了三站之地……」。第九十二回〈義徒從厚待師母,逆婦假手殺親兒〉:「源源相接,得晁夫人這個救星,年來不致饑寒。」第九十六回〈兩道婆騙去人財,眾衙役奪回官物〉:「雖自家不到跟前,可也是我的護身符,劉姐也是救星。」第一百回〈狄希陳難星退舍,薛素姐惡貫滿盈〉:「胡無翳掐算了一會,說道:『喜得還有救星。……』」(〔明〕凌濛初著,陳邇冬、郭雋傑校注《拍案驚奇》,人民文學出版社,一九九八年)。其中所謂「天救星」,或作「大救星」。明崇禎尚友堂刻本《拍案驚奇》作「大救星」。「大救星」語匯的出現,值得我們特別注意。

大家比較熟悉的文學作品,如《西遊記》中,也可見「救星」語匯的使用。第三十一回〈豬八戒義激猴王,孫行者智降妖怪〉:「師父在洞,幸虧了一個救星。原是寶象國王第三個公主,被那怪攝來者。」第五十五回〈色邪淫戲唐三藏,性正修持不壞身〉:「孫大聖才按雲頭,對八戒、沙僧道:『兄弟放心,師父有救星了。』沙僧道:『是那裡救星?』行者道:『才然菩薩指示,教我告請昴日星官。老孫去來。』」營救唐三藏的「昴日星官」,當然是真正名副其實的「救星」。

和「有救星」對應的是「沒救星」。《金瓶梅》第五十九回〈西門慶露陽驚愛月,李瓶兒睹物哭官哥〉寫道:官哥兒夭亡,「闔家大小放聲號哭,那李瓶兒撾耳撓腮,一頭撞在地下,哭的昏過去,半日方才蘇省,摟著他大放聲哭叫道:『我的沒救星兒,心疼殺我了!』」「西門慶即令小廝收拾前廳西廂房乾淨,放下兩條寬凳,要把孩子連枕席被褥抬出去那裡挺放。

那李瓶兒倘在孩兒身上，兩手摟抱著，那裡肯放！口口聲聲直教：『沒救星的冤家，嬌嬌的兒，生揭了我的心肝去了！」又第六十二回〈潘道士法遣黃巾士，西門慶大哭李瓶兒〉：「西門慶歸到卷棚內，看著收拾燈壇，見沒救星，心中甚慟，向伯爵，不覺眼淚出。」

「救星」作為小說語言，亦被較高層級的知識分子所接受。李贄評議《水滸》第三十八回〈及時雨會神行太保，黑旋風鬥浪裡白條〉：「李和尚曰：宋公明每至盡頭處，便有救星的，是真命強盜。」（《李卓吾先生批評忠義水滸傳》，明容與堂刻本）

明代劇曲所見「救星」語匯，有孟稱舜《酹江集》：「今來遇著丈人，這是俺命兒裡該有救星，天幸得遇丈人，望賜一言救俺則個。」也說「有救星」。又如：「【駐馬聽】枉煞心癡向猛虎叢中來救你無端負義，這鬼門關上訴憑誰，遇著頑禽蠢木總無知，道是屠牛伐樹都差異，這搭兒難回避，丈人呵，俺不道救星兒恰撞你。」（明崇禎刻《古今名劇合選》本）又如張大復《快活三》卷上「【風入松】看如螺雲結晚山埋，見蜃樓海市堪怪，江豚吹浪如山大，簸箕兒輕舟風擺，許不盡豬羊賽，叫不應救星來。」（舊鈔本）

講究「星氣」和「人事」對應關係的明人萬民英《星學大成》一書中，「救星」凡三十見。可以推知民間俗語「救星」的普及，依然是有以「星學」為標榜的文化背景。書中亦多言「有救星」、「無救星」，如卷一五「留段」條：「火入留段，名為天剉天哭星。若人於身命見之，皆主好殺。其心不慈不仁。若有救星，卻主平善。若入陷無救星，皆坐遠配軍州不祥之禍斷之。」（文淵閣《四庫全書》本）

清代文學名著《紅樓夢》中，也可見使用「救星」俗語的例證。第一〇二回〈寧國府骨肉病災祲，大觀園符水驅妖孽〉：「賈蓉沒有聽完，唬得面上失色道：『先生說的很是。但與那卦又不大相合，到底有妨礙麼？』毛半仙道：『你不用慌，待我慢慢的再看。』低著頭又咕嚷了一會子，便說：『好了，有救星了！算出巳上有貴神救解，謂之『魄化魂歸』。先憂後喜，是不妨事的。只要小心些就是了。」又如第一一五回〈惑偏私惜春矢

素志，證同類寶玉失相知〉:「賈政忽然想起，頭裡寶玉的病是和尚治好的，這會子和尚來，或者有救星。」

第三十六章
魯迅讀漢畫

北京魯迅博物館將所收藏魯迅生前精心蒐集的歷代拓本五千一百餘種，六千餘幅陸續整理、編目、分類，輯為漢畫像、碑刻、墓誌、瓦當、造像記、磚刻等卷，編為《魯迅藏拓本全集》。其中《魯迅藏拓本全集：漢畫像卷 I》和《魯迅藏拓本全集：漢畫像卷 II》的出版（北京魯迅博物館編《魯迅藏拓本全集》，西泠印社，二〇一四年），不僅為漢畫研究者提供了新的學術資訊，對所有關心漢代歷史文化的人們來說，也是好消息。

魯迅對漢畫的關注

蔡元培曾經高度讚賞魯迅繼承金石學傳統，收購、收藏、欣賞和研究金石拓本的工作，特別肯定他對「漢碑之圖案」，即漢畫的重視：「金石學為自宋以來較發展之學，而未有注意於漢碑之圖案者，魯迅先生獨注意於此項材料之搜羅，推而至於《引玉集》、《木刻紀程》、

《北平箋譜》等，均為舊時代的考據家、鑑賞家所未曾著手。」

當然，簡單地說金石學者「未有注意於漢碑之圖案者」，漢畫等「材料之搜羅」，「為舊時代的考據家、鑑賞家所未曾著手」，判斷似未必符合學術史事實。我們知道，南宋洪適《隸釋》、《隸續》著錄多種漢畫像石。此前涉及漢畫像石的有東晉戴延之《西征記》、北魏酈道元《水經注》、北宋沈括《夢溪筆談》、趙明誠《金石錄》等。清代金石學者多有對漢代畫像予以關注者。有的學者曾經判斷，自清末至民初，「著錄和研究漢畫像石的金石學著作」「總數不下數百種」（信立祥《漢代畫像石綜合研究》，文物出版社，二〇〇〇年，第五頁）。

但是，我們依然可以確定地指出，魯迅對漢畫的關注，展現出對中國古典文化非常熟悉的學者特別敏銳的學術感受。以魯迅當時的態度，對照今天漢畫發現、整理、研究帶動的美術史、美術考古的學術繁榮，我們不得不感嘆他超前的學術進取意識和學術創新追求，以及對學術發展前景判斷的先知先覺。

魯迅對漢畫的研究

《魯迅藏拓本全集：漢畫像卷 I》收錄的〈七日山畫像之三〉有魯迅注：「七日山三石，魚形之一石，《山左金石志》不載。」（一四〇頁）可知魯迅對其收藏對象是有進行研究的，且對前人相關論著有所參考。又《徐村畫像》，魯迅注：「此漢畫像殘石六枚，有字之一枚從河南來（字蓋偽刻），他五枚從山東來，不知確出何處。」（一四五頁）這也是魯迅對漢畫曾經有所研究的例證。

他對出土地點的特別關注，也值得注意。魯迅對某些拓片判斷為「贋品」、「翻刻」的意見（一九三五年五月十四日致臺靜農信），展現出他的鑑定功夫。

《魯迅藏拓本全集：漢畫像卷 II》可見編號為二八七的題「甘肅成縣黃龍畫像碑」者，碑首題「黃龍」，畫面左側雕畫「黃龍」，右上方為「白鹿」畫面，榜題「白鹿」。畫面左下方為「木連理」，右為「嘉禾」，右下方為「甘露之種」。「甘露之種」左側有「承露人」。《論衡．講瑞》關於漢代「瑞物」崇拜，說到「天上有甘露之種」。這幅畫像，顯然是值得重視的有關祥瑞的漢代意識史料。而畫面左側題刻：「君昔在黽池，修崤嶔之道，德治精通，致黃龍、白鹿之瑞，故圖畫其像。」（三一七頁）「昔在黽池，修崤嶔之道」的交通建設，被視為「德治精通」之政績，以致有「致黃龍、白鹿之瑞」的宣揚。而這件文物發現於距「黽池」甚遠的「成縣」，也展現相關理念的普及。這是包含漢代交通史、行政史以及政治觀念史資訊的極珍貴漢畫資料。這樣的文物珍存，在《魯迅藏拓本全集：漢畫像卷》中並不是孤例。

「倘能遇到，萬不可錯過也」

魯迅蒐集漢畫的努力，表現出對這種古代文化遺產的傾心熱愛。他除了向友人指出這些文物「頗可供參考」（一九三四年二月二十日致姚克信）外，又曾表示，其中「極難得」者，「倘能遇到，萬不可錯過也。」對於「我有一點而不全」，魯迅心存遺憾（一九三四年三月六日致姚克信）。他在致友人的書信中表示：「倘能得一全份，極望。」（一九三五年八月十一日致臺靜農信）誠心懇求朋友「代我補收」（一九三四年六月九日致臺靜農信）。魯迅一九三六年十月十九日去世。而他在八月十八日致朋友的書信中，依然表達了對新發現漢畫資料的真誠渴望：「橋基石刻，亦切望於水消之後拓出，遲固無妨也。」

這封致王正朔的書信，有學者認為可以視為他有關「南陽漢畫像石，乃至整個漢畫像石刻藝術」的「遺囑」（王建中《漢代畫像石通論》，紫禁城出版社，二〇〇一年，第三十一頁）。「以『極望』得一全份畫像石開始，以『切望』水消之後拓出橋基畫像石告終，表現出魯迅先生對瀕臨毀滅的歷史文化遺產的無限關懷。」（王建中〈魯迅與南陽漢畫像石藝術〉，《中原文物》一九八一年特刊）這樣的分析，是得體的。

漢畫與精神

漢畫蘊含的精彩文化特質，漢畫透露的漢代社會時代精神，為魯迅所發現。他多次強調，其中有值得繼承的正向內容。魯迅書信與對話人討論時發表的認知（一九三五年二月四日致李樺信），值得我們重視。

魯迅說：「惟漢代石刻，氣魄深沉雄大，唐人線畫，流動如生，倘取入木刻，或可另闢一境界也。」（一九三五年九月九日致李樺信）對於以漢畫為典型代表的漢代藝術，他還讚賞道：「遙想漢人多少閎放，新來的動植物，即毫不拘忌，來充裝飾的花紋。」「漢唐雖也有邊患，但魄力究竟雄大，人民具有不至於為異族奴隸的自信心，或者竟毫未想到，絕不介懷。」（《墳．看鏡有感》）我們注意到漢代民族精神表現出當時人所謂「騁馳」（《淮南子．修務》）、「奔揚」（《史記》卷一一七〈司馬相如列傳〉）、「馳騖」（東方朔《七諫》）、「奮迅」（《後漢書》卷八〈靈帝紀〉，李賢注引《東觀記》）積極進取的英雄主義風格。魯迅又特別強調「漢代石刻」之「氣魄深沉雄大」，以及透過其他藝術形式透露的「魄力究竟雄大」。而基於「自信」的「閎放」，也是魯迅深心欣賞的。

讀漢畫，理解漢代社會的「氣魄」，透過「裝飾花紋」的觀察，透視當時「人民」的「自信心」。以這樣的眼光看文物，顯現出魯迅身為一位知識偉人非同尋常的洞察力。他認為透過漢畫可以體會秦漢社會風貌，如「看漢代石刻中之〈武梁祠畫像〉」，有助於了解「秦代的典章文物」、「生活狀況」，理解「漢時習俗」。不僅如此，他還建議版畫家李樺參考學習漢畫風格，以推進藝術的進步：「倘參酌漢代的石刻畫像，明清的書籍插畫，且留心民間所玩賞的所謂『年畫』，和歐洲的新法融合起來，許能創出一種更好的版畫。」（一九三五年二月四日致李樺信）

我們今天體會這樣的話，也可以獲得啟示。現今的文化創造，「倘參酌漢代的石刻畫像」，認真繼承其中的精華，同時「留心」其他文化形式，包括「民間所玩賞」的作品，再「融合」現代「新法」，

「許能創出一種更好的」文化極品。對歷史學學術的發展，這樣的建議其實也可以參考。

魯迅藏漢畫的文物品質

此前我曾經得到兩冊《魯迅藏漢畫像》。然而其中存在訛誤，而且未能收錄魯迅為每幅畫像所寫的文字說明。此次《魯迅藏拓本全集：漢畫像卷》補足了這一缺憾。據《魯迅藏拓本全集：漢畫像卷》出版說明介紹，「魯迅搜藏的拓本，其中有些原物已不存在；有些原物因歲月的磨礪，漫漶嚴重，字跡、圖像模糊不清，因此更顯珍貴。」也就是說，這些拓本本身已經成為「珍貴」的文物。此次出版，承著名漢畫研究專家、山東石刻藝術博物館楊愛國審讀第一卷，南陽漢畫館石紅豔審讀第二卷，提出了一些修改和補充意見，使全書的學術品質又有提升。許多幅拓片以「編者注」的方式核證並補充了許多重要資訊，如「立石時間」、「出土時間」、「出土地點」、「原石現存地點」等，均明確標示。對若干「魯迅藏兩幅」、「魯迅藏三幅」的情形，也在注文中有所說明。

書後附《魯迅金石雜抄》（漢畫像部分）以及《魯迅漢畫像年表》，也為相關資料的研究和理解提供了便利的條件。

這當然都是《魯迅藏漢畫像》的研究者和一般讀者都應當對編者和出版者表示誠摯謝意的。

後記

這是繼《秦漢聞人肖像》、《秦漢文化風景》出版之後，又一本性質接近的小書。大約是兩三年之後寫作的一些主題與題材相類同的文章的集合。

基本定稿，準備今晚就完成的這份書稿，最終要草寫〈後記〉了。

四十年前，我以第四志願錄取大學，主修考古。

回憶人生道路，對我這個在一九七七年得到邁進大學校園機會的普通年輕人來說，深心認為最應該感謝的，是鼓勵和支持我走上學術道路的母親。我因為沒有上過高中而缺乏自信，也由於工作很忙，不太願意請假複習，已經傾向於放棄考大學的機會了。是母親堅定地要我報名並努力準備考試。記得大學畢業後考慮是否要攻讀碩士學位時，母親又一次敦促我報名。為減輕我的負擔，她把我一歲多的女兒接到家中親自照料。最後一門考試結束的當天，在車站的月臺上接到她們時，我真切體會到母親為了我的學業承受了怎樣的辛勞。讀書時，我的薪資在全班大概是最高的，但許多歷史學、考古學書籍，都是母親為我購買的。母親離開我們已經好多年了，我今天教學與研究所使用的一些基本文獻，許多扉頁上仍然保留著母親名字的鮮明朱印，含淚撫摩，痛切不已。

收入本書的三十幾篇文章，角度不一，主題各異，試圖從不同視角，從英雄主義、進取精神、開放胸懷等方面，介紹秦漢時期民族精神具有歷史正向意義的時代特色。秦漢文化對後世的影響，也力爭有所說明。希望透過通俗解讀歷史學知識的方式，與讀者一起深化對中華民族優秀文化傳統的認知和理解，以利於繼承其中有益於促進社會進步的內容。

王子今

秦漢英雄氣運：
始皇功過論辯 × 史書海洋紀事 × 漢代絲路貿易，史家淺論秦漢帝國的政經文化與地域關係

作　　者：王子今
發 行 人：黃振庭
出 版 者：崧燁文化事業有限公司
發 行 者：崧燁文化事業有限公司
E-mail：sonbookservice@gmail.com
粉 絲 頁：https://www.facebook.com/sonbookss/
網　　址：https://sonbook.net/
地　　址：台北市中正區重慶南路一段六十一號八樓 815 室
Rm. 815, 8F., No.61, Sec. 1, Chongqing S. Rd., Zhongzheng Dist., Taipei City 100, Taiwan
電　　話：(02)2370-3310
傳　　真：(02)2388-1990
印　　刷：京峯彩色印刷有限公司（京峰數位）
法律顧問：廣華律師事務所 張佩琦律師

定　　價：499 元
發行日期：2023 年 4 月第一版
◎本書以 POD 印製

國家圖書館出版品預行編目資料

秦漢英雄氣運：始皇功過論辯 × 史書海洋紀事 × 漢代絲路貿易，史家淺論秦漢帝國的政經文化與地域關係 / 王子今 著 . -- 第一版 . -- 臺北市：崧燁文化事業有限公司，2023.04
面；　公分
POD 版
ISBN 978-626-357-251-5(平裝)
1.CST: 秦漢史
621.9　　112003563

官網

臉書